세상을 탓하랴 운명을 탓하랴
모든 것이 하나님 뜻인 것을

세상을 탓하랴 운명을 탓하랴
모든 것이 하나님 뜻인 것을

초판 1쇄 인쇄일 _ 2009년 2월 18일
초판 1쇄 발행일 _ 2009년 2월 25일

지은이 _ 김현성
펴낸이 _ 최길주

펴낸곳 _ 도서출판 BG북갤러리
등록일자 _ 2003년 11월 5일(제318-2003-00130호)
주소 _ 서울시 영등포구 여의도동 14-5 아크로폴리스 406호
전화 _ 02)761-7005(代) | 팩스 _ 02)761-7995
홈페이지 _ http://www.bookgallery.co.kr
E-mail _ cgjpower@yahoo.co.kr

ⓒ 김현성, 2009

값 11,000원

* 저자와 협의에 의해 인지는 생략합니다.
* 잘못된 책은 바꾸어 드립니다.

ISBN 978-89-91177-72-7 03810

세상을 탓하랴 운명을 탓하랴

모든 것이 하나님 뜻인 것을

김현성 지음

북갤러리

머리말

사람이 세상에 나서 길다면 길고 짧다면 짧은 한 평생을 살아간 다는 것은 어찌 보면 제 마음대로인 것 같으면서도 한편으로는 그 것만큼 자기 뜻대로 되지 않는 것도 없는 것 같다.

'왜 나에게만 이런 일들이 자꾸 생기는 걸까?'

불행한 일들을 당할 때마다 여러 번씩 스스로에게 물어 보았다. 아무리 내 맘과 네 맘이 다르다고는 하지만 세상이 너무 내 마음 내 생각 같지 않았다. 너무도 고통스러웠다. 세상 모두에게 복수하고 싶은 마음도 있었다.

하지만 나는 한때 더 이상 이 세상에 저항할 자신도 잃고, 고통스런 삶을 버텨 나갈 희망도 갖지 못한 채 먼 미국 땅에서 삶을 포기하려는 시도를 했었다.

'이 모든 것이 다 내 탓이니… 나 하나만 세상에서 없어지면 돼….'

하지만 살고 죽는 것조차 내 뜻대로 되지 않았다.

샌프란시스코 911 응급 구조대에 의해 발견된 나는 미국 의료진들의 필사적인 노력 덕분에 3일 만에 깨어나 생명을 건질 수 있었다. 그 후 정신 감정까지 받은 후 요양치료를 받고 나서야 다시 정상적인 생활인으로 돌아올 수 있게 되었다.

내 인생을 좌우하는 것은 내 생각, 내 의지가 아니라 하늘의 뜻이었다는 것을 뒤늦게 깨달았다. 사람의 인생이란 것이 세상에 태어나는 순간부터 가야 할 길이 모두 하늘의 뜻대로 정해져 있음에도 불구하고 사람들은 깨닫지 못하고 갈팡질팡 하다가 큰 시련을 겪고 나서야 비로소 자신의 운명을 받아들이게 되는 것 같다.

고통도, 기쁨도, 슬픔도 모두 '하늘이 내게 정해준 운명이려니…' 하고 받아들이며 인생에 순응하며 살면 분노도 미움도 벗어날 수 있으련만 남을 탓하고 세상을 탓하다 보니 삶이 힘들고 고통스러운 것이리라.

나는 인생에서 세 여자를 만나 사랑하고 결혼을 하는 우여곡절을 겪었다. 두 여자에게서 버림을 받고 사업에도 실패해 모든 것이 망가져버렸지만, 세 번째 여성을 만나면서 다시 새로운 삶을 살게 되었다. 극도의 분노와 절망 속에 죽음을 택할 수밖에 없었지만 이렇게 새로운 인연을 만나 다시 살게 된 것도 모두 하나님의 뜻이란 것을 이제는 믿게 되었다.

그동안 내게 닥친 고통이 내 운명이라면 새롭게 주어진 인생 역시 하나님이 내게 주신 길이라 생각하며 묵묵히 걸어가고자 한다.

나는 앞으로 얼마가 될지는 모르지만 남은 인생을 사랑하는 가족과 이웃과 함께 최선을 다해 살아갈 것이고, 이 세상에서 고통받고 힘들어하는 이웃들을 위해 힘닿는 데까지 베풀면서 살아가고 싶다.

내 지나온 삶을 되돌아보며 쓴 이 책은 나를 아는 이들에게 내가 살아온 길을 알려주고자 하는 자서전이다. 또한 부끄럽고 부족하지만 나같이 인생을 좌절하고 포기하고 살아가는 분들에게 다소나마 위안이 되고자 하는 마음에서 쓴 글이다.

이 책에 등장하는 인물들은 모두 실존 인물들이고 내용도 모두 내가 직접 경험했던 일들로 픽션이 아닌 실화이다. 다만 언급된 분들에게 만의 하나라도 누를 끼치게 될 것을 염려하여 모두 가명으로 지칭했음을 밝혀 드린다.

 그리고 지금까지 어떤 인연으로든 나를 알고 계신 분들께서 내 소식을 궁금해 하고 계시다는 얘기를 듣고 있는데, 그 분들에게도 이렇게 지면으로나마 인사를 올린다.

 경제적 실패, 사랑의 실패 등으로 좌절하여 외롭고 쓸쓸하게 살고 계신 분들이나 나와 인연이 되었던 모든 분들에게 사랑과 용기와 희망을 절대 포기하지 말고 다시 살아가자고 간절히 말씀 드리고 싶다.

 끝으로 부족한 글을 책으로 엮어주신 〈북갤러리〉 최길주 사장님께도 감사드린다.

 다가오는 새해에는 우리나라와 여러분 모두에게 하늘의 은총이 함께 하기를 간절히 기도드리며….

2009년 1월

김현성

프롤로그

여름의 더위에 온몸으로 태우고도
풍성한 열매 하나도 키우지 못한
나무여.
이 스산한 가을날
아픈 마음 붉게 물들이며
더 낮아지는 연습을 하는 것일까.
다시 태어나기 위해
더욱 겸허한 마음으로
자존심도 버릴 줄 아는 너.
푸른 하늘 위에 기러기 길을 쓸며
영혼의 길을 환히 밝히는
나무여.

누구에게도 말할 수 없는
너만의 그리움도

높아만 가는 가을 하늘에 묻고
바람이 실어다 준
사랑의 말을 노래하는
너는 말하라 지금 이 시간에.
무엇을 생각하는지
헐벗은 마음을 불태우며
흙 속에 묻은 그 뿌리에
한 가닥 희망을 거는 것일까.

 언젠가 신문에서 읽은 적이 있는 시였다. 그다지 유명한 시인의 글도 아닌 오래 전에 스치듯 지나간 한 무명작가의 몇 줄의 시구가 하필 지금 이 순간, 가장 절박한 이 순간에 떠오르는 건 왜 그럴까?
 나조차도 포기한 내 삶에 더 이상 무슨 미련이 남아 있었기에 마지막으로 가물거리는 희미한 정신으로 이 시구를 떠올린 것일까?
 희망… 용기… 다 부질없는 말이다. 나는 내게 남아있던 나머지 인생을 내 스스로 포기하기 위해 약을 먹었고, 이제 5시간 후면 자동으로 연결된 전화로 달려올 911 응급 구조대에 의해 발견될 것이다. 아마도 그때쯤이면 난 이 고통에서 영원히 자유로워져 있겠지. 죽음이란 것이야말로 상처 받은 자들이 택할 수 있는 최선의 도피처니까….

나는 내게 일어난 모든 일들을 모두 다 내 탓이라고 생각하기로 결심했고, 스스로조차도 더 이상 살아갈 가치도, 의미도 없는 삶이라 믿었기에 자살이란 극단적인 선택을 하긴 했지만, 나의 마지막 순간이 이 낯선 이국의 아파트 침대 위여야만 한다는 사실이 견딜 수 없는 외로움으로 다가왔다.

"조금만 있으면 모든 것이 끝날 거야…."

나는 눈을 감으며 마음속으로 하나, 둘 그리운 사람들의 얼굴을 떠올려 보았다. 하지만 그들의 얼굴보다도 먼저, 도저히 뿌리칠 수 없는 달콤한 잠의 유혹이 내게로 서서히 밀려들었다.

1

　지천으로 널린 조개며 땅콩을 주우러 이리저리 뛰어다니던 샛강 모래밭… 송사리며 붕어를 잡고 첨벙첨벙 또래 아이들과 물장구치던 그 냇가… 벌거벗은 몸으로 무 서리, 참외 서리, 콩 서리 하러 쏘다니던 그 철모르던 유년 시절의 기억들은 어른이 된 지금까지도 뇌리에서 좀처럼 잊혀지지 않는 몇 안 되는 행복한 순간들이다.
　내 고향은 서울이다. 지금의 성산동이야 그렇지 않지만 내가 어린 시절을 보냈던 50년대의 그곳은 말이 서울이지 그야말로 농촌 중에서도 아주 시골 같은 동네였다. 33번 종점이 있는 상암동 산모퉁이를 돌면, 오롯이 앉아 있는 그 조그만 동네 앞으로는 난지도를 지나오는 한강 하류와 불광천, 모래내 개울이 만나 흐르고 있어 사방이 온통 강이고 냇가였다.

해마다 여름이면 해가 저물도록 냇가에서 물장구치다가 배가 출출해질 때면 어른들 몰래 밭으로 숨어 들어가 참외며 콩을 서리해다 먹는 맛은 정말 둘이 먹다 하나 죽어도 모를 만큼 꿀맛이었다. 그러다 들킬라 치면 발 빠른 친구들은 잽싸게 벌써 저만치 도망가 버리고 혼자만 붙잡혀서 도망간 친구들 몫까지 몇 시간이고 그 하천부지 원두막에서 내내 손을 들고 벌 받기 일쑤였다.

또 겨울엔 겨울대로 즐거움이 있었다. 우리가 살던 성산동 앞 난지도에 가서 땅콩을 줍는 일이 바로 그것이었다. 난지도에는 버드나무가 무척 많이 심어져 있었는데 당시만 해도 연탄이나 기름보일러가 대중화되기 전이어서 겨울이면 나무를 하기 위해 사람들이 그곳에 많이 가곤 했다.

나와 내 친구들도 예외는 아니었다. 아버지의 심부름으로 땔감을 하러 난지도 모래밭에 간 우리들은 나무하는 일은 뒷전이고 땅콩 주우러 다니는 재미에 시간가는 줄 몰랐다. 지금은 쓰레기가 묻힌 거대한 산이 되어버린 곳이지만 그 시절만 해도 난지도는 토질이 좋아 참외며 땅콩이 유난히 잘되는 땅이었다.

게다가 명색이 섬이니 만큼 바람이 무척 센 곳이라 가을에 땅콩을 추수할 때면 땅콩들이 바람에 날려 모래밭 사이로 숨어버리곤 했다. 그렇게 가을 내내 숨어 있던 땅콩들이 매섭게 휘몰아치는 겨울바람에 다시금 모래 틈에서 삐죽삐죽 고개를 내밀면 개구쟁이들은 강바람에 손발이 꽁꽁 얼어붙는 것도 모르고, 고소한 땅콩 맛에 시간 가는 줄 모르고 쏘다니곤 했다.
워낙 물자도 귀하고 먹을 것도 없던 시절이었다.
또 동네 뒤편의 동산에 오르면 6·25 때 미군들이 버리고 간 쓰레기 더미들이 사방에 널려 있었다. 아이들한테는 그 쓰레기 더미를 뒤지는 것도 큰 소일거리였다. 그러다 그 속에서 설탕이나 잼같이 썩지 않고 보존되어 있는 깡통을 발견하는 날이면 그 날은 운수대통 하는 날이었고, 그 깡통은 두고두고 아이들의 간식거리가 되어 친구들의 부러움을 사곤 하던 시절이었다.
들판이든 산이든 먹을 수 있는 것이라면 무엇이라도 좋아하며 찾아다니던 그런 어린 시절… 그 시절 함께 뛰어 놀던 친구들은 지금은 다 어디에 있는지….
언제든 가볼 수 있는 고향이었지만 시커먼 건물들과 아파트로 꽉 메워져 버린 그곳은 이미 내 기억 속의 고향이 아니었다. 그리운 벗들은 다 제각각의 인연을 따라 흩어지고 낯선 이들만이 그들의 빈자리를 메워버린 그곳에서 난 가끔씩 내 어린 시절을 추억하곤 했다.

첫서리가 내렸다. 논 개울에 쳐 놓은 생이(민물새우) 그물이 걱정되어 나는 밤새 잠을 설쳤다.
'아침 일찍 걷어다 놓아야 어머니가 장에 내다 팔 수 있을 텐데…. 학교 가기 전에 생이를 걷어다 항아리에 부어 놓고 가야겠다.'

1958년. 그러니까 내가 초등학교 4학년이 되던 해였다.

그 해엔 장마가 일찍 오는 바람에 벼 수확도 괜찮았고 게다가 이런 해에는 참게나 생이도 많이 잡혀 수입이 꽤 쏠 만했다.

우리 동네는 명색이 서울이긴 하지만 변두리라서 그런지 시골과 마찬가지로 농사도 짓고, 봄, 가을로는 산과 들에서 나는 나물들을 캐다 팔곤 했다. 너 나 할 것 없이 별다른 수입원이 없어 어렵게 하루하루를 살아가던 처지라 돈이 되는 일이라면 다들 어떤 일이든 마다 않고 사는 고장이었다.

초등학교 시절, 나는 학교까지 2.2km를 꼬박 걸어 다녔다. 논둑길, 밭둑길을 따라 학교까지 가다 보면 개울도 건너야 하고 철길도 나오고 다리도 지나가야 했다. 어린 아이의 걸음으로 결코 가깝다고 할 수 있는 거리는 아니었지만, 몹시 추운 날이나 장마가 질 때 외에는 줄곧 다니던 길이어서 그런지 눈을 감고도 학교와 집을 오고 갈 수 있을 정도였다.

또, 봄이 오면 나는 비가 언제 오나 기대하며 가슴이 설레곤 했다. 봄비가 꽤 와서 개울물이 불어나면 한강에서 붕어란 놈이 산란을 하러 개울을 따라 올라왔다. 그것을 잡는 일은 재미도 있지만 무엇보다 돈이 생기기 때문에 봄비가 시작되면 학교보다는 어느 개울, 누구네 논자리 등 고기가 많이 올라오는 목만 머릿속에 뇌이면서 '남보다 내가 더 빨리, 많이 잡아야지. 많이 잡아야 돈이 많이 생기지' 하며 신명을 내곤 했다.

"얘, 현성아! 아직도 자니? 일어나서 밭일 좀 하고 학교에 가

거라."

초등학교 2학년 때부터 봄만 되면 매일 아침 똑같이 반복되는 어머니 말씀이었다.

"오늘은 밭일이 너무 많은데 학교에 안 가면 안 되겠니?"

"싫어요. 학교에 갈래요."

"저 놈은 누굴 닮아서 에미 말이라면 죽어라고 안 들어! 공부는 해서 뭐하냐? 누가 공부가 밥 먹여 준다든? 남의 집 자식들은 공장에 다니면서 돈도 척척 벌어온다는데 이거야 원…."

도무지 장남인 형 말고는 다른 자식들에 대해서 전혀 배려란 걸 모르고 사신 어머니지만 공부도 필요 없다 하고 돈만 중요하게 생각하는 어머니의 말 한마디 한마디는 비수처럼 내 가슴에 꽂혔다.

'어머니! 돈이 그렇게 중요한가요? 자식 공부보다도 더요?'

어머니 말씀을 가슴 속 깊이 묻으면서 나는 속으로 나직이 부르짖었다.

중학교 2학년 때였다.

웬일인지 자고 일어나니 온 몸이 퉁퉁 부어 있었다.

'어제 먹은 장국이 잘못 되었나?'

아무리 생각해도 원인을 알 수 없었던 나는 어머니가 시키는 대로 물 한 컵을 마시고 소다를 한 입 물고서 등교했지만 마찬가지였다. 오히려 몸은 점점 더 부어올랐다.

결국 조퇴를 하고 집에 왔지만 이젠 몸을 움직일 수조차 없었다. 부모님들은 이것저것 민간요법으로 사제 약을 만들어 주셨지만 허사였다.

꼼짝도 하지 못하고 누울 수도, 앉아 있을 수도 없이 숨이 턱턱 막혀왔다. 밭일을 끝내고 돌아오신 부모님들은 내일은 이대 입구에 있는 내시 약국에 가보자고 하셨다. 예전에 궁에서 내시로 있던 할아버지가 운영하고 있는 내시 약국은 당시에는 근방에서 알아주던 유명한 한약방이었다.

하지만 나는 몸이 약해져 있던 터라 서러운 생각도 들고 어린 마음에 야속한 마음도 들었다.

'아무리 우리 집이 어렵고 가난하다고 해도 병원 갈 엄두도 못 내볼 정도로 가난한 건 아닌데 고작 내시 약국이라니….'

다음날 백발이 성성한 내시 할아버지가 두꺼운 돋보기 안경을 쓰고 진맥을 하더니 고개를 내저으며 어머니께 말했다.

"어이구, 힘들겠어. 방법이 없어. 이놈의 병엔 약도 필요 없고, 병원에 가봐도 소용없어. 그저 저 하고 싶다는 거나 마음껏 하게 해주는 수밖에…."

지금 생각해보면 당시 내 병은 아마도 급성 신장염 정도가 아니었나 싶다. 요즈음의 의학으로는 우습게 볼 수도 있는 병이지만 그때만 해도 의술이 지금처럼 발달하지 못해 그렇지가 못했는지 병의 원인도, 치료 방법도 제대로 모른 채 그저 속수무책으로 앉아서 죽을 날만을 기다리고 있을 수밖에 없었다.

그 내시 할아버지는 죽을병에 걸린 사람에게 치료비를 받기가 뭣해서 그랬는지, 약도 제대로 처방해주지 못하고 돌려보내는 것이 미안해서 그랬는지 진찰비도 안 받고 그냥 가라고 했다.

나는 그 할아버지의 행동이 잘 이해가 가지는 않았지만 그때의 어머니 모습은 지금도 뚜렷이 생각이 난다. 보통 어머니들 같으면 자식이 죽을병에 걸렸다면 내 아들 좀 살려 달라고 울고불고 하던가 하다못해 얼굴에 걱정하는 기색이라도 있었을 텐데 어머니의 표정은 그저 무덤덤한 것이 이미 나를 산 자식으로 생각하는 것 같지도 않았다. 마치 있으나 마나 한 자식이 죽든지 살든지 관심도 없다는 투로 무표정했다.

그날 이후로 나는 학교도 가지 못하고, 친구들과 뛰어 놀지도, 마음대로 먹지도 못한 채 그저 대문에 걸터앉아 지나가는 사람들을 물끄러미 바라보고 있는 것이 일이었다. 그런 나를 측은한 표정으로 바라보며 지나치던 마을 사람들의 모습은 아직까지도 잊혀지지 않는다. 아마도 어린 나이에 제대로 손도 못 써보고 하염없이 죽을 날만 기다리고 있던 내 모습이 보기에 딱해 보였던 것 같다.

그땐 소변을 제대로 보지 못해 퉁퉁 부은 몸 때문에 거동도 거의 못했고, 배에 물이 차 간신히 숨만 붙어 연명하던 상태였으니 그럴 만도 했을 것이다.

그러던 어느 날 언제나처럼 혼자 집을 지키며 툇마루에 앉아 있는데 꼭 돌중같이 생긴 스님 한 분이 목탁을 두드리며 대문을 들어섰다.

"허! 우리 칠성 자손, 시주나 좀 해주시구려."

나는 그 스님의 모습이 그다지 미덥지는 않았지만 어린 마음에 스님에게는 잘 해드려야 한다는 생각이 들어 어기적거리는 걸음으로 부엌으로 가 항아리에서 보리 한 사발을 힘겹게 퍼내어 시주를 했다.

"보살님, 보아하니 죽을 날만 기다리고 있는 사람 같구려. 이제부터라도 살고 싶으면 내 얘기를 잘 듣고 그대로 해야 합니다."

시주를 받은 보답으로 살 길을 알려 주겠다며 합장을 하는 그 스님의 한마디 한마디는 내 가슴 속에 파고들었다. 특히 그 중에서도 삶과 죽음이라는 단어가 그렇게 유난히 두 귀에 똑똑히 들릴 수가 없었다.

"오늘부터 절대 아무것도 먹지 말고 배가 고프면 미음 한두 숟가락, 싱거운 동치미 한 조각씩만 먹고 저기 처마 밑에 달아놓은 상추 씨받이대를 삶아서, 물을 마시고 싶을 때 물 대신 마시세요. 그리고 절대로 부은 살이 빠지기 시작해도 당분간은 음식을 많이 먹지 마십시오. 내 말을 꼭 명심해야 합니다."

물에 빠진 사람 지푸라기라도 잡는 심정으로 진지하게 귀를 기울이고 있는 내게 이것저것 소상히 알려주고는 그 스님은 훌쩍 떠나버렸다.

혹시나 하는 생각과 어차피 죽을 몸이라면 밑져야 본전이라는 생각이 나나 이야기를 전해들은 부모님의 솔직한 심정이었다.

그런데 스님이 일러준 대로 미음과 동치미 그리고 상추씨를 받으려고 처마 밑에 매달아 놓았던 상추대 머리 부분 삶은 물을 먹기 시작한 지 3~4일 쯤 지나니 정말로 부은 것이 빠지기 시작했다. 신기했다. 병에 걸린 후 처음으로 대소변을 보던 날은 정말 다시 태어난 느낌도 들고 날아갈 것 같은 기분이었다.

"그 집 둘째 아들이 살아났다며?"

그때만해도 TV가 없던 시절이라 동네 분들이 이집 저집 마실을 다니던 때였다. 내가 살아났단 소문을 듣고는 나를 보러 동네 어른들이 저녁마다 우리 집으로 몰려들었다.

"그 스님 좀 다시 한 번 오셨으면 좋겠네. 어느 절에 계시다고 얘기 안하시던?"

모두들 신기한 듯 입을 모아 그 스님의 소식을 궁금해 했다. 누구보다도 내가 다시 한 번 그분을 만나보고 싶었지만 어찌된 일인지 그 후로는 한 번도 만나 뵐 수 없었다.

하지만 그 일이 계기가 되어 나는 지금도 〈불법〉에 있는 '인간 방생을 많이 하라. 모든 생명이 있는 사물에 베풀어야 한다'는 말을 가슴에 새기고 몸으로 실천하면서 살게 되었는지도 모른다.

나는 학교에 다니면서도 항상 돈을 벌어야 한다는 강박관념을 갖고 그 방법을 연구하며 살았다. 하지만 아직 어렸던 내가 할 수 있는 일이라곤 고기 잡고, 나물 캐고, 헌 책 사다가 봉투 붙여서 구멍가게에 내다 파는 일 정도가 고작이었다. 그래도 그거라도 하지 않으면 어머니한테 눈치가 보일까봐 틈만 나면 여기저기 뛰어 다니며 나름대로 열심이었다.

워낙 나한테는 데면데면 잔정을 주지 않던 어머니였고 대부분의 옛날 부모들이 그렇듯이 우리 어머니도 장남인 형만 챙기시는 분인 걸 알고는 있었기에 그나마 이렇게라도 학교에 다니는데 대해서는 별 불만이 없었다. 하지만 결정적으로 어머니한테 실망하게 되었던 그날의 일은 두고두고 잊히지 않았다.

중학교 3학년 때의 일이다.

지금까지 날짜도 잊어버리지 않고 있는데 1963년 10월 5일 밤이었다. 다음날이면 나보다 여섯 살 많던 형이 군대를 간다 해서 형 친구들이 밤늦게까지 송별회를 해주고 돌아간 뒤 어머니는 나를 불러 앉혀 놓고 말씀을 하셨다.

"현성아, 너 내일부터 학교에 가지 말고 집에서 농사나 지어라."

나는 갑작스런 말씀에 당황해서 한동안 말을 잇지 못했다.

"왜요, 어머니?"

"너희 형이 내일부터 군에 입대하게 되었으니 너라도 아버지를 도와 농사를 지어야 하지 않겠니? 이제 10월이니 학교도 더 다닐 것도 없고, 몇 달 더 다녀서 그까짓 졸업장은 받아 뭣에 쓰겠냐? 너의 형이 제대하면 너도 다 형 덕 보고 살 거다. 예부터 형만한 아우 없다고 형이 군대에 있을 때까지만 농사를 지으렴."

단호한 어머니 말씀에 아버지는 묵묵히 고개를 떨군 채 아무 말씀이 없으셨다. 항상 어머니 주장에 이의를 제기해 보신 적이 없으신 아버지께 구원을 요청할 수도 없는 처지였다.

"저는 싫어요. 형은 형이고 저는 저예요. 저는 농사짓고 싶은 생각도 없고 농사를 지을 수도 없어요. 전 공부를 더 하고 싶단 말이에요."

"아니, 저 놈이 도대체 누굴 닮아서 엄마한테 바락바락 대든 담…."

나는 어머니의 푸념 소리를 뒤로 하고 내 방으로 건너왔다. 서러운 생각이 들었지만 내 뜻을 분명하게 전했으니 어머니도 속은 상하시겠지만 곧 단념하시겠지 생각하며 잠이 들었다.

그런데 다음날 아침, 일어나서 학교에 가려고 보니 책이고 가방이고 아무것도 보이지 않았다. 이상한 생각이 들어 어머니께 내 책이랑 가방이 어디 있냐고 물었더니 아궁이에 가보라고 하였다. 그래도 설마 하는 마음으로 부엌으로 달려가 보니 아궁이에서 책과 가방이 장작들과 함께 활활 타고 있었다.

정말 이럴 수는 없었다. 계모도 아니고 나를 낳아 주신 어머니가 이렇게까지 내 마음을 몰라주실 수가 있을까? 아궁이 안에서 벌겋게 타고 있는 책들을 바라보며 망연자실 서 있는 내게 어머니는 빨리 밭에 나가 보라고 소리치셨다.

'난 이 집을 떠날 거야. 도저히 더 이상은 참을 수가 없어.'

난 주먹을 꼭 쥔 채로 재로 변해가고 있는 책들을 하염없이 바라보고 있을 수밖에 없었다.
 어느새 꼭 다문 입술 위로 굵은 눈물방울이 흘러 내렸다.
 하지만 그 당시 어머니에게 느꼈던 한없는 원망들이 그 후로 내게 닥친 수많은 풍파들을 헤쳐 나갈 수 있는 질긴 생명력의 원동력이 될 줄을 그땐 정말 상상도 하지 못했었다.

 "저어, 선생님. 여기 교장 선생님을 좀 만나 뵈려고 왔는데요."
 "어디서 오셨습니까?"
 "저… 그냥 지나던 사람인데요."
 내가 대답을 대충 얼버무리며 서 있자 아직 여학생 티가 나는 아가씨가 잠시 기다리라며 교장실로 들어갔다. 잠시 후, 들어오시라는 소리가 들리며 문이 열렸다.
 "제가 교장인데 무슨 일로 오셨습니까?"
 키가 후리후리하게 크고 풍채가 좋은 교장 선생님께서 자리를 권하며 물었다.
 "이 학교에 장애자 학급이 있다고 들었습니다."
 "예, 있습니다."
 "제가 별로 가진 건 없지만 혹시 도와드릴 일이 없을까 해서 들렀습니다."
 "고맙습니다. 그런데 성함이…."
 "교장 선생님, 제가 누구인지 무엇을 하는 사람인지는 모르는 것으로 해 주십시오. 저는 그저 이 사회에서 사업을 해서 이익이 남았으니 당연히 그걸 다시 사회로 환원하려는 뜻일 뿐입니다. 좋은 일 한다고 괜히 여기저기 소문이 나는 건 원치 않습니다.”

"뜻은 잘 알겠습니다만 성함만이라도 알아두어야겠습니다. 꼭 약속드리겠습니다. 아무에게도 알리지 않기로요."

"그럼 선생님만 믿겠습니다."

나는 지갑에서 명함 한 장을 꺼내 교장 선생님께 드렸다.

"어이구, 아직 젊으신 것 같은데 건설 회사 사장님이시군요."

"뭘요. 부끄럽습니다."

나는 수줍은 듯 얼굴이 붉어지는 걸 느꼈다. 사장님이라….

"아시다시피 학교 교육예산이 넉넉지 못합니다. 그러다 보니 장애자 학급은 말할 것도 없고 정상 학급 학생들도 그들대로 애로가 많습니다. 다른 건 다 제쳐두고 저기 교문에서 여기 교실까지 거리가 250미터 정도 되는데 예산이 부족하다보니 아직 포장을 하지 못했습니다. 그러니 애들이 교실에 들어갈 때마다 먼지가 어찌나 나는지… 중학생들이라 워낙 힘들이 넘쳐서요. 그래서 위생 상태가 매우 안 좋습니다. 그런데도 교육청에서는 매번 '내년에는 꼭…' 하고 미루면서 예산을 좀처럼 배정해 주지 않는군요."

"교장 선생님 말씀 낮추십시오. 듣기 민망합니다. 그리고 걱정 마십시오. 마침 저희 회사가 건설 회사니 저희가 포장을 해 드리겠습니다. 말 나온 김에 아주 공사를 해 버리죠. 이번 주 토요일 오후하고 일요일엔 교문을 닫아 주십시오."

내 말에 귀를 기울이고 계시던 교장 선생님의 얼굴이 환해졌다. 내 손을 잡고 기뻐하시는 모습을 뵈니 가슴이 절로 뿌듯해왔다. 나는 안주머니에서 봉투 하나를 꺼내 선생님께 드렸다.

"그리고 이건 장애자 학급을 위해서 써 주시면 고맙겠습니다."

"정말 고맙습니다. 제가 원래 이곳 수원 토박이입니다. 그동안 내 밑에서 배우고 나간 제자들도 수없이 많지만 아직까지 이런 관심을 가져준 제자가 없고 여기 유지들이나 정치인들도 누구 하나 신경 써 준 사람들이 없었는데 정말 이 은혜를 어떻게 갚아야 할지 모르겠습니다."

교장 선생님은 정말 진심으로 고마워하는 것 같았다. 내 마음도 한결 가벼워졌다. 그동안 항상 학교에 빚을 지고 사는 것 같았는데 이제 그 빚을 조금이나마 갚은 것 같은 기분이었다.

부끄러운 이야기지만 나는 초등학교 때부터 고등학교를 졸업할 때까지 12년 동안이나 학교를 다니면서도 한 번도 졸업장이란 걸 만져보지 못했다. 물론 정규 교육은 다 받았지만 찢어지게 가난했던 탓에 월사금을 제대로 내지 못했고, 졸업식 날 학교에 나가 졸업장을 타려면 그동안 밀렸던 월사금이며 앨범비 등을 물어주어야 했기 때문에 어머니는 한 번도 내가 졸업식에 참석하는 걸 허락하지 않으셨다.

그래서 난 언제나 내 삶이 학교에 빚을 지고 사는 인생처럼 느꺼졌다. 그런데 여기 교장 선생님을 만나 뵙고 나니 그런 부채감들이 싹 사라지고 만 것이다. 나는 속으로 오랜만에 좋은 선생님을 한 분 만나 뵙게 되었다고 되뇌면서 작별 인사를 나누었다.

학교를 나서면서도 내내 기분이 상쾌했다. 그러면서 예전의 기억들이 떠올랐다. 돈 버는 게 최고지 그까짓 공부는 해서 뭣하냐며 책과 가방을 태우시던 어머니….

'어머니! 돈은 이렇게 쓰는 거예요. 돈을 벌어야 한다는 것만 가르쳐 주셨지 쓰는 법은 가르쳐 주시지 않았지만, 이 자식은 돈을 어떻게 써야 한다는 것도 배웠습니다.'

나는 속으로 울부짖으며 차에 올랐다.

2

　열다섯 나이에 처음 받아본 월급 1,200원. 우체국에 임시 전보 배달부 겸 심부름꾼으로 취직해서 받은 첫 봉급이었다. 돈의 위력은 참으로 대단했다. 중학교 졸업비가 아까워 졸업식에도 못 가게 했던 어머니의 돈에 대한 애착은 1,200원이란 봉급 앞에 여실히 드러났다.
　"현성이 네가 이제야 자식 노릇 하는구나."
　공부가 밥 먹여주냐는 어머니의 사고방식은 누구도 이의를 제기하지 못하는 절대불변의 진리였다. 하지만 결국 돈 앞에서는 어머니의 경직된 마음도 풀릴 수밖에 없었던 것 같다.
　아무튼 우체국에서의 생활에 그럭저럭 익숙해져 갈 무렵 나는 또 다시 공부에 대한 욕심이 생기기 시작했다. 그래서 집에는 적당히 둘러대고 야간 고등학교에 편입했다. 우체국 일이 그다지 고된 일이 아니어서 다행이었다.

그렇지만 학비가 문제였다. 봉급은 꼬박꼬박 집에 가져 가야 하고 용돈만 약간 타 쓰는 처지라 학비 전액을 내 힘으로 마련하기는 어려운 실정이었다. 별 수 없이 거짓말을 할 수밖에 없었다.

정식 직원이 되면 월급이 훨씬 많아지는데 그렇게 되려면 시험을 쳐야 하고 학원을 나가 시험 준비도 해야 한다고 어머니를 설득하였다. 당장의 학원비보다도 올라갈 월급의 액수에 대한 기대치가 더 컸었던지 결국 나는 어머니에게서 학원비를 타내 학비를 충당할 수 있었다.

그때만 해도 나는 키도 작고 삐쩍 말라 꼭 환자 같았다. 그래서 우체국에서는 모두들 날보고 꼬마 우체부라고 불렀다. 아무튼 몸도 약한데다 낮에 근무하고 저녁 늦게까지 공부를 하려니 때로는 배달 갔다가 잠시 쉬려고 논둑에 누워서는 그냥 잠이 들기 일쑤였다.

어쩌다가 술을 좋아하시던 우체국장님이 안주하게 냇가에 가서 고기나 좀 잡아오라고 넌지시 심부름을 시키기라도 하면 그날은 정말 운 좋은 날이었다. 한두 시간 정도면 붕어, 메기, 참게 등을 꽤 많이 잡을 수 있었던 시절이었기에 얼른 잡아 놓고 한잠 푹 자고 일어날 수 있었으니 얼마나 좋은 기회인지 몰랐다.

수색에 위치한 우리 우체국 관내에는 국방대학원이 있어서 매일 아침마다 배달을 갔다.

일반 대학원이 아닌 부대라서 편지들을 하나하나 배달할 필요 없이 그냥 뭉치로 한 군데에 갖다 주면 되었는데도 난 꾀를 내어 나에게 잘 해주는 위병소라든가 통신대에 보험 잘 들어주던 아저씨들 편지는 직접 갖다 주곤 해서 그곳 군인들에게 인기가 있었다. 특히 위병소에 나와 있는 헌병들한테는 연애편지가 많이 오는데 여러 여자들에게서 편지가 오는 군인일수록 나에게 특별히 부탁을 하는 경우가 많았다.

어느 날 나는 평소 친하게 지내던 군인 아저씨와 개인 생활에 대해 이야기를 나누게 되었다. 그곳 국방대학원에 교육을 받으러 오는 군인들은 최하가 중령이고 대개가 장군들이었다. 그날 나와 이야기를 나눈 아저씨도 계급이 중령이었는데 내가 편지를 배달하러 들를 때마다 항상 좋은 말씀을 해 주시던 분이라 편하게 아저씨라고 부르며 따르던 터였다.

"애, 꼬마야. 너 올해 몇 살이지?"

"아저씨도 참, 19살이나 먹었는데 꼬마가 뭐예요?"

"그래? 그럼 이제 졸업반이구나. 너 공부도 꽤 잘한다면서? 그래 대학엔 가기로 했니?"

"못가죠. 형편이 어려워서 아무래도 갈 수 없을 것 같아요. 그런데 그건 왜요, 아저씨?"

"대학을 포기 했으면 앞으로도 계속 우체부 노릇을 할 생각이냐?"

"글쎄요… 아직은 그런 생각 깊이 해본 적이 없는데요?"

"어차피 대학에 갈 게 아니라면 너 군대나 빨리 다녀와라. 그러면 네 친구들 대학 졸업하고 군에 가 있는 동안 너는 제대해서 새로운 직장을 잡든지 아니면 계속 우체부 일을 하든지 어쨌든 남들보다 빨리 사회생활을 시작할 수 있을게 아니냐. 군대야 어차피 대한민국 남자라면 누구나 한번은 갔다 와야 하는 거고…."

"내가 군대 지원하면 아저씨가 나 좀 좋은 데로 보내주실래요?"

"글쎄, 그럴 수 있다면 참으로 좋겠는데. 하하…."

"아무튼 아저씨, 신경 써 주셔서 정말 고맙습니다."

"그래, 잘 생각해 봐라. 꼬마야."

나는 그 후로 군대에 대한 생각을 깊이 하게 되었다.

'그래 그 아저씨 말이 옳아. 어차피 대학 갈 것도 아닌데 빨리 군대 다녀오면 그만큼 사회생활도 빨리 시작할 수 있을 거야.'

고등학교를 졸업한 후 나는 곧 군에 지원서를 제출했다. 그때는 월남전이 한창 벌어지고 있던 때라 지원은 쉽게 받아들여졌다. 그것은 내가 벌어오는 몇 푼의 봉급만을 기대하고 있던 어머니에 대한 최초의 반란이었다. 어머니의 푸념을 뒤로 하고 나는 세상에 태어나 처음으로 맛보는 가장 편안한 마음으로 논산 제2훈련소로 향했다.

병영 생활은 내게 새로운 삶의 터전을 마련케 해주는 계기가 되었다. 군에서는 시키는 대로 규칙적인 생활만 하면 아무 문제가 없는 곳이어서 다른 걱정들은 싹 잊어버리고 지낼 수 있었다.

게다가 나이가 어렸던 덕분에 다른 사람들에 비해 그 어렵다는 훈련소 생활에 적응하기가 훨씬 수월했다.

훈련이 끝나고 3년간의 병영생활을 시작하기 위해 자대 배치 받은 곳은 육군 병원의 치과였다. 군의 학교도 가지 않고 내가 바로 병원으로 배치받을 수 있었던 것은 아마도 내게 입대를 권유했던 그 중령 아저씨 덕분이었던 것 같다.

무슨 인연인지 아저씨는 내가 훈련소에 있을 때 그곳의 연대장으로 부임해 오셨다. 정말이지 그분을 그런 곳에서 다시 만나게 되리라고는 상상도 못했다. 게다가 연대장이라니….

훈련소에서의 어느 날, 나는 내무반 청소를 하러 나갔다가 한 하사관과 함께 편지 봉투에 도장 찍는 내기를 하게 되었다. 군에서는 혹시나 군사 기밀이 누출될까봐 밖으로 나가는 우편물들을 일일이 검사하고, 봉투에 군사우편 도장을 찍어서 내보낸다. 그런데 그 일을 담당하던 하사관이 내가 우체국에서 근무했었다는 걸 알고는 누가 더 빨리 더 많이 찍을 수 있는가 막걸리 두 되 내기를 하자고 해서 훈련병의 신분도 잊고 정신없이 내기에 몰두하고 있었다. 결국 내가 석장을 더 찍어서 이겼다. 기분이 좋아 으쓱해 있는데 언제부터 뒤에서 우리들의 하는 모습을 지켜보고 있었는지 아저씨가 웃으면서 나를 부르셨다. 나는 그분을 그곳에서 만난 사실이 너무 놀랍고 반가워서 순간적으로 예전처럼 말이 튀어나왔다.

"아니, 아저씨가 여긴 웬일이세요?"

"그래, 너 여기 있었구나. 그동안 잘 지냈냐?"

그분도 뜻밖에 나를 만난 것이 반가웠는지 아저씨란 호칭에 별로 신경을 쓰는 눈치가 아니었다.

그 후로 훈련소에는 내가 연대장의 조카라는 소문이 돌았다. 덕분에 나는 남은 훈련소 생활도 편하게 했고, 특별히 누구에게 부탁을 한 것도 아니었는데 나중에 정식 배치를 받은 육군 병원도 소위 말하는 보직이었다.

"신고합니다. 김현성 일병은 ×월 ×일 부로 배치를 명 받았습니다."

"야! 인마. 너 고향이 어디야?"

"예! 서울입니다."

"뭐, 서울?"

연이어 여기저기서 주먹이 날아왔다.

"야! 이 새끼야, 똑바로 못 서?"

이번엔 어디에선가 군화발이 정강이를 냅다 내질렀다.

어디든지 텃세란 있는가 보다. 나중에 알고 보니 첫날 치러지는 신병 신고식이란 것이 워낙 그런 식으로 행해지게 돼 있었지만 내 고향이 서울이라는 것이 영남 고참, 호남 고참들의 지역감정을 자극했던 것 같다. 만약 고참들 중에 서울 출신이 한 명이라도 있었더라면 그렇게까지 당하지는 않았을 텐데….

하지만 첫날 호되게 치른 신고식 덕분인지 내 군대 생활은 그렇게 어렵고 힘들지만은 않았다. 치과에 배치를 받고 나니 그곳 생활은 군대가 아니라 일반 가정같이 따뜻하고 화목한 분위기 속에서 지낼 수 있었다.

게다가 신고식 때는 서울 출신이라서 남들보다 더 수난을 겪어야 했는데 치과에서는 그 점이 오히려 플러스 요인이 되었다.

치과 부장은 호남 출신이긴 했지만 현재 가족들이 모두 서울에 있었기 때문에 휴가 나가는 병사들 편에 이것저것 심부름을 보내곤 했다. 그러니 눈치도 빠르고 서울 구석구석의 지리를 잘 아는 내가 심부름을 보내기에는 적격이었는지도 모르겠다. 그래서 나는 정식 휴가 외에도 부장이 자기 가족들에게 심부름을 보낼 일이 있을 때마다 휴가를 내줘서 편하게 지낼 수 있었다.

"아니, 너 또 나왔니?"

다른 친구들의 군대 생활에 비해 유난히 자주 휴가를 나오는 내가 부담스러워 어머니는 항상 따뜻한 말 한마디 없이 퉁명스럽게 불평을 하곤 했다.

"저의 형은 단돈 500원 가지고 3년 군 생활을 하고도 얼마 남겨 왔는데, 어찌된 게 저 놈은 군대 가서도 돈만 갖다 쓴다니까."

휴가 나올 때마다 200원씩 주는 차비도 돈에 대한 애착이 유별난 어머니로선 아까웠던지 내게 보내는 눈길이 곱지 않으셨다.

"어머니는 돈밖에 모르세요? 아들이 휴가를 나오면 더운밥까지는 몰라도 따뜻한 말 한마디 해주시는 게 그렇게 어렵습니까?

정 그렇게 차비 주는 것도 아까우시면 이제 다시는 집에 오지 않겠습니다."

큰소리로 화를 내며 대문을 나섰다. 휑하니 산 고개를 넘어서며 생각해도 역시 어머니가 너무하다는 결론뿐이었다. 문득 난 정말 혼자라는 생각이 들었다.

'돈, 돈 하며 사시는 우리 어머니에게 정말 돈을 왕창 벌어다 드릴 방법은 없을까? 어디 자식보다 돈이 더 중요한지 어머니도 한번 겪어 보셔야 돼.'

나는 월남 지원을 생각했다. 월남에 가면 만약에 내가 죽더라도 국가 보상금이 나올 테고 살아도 한 달 수입이 만 원이니…. 그때 만 원이면 정말 큰돈이었다. 고개를 넘으며 나는 결심했다.

'죽으면 어떠냐. 내가 죽더라도 남은 가족들에겐 그게 오히려 도움이 되지 않겠는가….'

"병과를 일반 위생으로 바꿔주십시오."

나는 월남전에 지원하기 위해 인사계의 선임 하사를 찾아가 부탁드렸다. 평소 친하게 지내던 선임 하사는 내 얘기를 듣고는 깜짝 놀라서 만류를 했다.

"야, 김 상병 너 정신이 있어 없어? 네가 월남에 가야 할 이유가 뭐야? 이제 제대도 1년밖에 남지 않았는데… 부모님께는 말씀 드린 거야?"

"선임 하사님, 저 좀 도와주신다고 생각하시고 그렇게 해주십시오. 제가 이 다음에 돌아오게 되면 그때 찾아뵙고 자세한 말씀 드리겠습니다."

그의 간곡한 만류도 뿌리치고 결국 나는 월남으로 떠나기 위한 준비를 마쳤다. 이렇게 나는 혼자 생각하고 혼자 결정하는 일에 익숙해져 있었다.

청량리 역, 월남으로 떠나는 나를 배웅하기 위해 나온 가족들의 눈에 눈물이 고였다. 평소 그렇게도 내게 무심하시던 어머니도 그날만큼은 연신 눈물을 닦아내며 몸조심 하라고 당부를 하셨다. 그러나 나는 울지 않았다. 아니 눈물이 나오지 않았다. 저들이 지금 흘리는 눈물은 진정에서 우러난 것이 아닐 거란 생각이 들자 더욱더 그랬다. 사지로 떠나는 내 마음은 그렇게 얼어붙어 있었다.

부산 제3부두에 도착한 나는 난생 처음 보는 커다란 배의 위용에 감탄을 금할 수 없었다. 나로서는 엄청난 배의 규모도 놀랍기만 하고 처음 타 보는 배의 이곳저곳이 다 신기하기만 한데 같이 배를 탄 몇 천 명의 전우들은 하염없이 눈물만 흘렸다. 그러나 나는 울지 않았다. 가족들 앞에서도 보이지 않았던 눈물이었다.

'죽고 사는 것은 정해진 운명이 아닌가. 운다고 죽지 않고, 웃는다고 죽을 것이냐. 편하게 마음먹고 먹을 것을 먹어가며 편하게 잠도 자자.'

마음속으로 그렇게 다짐을 하고 있을 때 배는 벌써 저 멀리 태평양 바다 위로 빨려들 듯 미끄러져 갔다.

67년 11월, 한국 같았으면 초겨울의 날씨가 제법 쌀쌀했을 터였다. 월남에 도착한 후 제일 먼저 이곳이 우리의 땅이 아닌 이국이란 걸 느끼게 해준 것은 후텁지근하게 불어오던 남국의 바람이었다.

남지나 해, 그 맑고 푸른 바다를 건너 제일 먼저 도착한 곳은 나트랑이라 불리는 조그만 항구 도시였다. 전쟁터만 아니었다면 그야말로 따뜻하고 평화로운 남쪽 나라 쯤으로 그곳에 첫발을 내딛은 소감을 대신할 수 있으련만 실상은 그렇게 낭만적이지 못했다. 항아리 모양으로 생긴 그 항구 어귀에 배가 들어서는 순간부터 요란한 굉음과 함께 어디서 날아오는 지도 모를 수많은 포탄들이 우리들의 머리 위를 향해 쏟아져 내렸다.

급히 뱃머리를 돌려 항구 위쪽 모래사장에 간신히 배를 대니, 또 어디서 숨어 있었는지 군용 트럭 한 대가 나타나 우리들을 싣고는 재빨리 어디론가 떠났다. 어디로 가는 지도 모르고 그렇게 실려 온 우리들은 월남에 도착했다는 것을 미처 실감할 틈도 없이 바로 전쟁의 한가운데에 던져졌다.

삼엄한 경계 속에서 배속된 백마 부대. 나는 린호아의 백마 공수 특전대로 파견되었다. 한국을 떠나올 때엔 저마다 가슴속에 제각기 다른 희망을 품고 우렁찬 군가 소리에 몸을 실었었는데 이곳에서는 언제 죽을지 모르는 불안감에 군가는커녕 숨소리조

차 크게 내지 못하고 쥐 죽은 듯 조용히 움직여야 했다. 그리고 머릿속엔 희망 대신 오로지 살아야 한다는 생각 외엔 아무것도 없었다.

하지만 하루 종일 전투가 있는 곳은 아니었다. 이곳 린호아의 낮과 밤은 말 그대로 야누스의 두 얼굴처럼 극과 극의 양면성을 지니고 있었다. 낮이면 개미 새끼 한 마리 얼씬하지 않는 이곳의 평화로움은 한 폭의 동양화에서 막 빠져 나온 듯한 한가로운 시골 풍경 그 자체였다. 정말 여기가 전쟁터인가 싶을 정도로 적막한 그곳이 막상 밤이 되면 포성과 포연으로 뒤덮인 살상의 아수라장으로 변해버리곤 했다.

순박한 농민들의 삶의 터전이었던 그 풍요로운 땅은 강대국들의 사상과 이권 다툼에 피로 물들었고, 우리들은 꽃다운 목숨과 젊음을 너무나도 헛되이 남의 나라 전쟁에 제물로 바쳐졌다. 좋은 말로 우리들이 그곳에서 흘린 피가 국가 발전의 원동력이 되었다고들 말하지만, 사실 우리들은 어떤 대의명분이 아닌 몇 푼의 돈에 목숨을 건 용병에 지나지 않았을지도 모른다.

나는 1년여 간의 파병 생활을 마치고 무사히 귀국을 하게 됐다. 내가 그 살벌했던 전쟁터에서 한 가지 배운 것이 있다면 그것은 '욕심을 버리자'라는 무소유의 개념이었다.

월남에서는 병사들이 전과를 올릴 때마다 사단장이 SP BOX를 지급했다. SP BOX는 사탕이나 담배, 면도기 같은 일용품이 들어있는 보급품 상자였는데 그것이 지급될 때마다 병사들은 서로 많이, 더 좋은 걸 갖겠다고 옥신각신 싸움을 벌였다. 그런데 아이러니 하게도 꼭 그렇게 욕심을 부렸던 사람이 그 다음 전투에서 죽는 경우가 많았다.

'당장 내일 죽을 걸 모르고 오늘 그렇게 욕심을 부리다니….'
나는 언제 죽을 지도 모르는 인생에서 사람의 욕심이란 것이 얼마나 부질없고 허무한가 하는 걸 너무나 많이 목격한 터라 이후로는 일체의 소유욕을 버리고 살기로 마음먹으며 고국으로 향했다.

군대에만 다녀오면 모든 것이 달라져 있을 것만 같았던 생각은 나만의 착각이었다. 모든 것은 그대로였다. 아니 달라진 것이 있기는 했다. 그간 아버지가 돌아가셨고, 내가 월남에서 수없이 삶과 죽음의 고개를 넘나들며 목숨 걸고 벌어온 돈으로 형이 결혼을 해서 새 식구가 생겼다.

그리고 그것은 어머니의 발언권이 더 세진만큼 나의 귀국이 그들에게는 큰 돈줄이 끊기고 밥그릇 하나가 더 늘어났다는 것 이상의 아무 의미도 주지 못한다는 것을 뜻했다.

3년이라는 시간이 흘렀고 그만큼 나이도 먹었지만 나는 여전히 혼자였다. 나는 하루라도 빨리 이 답답한 생활에서 벗어나야겠다고 결심했다.

'가자, 죽고 산다는 것이 내 마음대로 되는 것도 아닌데 어디 가서 살든 설마 산 입에 거미줄이야 치겠는가?'

어른들이 흔히 말씀하시던 것을 되뇌며 나는 간단하게 옷가지를 챙겼다.

"어머니, 형, 저 집을 나가겠습니다. 혼자 살려면 돈이 좀 필요하니 제가 월남에서 부쳐드린 돈 좀 주세요."

"나가든지 말든지 그건 네 맘대로 하라. 하지만 돈은 한 푼도 안 남았으니 그리 알고 다시는 돈 얘기는 꺼내지도 말아라."

어머니와 형은 텃밭에서 쑥 다발을 묶으면서 내 쪽은 쳐다보지도 않으면서 무성의하게 대답을 했다.

'난 정말 주워온 자식인가 봐. 이젠 정말로 집에 돌아오지 않을 거야.'

나는 속으로 외치며 뒤돌아보지도 않고 고향을 떠났다. 하지만 큰소리치며 집을 떠나오긴 했지만 막상 갈 곳이 없었다. 어디로 가야 할지 막막해 하고 있을 때 문득 떠오른 얼굴이 하나 있었다.

경옥이었다.

그녀는 월남에 있을 때 펜팔로 사귀었던 동생인데 얼마 전 내가 귀국한 직후에 한번 만난 적이 있었다. 물에 빠지면 지푸라기라도 잡고 싶어 한다는 심정으로 앞 뒤 더 생각할 겨를도 없이 그 아이를 만나보기로 결정했다.

일이 잘 되려고 그랬는지 마침 그녀는 같이 하숙하고 있던 언니가 결혼을 하게 되어, 혼자 자취를 하려고 방을 구했다고 해서 당분간만 신세를 지기로 양해를 구했다.

하지만 특별한 연애 감정이 있었던 것도 아니었고 처음에는 순수하게 오빠 동생 사이로 지내던 우리들은 '남녀칠세부동석'이란 말을 증명이라도 하듯 한 달 만에 자연스럽게 부부의 연을 맺게 되었다. 그때 우리들의 나이 열아홉과 스물 셋이었다.

3

"옥아, 나 오늘 취직됐다."

성인이 된 후 처음으로 갖게 된 직업은 모 은행장 댁의 자가용 운전기사였다. 월남에서 그저 취미 삼아 틈틈이 배워 두었던 운전 기술이 밥 벌어 먹는 생계 수단이 될 줄은 꿈에도 몰랐다. 이런 것을 두고 바로 사람의 정해진 운명이라고 하는 지도 모른다는 생각이 들었다.

하지만 비로소 사회에 순조로운 첫 발을 내디뎠다는 생각이 들자 마음이 놓이고 다행스러웠다. 왠지 옥이를 만난 후부터 모든 게 다 순조롭게 진행되는 것 같은 느낌을 갖게 되니 그녀가 더욱 사랑스럽고 소중하게 보였다. 이 세상에 태어나 처음으로 느껴보는 평온과 너그러움이 나를 더없이 행복하게 했다.

그때만해도 자가용 기사들은 모시는 분들의 사회적 위치에 따라 등급이 매겨져 그에 따른 대우가 전혀 달라지곤 했다. 나는 중상위권에 속하는 기사로 월급 외로 들어오는 부수입도 꽤 괜찮은 편이었다. 하지만 소위 말하는 상류층 사람들의 생활은 가까이서 지켜보니 그렇게 바람직하지도, 부러워할 것만도 아니었다.

내가 처음 몸담고 있던 그 은행장 댁은 딸은 하나도 없고 아들 형제만 다섯을 두고 있는 집이었다. 막내아들만 여기서 고등학교를 다니고 있었고 나머지는 모두 외국 유학을 다녀왔는데, 그 집에 돈이 얼마나 많은지 자세히는 모르겠지만 그 돈 때문에 형제들끼리 패가 갈리고 부모한테 서로 서로를 헐뜯고 이간질이 난무했다. 차라리 우리같이 없이 사는 사람들 속이 더 편하고 행복할 지도 모른다는 생각이 그들을 보고 있자면 절로 들곤 했다.

하지만 부모의 마음이 어디로 가 있나 하는 걸 알기 위한 그 집 형제들의 열띤 정보 전쟁 덕에 일급 정보 소유자인 내게도 심심치 않게 생각지도 않은 용돈이 들어오곤 했다.

돈 많은 사람들의 생활이란 게 그 돈을 어떻게 벌었는지는 모르겠지만 그 돈을 쓰는 모양을 보면 정상적으로 땀 흘려 번 수입은 분명 아닐 거란 생각이 들었다.

그 은행장 집안도 역시 그런 부류에 속했다. 겉으로 보기엔 다 점잖고 멀쩡하지만 속을 들여다보면 콩가루 집안이란 말이 괜히 있는 게 아니다 싶을 정도로 얽히고설킨 관계들이 복잡하기 짝이 없었다.

가지 많은 나무에 바람 잘 날 없다고 자식들이라곤 하나같이 여자 문제로 속 썩이고 막상 결혼을 한 후에는 아들은 아들들대로 며느리는 며느리들대로 옛 애인이나 만나고 다니는 꼴이란 아무리 정략결혼이 다 그러려니 하고 보아 넘기려 해도 한심한 작태였다.

나는 더 이상 이런 곳에서 내 젊음을 낭비하고 있을 수 없다는 생각을 했다. 아직은 젊고 꿈도 많은데 운전기사로 일생을 마칠 수 없는 노릇이었다. 게다가 은행장을 모시고 다니면서 만나는 사람들이 주로 전직 고관이나 현역 정치인들이 대부분이어서 앞으로 큰일을 하기 위한 인맥을 형성할 수 있는 기회도 많이 있었다.

하지만 그러자면 야간 대학이라도 대학 졸업장이 필요했다.

그동안 아들 하나, 딸 하나 자식도 둘이나 두었고 작지만 아담한 집 한 채 마련해 두었으니, 삼 년간 열심히 일한 대가는 충분히 받은 셈이었다.

나는 행장님에게 양해를 구하고 대학을 가기 위해 공부를 시작했다. 그나마 다행이도 행장님 또한 어려운 집안에서 자수성가하신 분이어서 나의 그런 결심을 이해하고 오히려 격려까지 해주셨다.

하지만 일이 잘 되려고 그랬는지 안 되려고 그랬는지 내게 곧 굴지의 대기업인 H사 해외 건설현장에 관리직 사원으로 2년간 가 있을 수 있는 기회가 온 것이다. 모처럼 큰 뜻을 품고 다시 공부를 시작했던 터라 쉽사리 결정을 내리기는 힘들었지만 고민 끝에 나를 믿고 어렵게 주선해주신 분들의 성의를 생각해서 대학에의 꿈은 일단 접었다. 그리고 난 자가용 운전기사에서 대기업 해외 건설부 사원으로 직업을 바꾸게 되었다.

세계에서 두 번째라는 거대한 정유 공장이 있는 아바단과 이란의 수도 테헤란의 중간 정도에 위치한 '쿠지스탄 천연가스 정유시설 공사현장'으로 떠나기 위한 선발대 요원들이 H건설 코람샤 지사에 모였다.
"오시느라 정말 수고들 많으셨습니다."
지사 직원이 땀에 절어 지쳐 있는 우리들을 반갑게 맞았다.
"우선 이곳에서 하루 쉬시고 내일 자동차 편으로 현장으로 가게 됩니다. 현장에는 직원들 몇 명하고 주방장이 준비하고 있으니 불편한 건 없을 겁니다. 자, 식사들이나 하시고 편히 쉬십시오."
3일간의 비행기 여행에 너무나 지쳐서 모두들 식사는 하는 둥 마는 둥 하고 제각기 자리를 잡고는 이내 코를 골기 시작했다. 낯설고 새로운 세계에서의 하루가 그렇게 저물고 있었다.
첫날 도착했던 지사로부터 건설 현장까지는 망망대해와도 같은 사막을 가로질러 장장 10시간이나 달려와야 했다. 끝없는 모래 사막 위에 거대한 규모의 현장이 떡하니 그 위용을 자랑하며 펼쳐 있었다. 대단한 규모였다. 우리들 선발대 외에 앞으로 이곳 현장에 투입될 인원만도 350~400명 정도라 했다. 내가 이곳에서 맡은 직책은 근로자들을 관리하는 노무관리 일이었다.

'우리나라 최고의 기업이라는 곳에서 겨우 영국 회사의 하청 공사나 맡아서 하다니….'

속으로 혀를 끌끌 차며 앞으로 일어날 일들을 생각하니 머리가 아파왔다.

이곳 현장은 영국 회사가 인건비를 줄이기 위해서 우리나라 기업에게 하청을 준 곳이었다. 그러므로 한국에서 온 근로자들에게 될 수 있는 대로 적은 임금을 주면서 공사를 마무리 지어야 하는 것이 현장 소장 및 파견 직원들의 임무였다.

대체로 이곳 현장에 파견된 본사 직원들은 다른 현장에서 별다른 성과를 올리지 못해 이를테면 좌천되어 온 사람들이 대부분이었다. 만약 이곳에서도 근로자들을 제대로 다루지 못해 적자 현장으로 본사에서 찍히게 되면 그들은 더 이상 갈 곳도 없이 회사를 떠나야 할지 모를 정도로 심각한 상황이어서 언제나 전전 긍긍하고 있을 수밖에 없었다.

오후가 되니 직원들과 근로자들을 불러 모아 놓고 현장을 책임 지고 있는 박 소장이 소개 인사를 시작했다.

"이번에 이곳 현장에 새로 오시게 된 분들입니다. 이윤석 총반장님, 김정환 비계 반장님, 페인트 일을 맡아 주실 윤호영 씨…. 모두 내가 추천해서 모시고 온 분들입니다. 본사 직원들과 잘 협력해서 무사히 좋은 성과 거두고 돌아갈 수 있도록 다 함께 노력해주시길 부탁합니다."

박 소장의 첫 인사는 꼭 중대장이 소대장들을 불러 놓고 소대원들에게 하는 말투 같았다. '군대 생각나는군.' 나는 속으로 그렇게 생각하며 왠지 살벌하다는 느낌을 애써 주변 환경의 탓으로 돌리며 마음을 다잡았다.

이제 슬슬 일을 시작할 준비가 되어간다는 생각이 들 때쯤 벌써 한 달이 지났다.

그동안 근로자들도 250여 명으로 늘었고 그 이외 필요한 인원들은 그때그때 본국에서 지원되고 있었다. 나는 책상 앞에 앉아 근로자들의 신상 서류를 정리하면서 세월이 참 빨리 지나간다고 생각하고 있던 참이었다. 아이들과 아내의 얼굴들이 하나씩 떠오르면 괜히 마음이 찡해왔다.

그때 사무실 문이 벌컥 열리며 총 반장이 들어섰다.

"어이, 미스터 김! 지금 밖에 애들 분위기가 심상치 않은데 왜 그런지 알고 있어?"

"무슨 일이 있습니까? 그럴 만한 이유가 있었냐고요?"

다급하게 묻는 내게 총 반장은 아무런 대답도 해주지 않은 채 '뭘 모르는 군' 하는 얼굴로 비웃듯 횡 하니 가버렸다. 그런 그의 태도가 거슬렸지만 내가 맡고 있던 일이 노무관리였기에 무슨 일인가 하고 현장으로 급히 나가 보았다.

현장에는 근로자들이 찌는 듯한 더위를 피하여 여기저기에 모여 웅성거리고 있었다. 근로자들의 이야기를 들어 보니 나름대로 타당한 이유가 있었다.

원칙적으로 해외 건설현장 파견 근로자들은 본국에서 근로 계약서를 작성하여 노동부에 허가를 받고 나서 해외 현장으로 파견되게 되어 있었다. 그런데 그 계약서란 것이 해외 근무는 국제 계약에 속하기 때문에 근로자의 임금도 월급이 아닌 시간당 얼마씩으로 표시되어 있었다. 그렇게 되어 있는 것을 회사 측에서는 근로자들에게 별도로 구두 설명을 해주지 않고 그저 계약서를 잘 읽어보라고만 했고, 근로자들은 대부분 대충 도장을 찍고 파견되는 것이 통상적인 예였다.

그런데 계약서를 잘 살펴보면 하루 8시간, 주 48시간으로 근무시간이 책정되어 있는 것이 함정이라는 것을 알 수 있었을 텐데 그렇게 세세한 부분까지 신경을 쓰고 도장을 찍은 근로자들은 거의 없었다.

만약에 근로자들의 임금이 월급으로 지급된다면 그러한 근무조건은 상당히 선진국적인 조건이라 환영할만 했을 것이다. 하지만 돈을 벌기 위해 만리타국에까지 건너온 근로자들에게 하루 8시간 일하고 받는 금액은 너무나도 초라한 것일 수밖에 없었다. 이것은 H건설뿐만 아니라 국내의 다른 모든 해외 건설업계에서도 거의 다 그랬다.

근로자들의 태도는 아주 필사적이고 강경했다. 그들의 주장은 계약서에 시간당 달러가 생각보다 약하게 책정되어 있었어도 당연히 시간 외 근무도 있을 거라 생각해서 사인을 했다는 거였다.

실제로 건설 일이 활발한 사우디 현장의 경우 시간 외 근무는 아주 당연한 거였다. 그런데 이 현장은 공사 규모에 비해 사람이 많아서 그런지, 외국회사의 하청을 맡아서 그런지 생전 가야 오버타임이란 것이 없었다. 그러니 주 6일 한 달 26일을 꼬박 8시간씩 일해 봤자 한국에서 받을 수 있는 급료에도 못 미치니 어떤 조치를 취해주지 않으면 한국으로 돌아가겠다는 것이 근로자들의 주장이었다.

그들의 주장이 워낙 일리가 있다 보니 처음에는 강경하게 대처하려 하던 현장 소장도 결국은 타협안을 제시했다. 일이 많은 부서는 지금처럼 계약서대로 임금을 지급하고 그렇지 못한 부서에서는 월급으로 책정해서 주기로 해서 그럭저럭 현장 분위기는 수습되었다.

하지만 그 이후가 또 문제였다. 편하게 돈 버는 방법을 찾아 여기저기서 불법이 난무하게 된 것이다. 일이 많은 현장 책임자한테 뇌물이 오가고, 월급 받는 부서에서는 서로 편한 일을 하려고 아부하는 등 현장은 갈수록 질서란 찾아볼 수도 없는 불법 천지가 되어갔다. 자격에 관계없이 부서장 마음대로 근로자들에게 일을 시키는 건 아주 비일비재한 경우였다.

나는 해외 현장 임기가 끝날 때까지만 고용된 임시직이어서 정식 본사 직원은 아니었다. 하지만 그런 불의를 보고도 그냥 넘어갈 수가 없어 나는 잘못된 건 잘못되었다고 몇 번이나 건의했지만 묵살된 채 그냥 넘어가곤 했다.

그렇게 시간은 흘렀다.

이란 정부의 팔레비 왕권이 물러나고 무정부 상태가 되어 우리는 불가피하게 현장 철수를 하게 되었다. 공사가 아직 마무리 단계에 이르지 못했던 시점이었다.

현장에 있던 모든 움직일 수 있는 차량에 근로자들의 소지품을 나눠 싣고, 중요한 서류들과 식량을 실었다. 사람들은 갑자기 밀어닥친 이러한 상황이 불안해 우왕좌왕 갈피를 못 잡고 있었다. 근로자들은 불안에 떨었지만 아무도 그들에게 안심하라고 자신 있게 말해줄 수 있는 사람은 없었다.

올 때와 마찬가지로 장장 10시간의 운행이 시작되었다. 거리에는 데모대가 외국인들에게 무조건적인 테러를 감행하고 있었기 때문에 배를 타고 철수할 수 있는 아바단 항구까지 가기 위해선 도시를 피해 사막을 가로질러야만 했다.

그런데 문제는 여기에서 발생하게 되었다. 현장의 모든 차량들은 중기부에서 관리하도록 되어 있었는데 전문 기사가 중기부장에게 뭘 잘못 보였는지 그를 빼버리고 면허도 없는 20대 초반의 크레인 기사에게 앰뷸런스를 맡긴 것이었다. 경험도 없고 자격도 없는 크레인 기사에게 장거리 운행에 가장 중요한 앰뷸런스 물건들을 맡겼으니 사고가 안 날래야 안 날 수가 없었다.

사고 경위는 이랬다. 20여 대의 차량들이 커브 길을 달리고 있었는데 앰뷸런스가 추월을 하려다가 근로자 30여 명이 타고 있는 차량을 들이받으면서 그만 낭떠러지로 추락해버린 것이었다.

그곳은 한 순간에 아수라장이 되었다. 사망이 9명, 중상자 5명, 부상자가 10여 명…. 정말로 큰 사고였다. 앰뷸런스와 전복된

차량 한 대, 두 대의 차량은 그 자리에서 버리고 가야 했다.

그런데 한심한 노릇은 부상자들을 치료하기 위해 사고가 난 앰뷸런스 안을 열어보니 의료품들은 온데간데 없고 중기부장과 크레인 기사의 소지품들만 하나 가득 실려 있었다. 참으로 한심한 작태가 아닐 수 없었다. 하긴 그 당시 해외 근로자들의 피땀 어린 노력의 대가를 중간에서 가로챈 부류들이 어디 이들뿐이었을까? 나는 참으로 막막했다. 어찌 할 바를 모르고 서 있는 사람들을 제치고 우선 시체는 시체대로 부상자는 부상자대로 일단 가까운 병원으로 이송시키기로 했다.

"시간이 흐르면 부패될 테니 최대한 빨리 병원으로 가야 돼!"

다행히 병원 영안실은 비어 있었다. 운구를 영안실로 모시고 중상자는 입원 수속을 밟았다. 그리고 경상자들의 치료를 마친 후에야 우리들은 지사에서 준비했다는 싸구려 여관보다도 못한 수용소 시설로 모여 들었다. 예기치 못했던 불상사도 있었던 만큼 무엇보다도 중요한 것은 어떤 방법을 동원해서든지 일단 350여 명의 근로자들이 무사히 이란 땅을 떠나는 것이 급선무였다.

그럭저럭 식량이 다 떨어져 갈 무렵 다행히 소금 배 한 척을 구했다. 그 작은 배 위에 우리의 몸을 의지하고 바다 위를 떠다닌지 꼬박 하루 만에야 공해상에 이르렀다. 거기서 만난 우리 선박의 도움으로 간신히 바레인에 도착했고 그리운 고국으로 향하는 비행기에 몸을 실을 수 있었다.

비록 신자는 아니었지만 그 순간 나는 마음속으로 하나님을 찾으며 진심으로 감사의 기도를 올렸다. 사고는 있었지만 그나마 나머지 330여 명이라도 무사히 고국 땅을 밟을 수 있게 된 것에 대해….

평온한 시간이 며칠 지난 후 근로자들이 속속 본사로 몰려들었다. 나도 당연히 못 받은 급료도 받아야 하고 사고 소식도 궁금하고 해서 본사로 출근하였다. 하지만 그곳에서 들은 이야기는 소름이 끼치도록 비정했다. 세상에 내가 몸담고 살고 있는 사회가 이렇게 무서운 곳이라는 걸 느껴보긴 처음이었다.

'이란에서의 사고는 불의의 안전사고였다. 사망자 가족들에게는 위자료로 800만 원씩 지급했으며 가해자인 크레인 기사는 바로 다른 해외 현장으로 급파했다. 또 사고 당시 카메라로 현장 사진을 찍었던 근로자는 원하는 현장으로 파견 보내주고 필름과 금일봉을 맞바꾸었다.'

이것이 내가 전해들은 회사 측의 사고 처리 내용이었다.

나는 차라리 안 듣는 것이 나았을 걸 하는 허탈한 마음에 커피를 연달아 두 잔이나 시켜서 마셨다. 10명 이상이 사망했고 식물인간이 되어 귀국한 사람, 영원히 불구자로 살아야 할 사람을 수없이 만들어 놓고 단순 안전사고라니…. 책임 회피도 이 정도면 아주 기네스북에 오를 수준이라는 생각이 들었다.

'역시 대기업은 다르긴 다르구나. 저런 식으로 근로자 알기를 우습게 알고 임금을 그렇게 많이 착취를 하니 뭘 해도 승승장구하

며 돈을 벌어들이지.'

　나는 마음속으로 굳게 다짐했다. 만약에 내가 기업을 경영하게 된다면 반드시 이익을 사회에 환원할 거라고…. 기업이 경영을 하여 이익이 남게 된 것은 사회와 열심히 일하는 근로자들이 있었서 가능한 일이었기에 그렇게 하는 것이 당연하다는 생각이 들었다.

　지금도 나는 가끔씩 그때 그 사고 현장에서 숨진 근로자들을 생각하며 가슴을 쓸어내리는 습관이 있다.

　'사람을 한꺼번에 10여 명씩이나 죽여 놓고도 그들은 지금도 잘 살고 있을까? 당연히 처벌받아야 할 현행범들인데 어째서 이들에게는 법이 그렇게도 관대한지….'

　사람 목숨을 개 값보다도 값지게 생각하지 않는 대기업의 횡포…. 그것은 경험해보지 않은 사람들은 잘 알지 못했고 알려고 하지도 않았다. 그저 힘없이 당한 사람들만 억울할 뿐이었다.

4

 악몽 같았던 한 해가 지나고 꽃 냄새 가득한 봄이 오고 있었다. 우리 집에도 따뜻한 웃음꽃이 피어올랐다. 가족들과 떨어져 있던 시간만큼 그들에 대한 애착도 전보다 커질 수밖에 없었다. 가족들과 함께 하는 시간은 이란에서의 그 끔찍했던 기억들을 포근히 감싸주었다.
 "자, 우리 영신이 일찍 일어나 아침 먹고 학교 가야지."
 "응, 아빠. 나 조금만 더 자고…."
 "일어나서 오랜만에 아빠랑 산책도 하고 잠깐 얘기라도 나누고 가면 좋잖냐. 맨날 허둥지둥 등교하지 말고."
 "으응, 싫어. 난 좀 더 잘래."
 문득 하루하루가 다르게 커가는 자식들에 대한 애정이 솟구쳤다. 큰 애는 딸이라 그런지 애교도 많고 사근사근한 게 키울 맛이 절로 들게 했고 막내인 영진이는 사내 녀석이라 그런지 여간 개구쟁이가 아니었다. 하루 종일 밖에서 뛰어놀다 들어 와서는 말없이 씻고 잠들어 버리면 누가 와서 업어 가도 모르게 곯아떨어지곤 했다.

'아무 탈 없이 건강하게 자라주는 것도 다 나에게는 복이지.'

자식들이야말로 인생을 살아가는 데 있어 가장 소중한 희망이고 살아갈 힘을 주는 원동력이 아닌가 싶었다.

'이렇게 소중한 아이들에 내가 무엇을 해주어야 할까?'

다른 건 몰라도 내가 자라오면서 느꼈던 어머니에 대한 원망과 절망감, 외로움들…. 그런 감정들을 내 아이들에게만큼은 절대로 맛보지 않게 해줄 자신이 있었다. 그건 부모로서의 너무도 당연한 의무였지만 나는 그것을 누리지 못하고 성장했던 탓에 영신이, 영진이 이 두 아이들에게만은 최선을 다 하리란 다짐을 했다.

아이들이 크면 이런 아빠의 마음을 알아줄 날이 있을까 하는 생각을 해보면서 담배를 하나 꺼내 물었다. 여태껏 정신없이 바쁘게 살아왔지만 앞으로 살아야 할 나날들도 결코 만만치는 않으리란 느낌이 들었다.

"따르릉, 따르릉…."

아침 일찍부터 전화벨 소리가 요란하게 울렸다. 아이들은 학교에 갔을 시간이었지만 애들 엄마는 뭘 하고 있는지 시끄러운 전화 벨 소리는 좀처럼 그치질 않고 계속 이어졌다.

"도대체 뭘 하는 거야? 전화도 안 받고?"

이란에 다녀온 뒤로 나는 집에서 다른 자리가 날 때를 기다리고 있던 터라 신경이 날카로워져 있었다. 비록 당분간이었지만 아빠가 일을 하지 않고 집 안에 있는 모습이 아이들에게 과히 좋아 보이지 않으리라는 자격지심 때문에 더 그런지는 몰랐다. 게다가 아내가 쓸데없이 집을 비우는 횟수가 잦아진 것도 왠지 신경에 거슬렸다.

"여보세요."

그런 내 기분이 전화기를 통해 상대편에게 전달되지 않도록 주의하면서 나는 수화기를 들었다. 전에 취직자리를 부탁했던 분에게서 온 전화였다.

"어, 미스터 김이 전화를 직접 받는구먼. 그동안 잘 지냈나?"

의례적인 인사말이 오갔다. 나는 속으로 취직 부탁했던 일이 어떻게 되었는지 초조했지만 겉으로 내색은 하지 않고 상대방이 이야기를 꺼낼 때까지 참을성 있게 기다렸다.

"전에 자네가 부탁했던 거 있지? 조만간에 최 장관 사모님한테서 전화가 갈 거야. 자네 귀국했단 소식을 어디선가 들으셨던 모양이더라고."

최 장관이라면 청와대 민정비서관으로 계신 최 비서관님을 가리키는 모양이었다. 공식 직함은 비서관이었지만 부르기 좋게 최 장관으로 통하고 있던 분이었다.

"정말입니까? 고맙습니다. 다 선생님께서 신경 써주신 덕분입니다."

전화를 끊고 나는 속으로 생각했다.

'어떤 자리일까? 운전은 다시 안 하겠다고 그랬는데 설마 옛날처럼 기사로 쓰신다고 하면 뭐라고 말씀 드려야 하나….'

얼마 전 딸아이가 했던 말이 문득 생각났다.

"아빠, 학교에서 선생님이 아빠 직업이 뭐냐고 물으시면 어떻게 대답해야 해?"

"그걸 몰라서 물어? 회사원이라고 대답하면 되지."

"으응? 아빠 아직 회사에 안 가잖아?"

"응, 그건 아빠가 외국에 갔다 와서 피곤하니까 회사에서 당분간 휴가를 준 거야. 이제 조금 있으면 다시 출근하게 될 거야."

고개를 갸우뚱 하며 반문하던 아이는 그때서야 알았다는 듯이 얼굴이 환해져서는 제 방으로 겅중거리며 뛰어 들어갔다. 그 모습에 가슴이 짠해지면서 일순 뜨끔해져 오는 것은 어쩔 수 없었다.

딸아이가 2학년으로 올라가더니만 신 학년이면 의례 하던 가정환경 조사서란 걸 작성하기 위해 선생님이 여러 가지를 물으셨던 모양이었다.

'아, 이젠 정말 내 한 몸이 아니구나. 아이에게 부끄럽지 않은 아빠가 되어야 할 텐데….'

흔히들 직업에는 귀천이 없다고 말은 하지만 아무래도 자가

용 운전수 아빠보다는 양복 입고 넥타이 맨 회사원 아빠의 모습이 자식들 앞에서 그럴듯해 보일 것 같은 생각을 떨쳐 버릴 수 없었다.

'도대체 무슨 일을 맡기시려는 걸까?'

더 이상 속으로만 궁금해 하며 전화 오기만을 기다리고 있을 수는 없었다.

나는 인사치레도 할 겸 직접 전화를 걸기로 했다.

"거기 이촌동이죠? 사모님 계십니까?"

"미스터 김이라고?"

"예, 사모님이세요? 안녕하세요? 인사가 늦어 정말 죄송합니다. 다들 여전하시지요?"

나는 꺼내기 어려운 본론을 얼버무리기 위해 대충 의례적인 인사말로 넘어가려 했다. 다행히도 사람 좋은 사모님이 먼저 이야기를 꺼내 주어 나로서는 난처한 부탁을 하지 않아도 되었다.

"미스터 김, 오늘 시간 있으면 집에 한번 들르지. 어디 보자… 아마 12시까지는 안 나가고 집에 있을 거야."

왠지 일이 잘 풀릴 것 같은 예감이 들었다.

최 장관님 댁을 찾기 전에 용산 시장에 들러 육쪽마늘 다섯 접을 샀다. 요즘 같으면 갈비 세트니 과일 바구니 같은 걸 들고 갔겠지만 그 당시엔 그럴 형편도 되지 않았고, 사모님이 워낙 마늘을 좋아하시는 걸 알고 있던 터라 주저하지 않고 마늘을 골랐다.

이촌동 집에 도착하니 예전부터 알고 지내던 부엌 아줌마가 대문을 열어주며 반갑게 맞아 주었다.

"어이구 오셨어요?"

"예, 안녕하셨어요? 별 일 없으시죠?"

"아주머니, 사모님 마늘 좋아하시죠? 이 댁에 마늘이 떨어져 갈 것 같아서 몇 접 사왔습니다."

"사모님, 미스터 김 왔어요. 마늘이 정말 좋아요."

사람 좋은 아줌마는 너스레를 떨며 한껏 나를 추켜세워 주었다.

"그래? 역시 미스터 김은 살림꾼이야. 고마워."

"아닙니다, 사모님. 별 거 아닌데요 뭘. 부끄럽습니다."

"자, 앉아서 얘기하지. 아줌마는 여기 차 좀 내오고."

"사모님, 장관님께서도 여전하시죠?"

"응, 그 양반이야 늘 그러시지 뭐. 그렇지 않아도 며칠 전에 그 양반이 미스터 김 얘기를 하시더라고. 어디서 자네가 귀국했다는 소리를 들으신 모양이야. 저녁 드시면서 '그 친구 어디 결정된 곳 없으면 나한테 와서 일 좀 하라고 하지' 하시더라고. 미스터 김, 어때? 이번 기회에 우리 영감님 한번 모셔보지 그래."

"글쎄… 제가 해낼 수 있을까요? 괜히 장관님께 누가 되지나 않을지…."

"사람, 겸손은…. 미스터 김이 못하면 누가 해? 당분간은 수행

비서로 일 좀 하다가 적당한 때에 미스터 김이 원하는 곳에 있게 해줄게."

"예! 사모님, 열심히 해보겠습니다."

"그래, 부탁해."

"고맙습니다. 이렇게 신경 써 주셔서."

대문을 나서는 내 발걸음은 하늘을 날듯이 가벼웠다. 드디어 나를 인정받았다는 생각에 가슴이 뿌듯했다.

그 뒤로 나는 김 비서라는 호칭으로 불리었다. 청와대 비서관 수행비서가 내 공식 직함이었다. 비서가 되니 운전기사 시절과는 달리 어딜 가든지 모시는 분 다음으로 대접을 받았다. 그게 다 내가 열심히 살았다는 증거 같아서 기분 좋았다.

"미스터 김은 역시 능력이 있어."

전에 이 행장 기사로 있을 때 만났던 동료 기사들의 부러운 시선을 받으며 나는 당당하게 수행비서의 직무를 처리해 나갔다.

하지만 신분이 달라졌다고 해서 하루아침에 전의 동료들에게 안면몰수를 하고 거드름을 피우고 다닐 수는 없었다. 오히려 전보다 더 그들을 배려하고 따뜻한 말 한마디라도 건네려 애를 썼으므로 전보다도 인기가 좋았다.

나는 잊지 않고 있었다. 내가 이 사회에서 첫 발을 디딜 수 있게 해 준 직업도 기사였고 오늘날 이만큼 성장할 수 있도록 해 주었던 것도 다 그들과의 인간관계를 통한 것이었기에, 나도 기회가 오면 그 시절을 잊지 않고 그들에 대한 배려를 해야겠다는 생각을 잊어 본 적이 없었다.

나는 평상시에 출퇴근 할 때마다 택시를 이용하곤 했는데 세상이 돌아가고 있는 흐름을 가장 빨리 그리고 정확하게 파악하고 있는 것이 바로 기사들이란 사실에 항상 놀라곤 했다. 그들에게서 나오는 정보는 유언비어도 아니었고 바로 국민들의 소리였다.

국민들의 여론이란 것은 너무도 정확하고 또 신랄했다. 누구의 이익과도 상관없이 사물을 똑바로 보고, 보이는 그대로를 비판할 수 있는 것이 국민들의 특권인 만큼 정부는 그들의 소리에 귀를 기울여야 하지만 사실은 그렇지 못했다.

정보기관을 통해 올라오는 보고들은 상황을 뭐든지 아전인수 격으로 이쪽 편에 유리한 방향으로 해석된 것이 대부분이었다. 민심이 어디에 있는지 사태가 어떻게 돌아가고 있는지 등에 대한 정확한 여론 조사서는 전혀 전달되지 않고 있었다.

내가 수행비서 직을 맡아 동분서주 하며 뛰고 있을 때에도 국민들 사이에는 뒤숭숭한 기운이 감돌고 있었고 여기저기에서 유언비어들이 떠돌고 있었다.

'1979년 10월 29일 박정희 대통령 서거!'

뒤숭숭한 분위기 속에서 유언비어는 한 나라의 대통령이 자기 부하의 총탄에 쓰러지는 비극으로 그 실체를 드러냈다. 하지만 그것은 시작에 불과했다. 그 뒤에 따라온 혼란 속에 모든 것은 제자리를 잡지 못하고 술렁거렸다. 한 독재자의 비극적 말로는 개인적 불행을 넘어 사회 전반에 걸쳐 그 영향력을 행사하고 있었다. 그 뒤 군부가 득세를 하며 안정을 바라는 국민들의 열망 속에 모든 분야에서 빠른 움직임이 일기 시작했다. 정계는 정계대로, 재계는 재계대로, 군부는 또 군부대로 모든 것이 새롭게 자리를 잡기 위한 노력을 했다. 그런 와중에 나 또한 향후 거취에 대한 고민을 하지 않을 수 없었다.

참으로 힘든 난세였다. 독재자였든 뭐든 간에 몇 십 년을 나라를 이끌어오던 정신적 지도자가 쓰러진 판국이었으니 청구동은 청구동대로, 동교동은 동교동대로, 상도동은 상도동대로 설불리 나서지도 그렇다고 마냥 몸을 웅크리고 있을 수만도 없어 국민들과 군부의 눈치를 살피고 있는 형편이었다.

국민들은 과연 사태가 어떻게 돌아갈 것인가에 대해 촉각을 곤두세우고 있었다. 오늘은 이쪽이 우세하고 그 다음날은 또 저쪽이 유리한 것 같고…. 흔들리는 정치권만큼이나 국민들도 갈팡질팡하고 있었다. 아마도 국민들이 정치에 이렇게 관심이 많은 나라는 우리나라밖에 없을 거란 생각이 들 정도였다.

"긴히 말씀 드릴 것이 있습니다. 시간 좀 내주십시오."

일제 통치하에서 공부를 한 정치인들이나 지도급 인사들은 대개 폐쇄적인 사고방식을 가지고 있어 자신만 옳다고 믿고 다른 사람들의 말에는 귀를 잘 기울이지 않는 경우가 많았다. 게다가 그런 부류일수록 자존심 내지는 고집들도 무척이나 강해 곁에서 모시기가 무척 힘들었다. 최 장관도 어찌 보면 그런 측에 든다고 할 수도 있었지만 내 이야기는 그래도 곧잘 수긍하고 인정해주는 편이었다.

"장관님, 요즘 분위기가 좋지 않은데 어떻게 하실 생각이십니까? 저의 좁은 소견으로 보건데 흘러가는 낌새가 영 수상합니다. 장관님께서 앞으로 정치 활동을 계속 하시려면 당분간 시간을 갖고 쉬시면서 때를 기다려 보는 게 좋을 것 같습니다."

"갑자기 그게 무슨 얘기야?"

"정확한 근거를 제시할 수는 없지만 군인 후배들 동향을 보니 뭔가 심상치 않은 것 같습니다. 그리고 이것은 청구동 쪽에서도 묵계 된 사항이라고 합니다."

"김 비서, 뭐 정확한 소식이라도 들었나?"

"아닙니다. 직접적인 정보는 아니지만 제 나름대로 판단한 것도 있고, 이름을 밝히기는 좀 그렇지만 간접적인 언질도 있었습니다. 아무래도 현 정치인들로는 시국안정이 어렵지 않나 하는 얘기였습니다."

"음, 알았어. 좀 더 자세한 정보가 있나 알아보도록 하게. 나도 나름대로 알아볼 테니까."

"예, 장관님. 일단 움직이실 때도 조심하십시오."

"음."

나는 최 장관이 의외로 선선히 수긍하며 내 말에 귀를 기울이자 조금 안도감이 들었다. 혹시나 주제넘게 윗분의 거취 문제에까지 관여하려 한다고 오해하지 않을까 걱정했던 것도 사실이었다.

"사모님께서 김 비서님 좀 이촌동으로 들어오시래요. 아무 때라도 시간 나시는 대로 집으로 오시는 게 좋겠답니다."

며칠이 지난 후 최 장관 댁에서 일하는 아가씨가 전화를 해 사모님의 전갈을 전해주었다.

전에 장관님에게 했던 말이 있어 그 일 때문이려니 짐작은 대충했지만 급하다고 재촉하던 일하는 아가씨의 당부에 뭔가 다른 이유가 있나 하고 부랴부랴 이촌동 집으로 향했다.

"안으로 들어오시래요."

이촌동에 도착해서 초인종을 누르니 아가씨가 나와 문을 열어주며 방으로 안내했다. 사모님은 평소 나나 다른 손님들과 대화를 할 때 항상 거실로 나와 이야기를 나누던 분이라 웬일인가 궁금했지만 아무 소리 않고 조용히 안방 문을 노크했다.

"들어와, 김 비서."

그녀의 목소리는 차분히 가라앉아 있었지만 왠지 초조한 어투였다.

"급히 오라고 하셔서…. 무슨 일이 있으십니까?"

"내가 김 비서를 조용히 보자고 한 건 다름이 아니고 지난번에 김 비서가 장관님께 말씀 드린 문제 때문에 그래. 다시 자세히 좀 말해봐."

다급하면서도 은밀하게 꺼낸 그녀의 말에 나는 '역시…' 하는 생각이 들었다. 반면, 아직 확실한 근거를 잡고 말하는 정보가 아니니 당분간 서로 아무에게도 말하지 말고 조금 더 자세한 정보를 얻을 때까지는 비밀을 지키자고 했었는데, 역시 부부 사이에는 비밀이 존재할 수 없나 보다 하는 생각도 들었다. 거기에 생각이 미치니 혹시 또 다른 말실수 한 건 없나 하고 머릿속으로 재빨리 헤아려 보았다.

"장관님께서 사모님께는 말씀하셨군요."

"응, 김 비서 말에도 일리가 있으니 나보고 알아 볼 수 있는 데까지 더 알아보라고 말씀하시더라고. 그래, 김 비서 생각은 어때? 정말로 장관님이 사표 내시는 게 좋겠어, 그냥 좀 더 기다려 보는 게 좋겠어? 그리고 사표를 낸다고 해도 무슨 뚜렷한 명분이 있어야지 안 그래도 시국이 어수선해서 민심들도 흉흉한데 혼자만 쏙 빠져 나간다고들 생각하지 않을까? 그렇게 인심을 잃어 놓으면 나중에라도 다시 정치하실 때 입장이 곤란하시지 않을까 걱정이야. 그래서 김 비서 판단 좀 들어 보려고 오라고 했어."

물에 빠진 사람 지푸라기라도 잡는다고 했지만 진지하게 내 대답을 기다리고 있는 그녀의 표정은 속으로는 결정 다 해놓고 그저 의례적으로 한번 의견을 묻는 것이 아니었다. 정말로 내 의견을 귀 기울여 들어줄 만반의 자세를 갖추고 있었다. 그러나 이건 쉽게 생각하고 쉽게 대답할 성질의 문제가 아니었다. 나는 잠시 생각에 잠겼다.

'이거 정말 난처한데…. 지금 상황은 쉽게 앞을 예측할 수 있는 상황도 아니고 또 괜히 내 판단이 틀리기라도 하면 장관님 댁뿐만 아니라 나도 앞으로의 활동에 상당히 타격이 클 텐데…. 지난번에 괜히 나서서 아는 척을 했나….'

나는 그런 상황이 부담이 되어 쉽게 대답을 못하고 깊은 생각에 잠겼다. 그녀도 차마 재촉은 못하고 내 대답이 나오길 조바심내며 기다리는 눈치였다. 한동안 애꿎은 머리만 쥐어 싸매며 골똘히 생각에 빠지다 보니 진짜로 문득 한 가지 방법이 머리에 떠올랐다.

"사모님, 청구동 사모님과 친하시죠? 왕래도 자주 하시구요?"

"그럼, 자주 찾아뵙고 인사드리는 편이지. 왜? 무슨 좋은 방법이라도 있어?"

"그리고 지금 장관님께서 당원이 아니시지요?"

"그렇지."

"그럼 됐어요. 당원이라면 좀 입장이 그렇겠지만 정식 당원이 아닌 이상 그럴 듯한 명분만 있으면 장관님이 손을 떼신다고 해도 손가락질 할 사람은 없을 겁니다. 아무래도 상황이 사표 내시는 게 나을 것 같은데요."

"글쎄, 그 명분이 문제잖아."

"다행히 지금 재영이가 미국에 있지 않습니까. 장관님 허리도 안 좋으시고 마침 재영이도 결혼도 준비해야 하니 그 핑계를 대고 당분간 미국에 계세요."

재영이는 미국에서 공부하고 있는 그 댁 큰 아들이었는데 마침 재미교포 여자 친구와 결혼을 하겠다고 승낙을 기다리고 있던 터였다.

"청구동 사모님께 이렇게 말씀 드리세요. 장관님 허리 치료도 하고 아들 결혼 준비도 하려면 사표 내고 미국에 가야 하는데 날짜 닥쳐서 급박하게 서두르는 것보다 이미지 관리상 아무 문제없는 지금 그만 두시는 게 남들 보기에도 좋지 않겠느냐고요. 그리고 앞으로 청구동에서 큰일을 하실 때 옆에서 보필을 하려면 우선 건강이 받쳐주어야 하지 않겠느냐고 잘 설명해 드리세요."

내 말에 수긍이 가는지 듣고 있던 그녀의 얼굴에 조금씩 안도의 빛이 감돌았다. 그 모습을 보면서 나도 가슴이 뿌듯해져 옴을 느꼈다.

"그리고 제가 워싱턴 쪽에 나가 있는 우리 요원들 중에 아는 사람을 하나 찾아놓을 테니 사모님이 장관님 모시고 미국에 가서 쉬시면서 그 쪽 움직임을 쭉 살펴보시면 그 다음엔 정확한 판단이 또 서실 겁니다."

"그래. 정말 고마워. 이제야 뭐가 뭔지 좀 알 것 같아. 그동안 얼마나 고민을 많이 했는지 밤에 잠을 못 잤다니까. 김 비서, 앞으로도 들리는 이야기 있으면 즉시즉시 좀 전해줘. 집에도 좀 자주 들르고."

역시 나의 판단은 옳았고 최 장관 부부의 정보 또한 정확했다. 그들이 계획대로 미국에 도착한 15일 후 서울에서는 제5공화국의 탄생을 알리는 포성이 울려 퍼졌다.

그와 더불어 새롭게 최고 지도자의 자리에 오른 사람은 당연히 정권을 잡을 줄 알았던 청구동이나 동교동, 상도동의 세 김 씨 중

누구도 아닌 군부 출신 전두환 계엄사령관이었다.

 덕택에 여야 할 것 없이 구정권의 정치인들이 대거 수난을 겪었고, 대부분의 요직에는 군부 인사들이 줄줄이 자리를 차지하고 앉았다.

 최 장관은 앞날을 미리 예견하고 미국으로 떠나 화를 피했지만, 서울에 남은 나는 본의 아니게 또다시 실업자 신세가 되었다.

5

 노는 것도 하루 이틀이지 더 이상은 정말 안 되겠다 하고 슬슬 이것저것 궁리하고 있을 때였다. 하루는 책방에 들러 신규 사업에 관한 책을 고르고 있는데 누가 어깨를 툭 치며 내 이름을 불렀다.
 "어이 김 비서, 오랜만인데. 그동안 잘 있었어?"
 민정당 사무총장인 윤 의원의 보좌관인 황재규였다.
 "어, 오랜만이네. 요즘은 뭐하고 지내나?"
 "이 친구 아직 소식 못 들었구만. 나 요 위 빌딩에 있는 윤 의원 보좌관으로 있잖아."
 "으응, 그랬었구만."
 약간 우쭐해 하면서 하는 말을 듣고 있자니 기분이 착잡해져 왔다. 그가 전에 모시던 민 총장은 소위 말하는 구시대 인물이었고 지금의 윤 의원은 5공 공신이었다.
'더러운 자식. 주인 배신하고 잘 먹고 잘 살면 그래, 속이 참 편하겠다.'
나는 속으로 침을 뱉었다.
"그래, 자네는 여기 웬일인가?"
나는 불편한 마음을 애써 가라앉히고 말을 건넸다.
"내가 이런 데서 무슨 볼 일이 있겠나. 자네가 책방으로 들어오는 걸 보고 그냥 쫓아 왔지."
황은 내 속마음도 모른 채 싱글싱글 웃으며 말을 이었다.
"고맙네."
"뭘 그런 걸 가지고 고맙다고 하나. 자 우리 여기서 이럴 게 아니라 어디 가서 차나 한잔 하지?"
나는 썩 내키지는 않았지만 그 친구와 함께 근처 다방으로 들어갔다.
"보좌관님, 어서 오세요."
우리들이 나란히 들어서자 마치 기다리고 있었다는 듯이 다방 마담이 눈웃음을 치며 아양을 떨었다.
"그래, 잘 있었어? 마담은 어째 갈수록 예뻐지는 것 같아?"
마담과 둘이 부리는 수작으로 보아 평소에도 자주 들렀던 모양이었다. 하기는 다방이 작지만 아담하고 깨끗한데다 사무실 근처에 있으니 사람 만날 일이 있을 때마다 이용했을 법도 했다.
"오늘도 손님이랑 같이 오셨네요."

"이 친구 몰라? 그 인기가 대단했던 김 비서 아니야."

"어머, 그러세요. 몰라 봬서 죄송해요. 그러고 보니 정말 멋있게 생기셨네요."

마담은 호들갑스럽게 나를 추켜세웠지만 나는 내심 둘이서 날 비웃고 있는 것 같아 빨리 자리를 뜨고 싶을 뿐이었다.

"김 비서 지금 놀고 있다면서?"

"응."

나는 일어설 기회만을 노리며 건성으로 대답했다.

"자네 아직도 그때 그 동네에서 살고 있나?"

예전에 동생이 결혼식을 올렸을 때 한 번 찾아온 적이 있어 황은 우리 동네에 대해 잘 기억하고 있는 모양이었다.

"그래. 그런데 그건 왜 묻나?"

"LPG 가스 충전소에 대한 허가가 풀렸잖아. 그런데 누가 자네 동네에 충전소를 내겠다고 윤 의원에게 가지고 왔더라고."

"허가가 풀렸다면 그냥 신청하면 되지, 윤 의원이 거기에 왜 필요해?"

"말이 풀렸다는 거지 이권 사업인데 그냥 되나. 요즘 사업 하려면 뭘 하든지 어느 정도 빽은 있어야 되는 게 상식이라구. 충전소만 해도 하도 말들이 많으니까 형식적으로 허가를 풀어준 거지, 보통 사람들이 덤벼가지곤 어림도 없어."

"그래? 그런데 나보고 뭘 어떻게 하라는 건가?"

"윤 의원이 자네 고등학교 선배잖아. 윤 의원한테 자네가 부탁하면 아마 모르긴 몰라도 간단히 따낼 수 있을 걸. 워낙 파워가 센 분이니까 말 한마디면 그냥 될 거야. 혹시 땅 가지고 있거나 그거 하겠다고 신청해 본 사람 알고 있으면 자세히 알아보고 자네가 한번 해보라구. 허가만 받으면 돈 한 푼 안 들이고 노나는 거야. 매일 놀고 먹어도 남는 장사라네."

"그래. 내 한번 알아보지. 아무튼 신경 써줘서 고맙네."

너무나도 호언장담하는 그의 태도가 눈에 거슬려 대충 건성으로 인사치레를 하고 다방 문을 나서기는 했지만 그의 말에 전혀 관심이 생기지 않는 것은 아니었다. 돈을 별로 들이지 않고도 떼돈을 벌 수 있는 사업이라…. 그의 말을 100퍼센트 다 믿지는 않는다 하더라도 이건 정말 귀가 솔깃해지는 정보였다.

'선배가 도와주기만 하면 그럼 정말 괜찮겠는데….'

생각이 여기에까지 미치자 나는 속전속결로 결정을 내려야겠다고 마음먹었다. 어느 틈엔가 나는 비록 마음속으로지만 윤 의원을 선배님이라는 호칭으로 부르고 있었다.

'사람의 마음이란 것이 참으로 간사한 것인가 보다. 아까는 황보좌관이 5공 세력에게 붙었다고 욕해놓고 금세 내 배 속 채울 기회가 생기니 마음이 그 쪽으로 기우는 걸 보니….'

나는 애써 그 일과 이번 일은 성질이 다른 거라고 위안을 삼으려했지만 마음 한 구석이 찔려오는 건 어쩔 수가 없었다.

그래도 이왕 마음도 먹었겠다 이런 기회가 그렇게 쉽게 아무에게나 오는 건 아닐 거라고 자위하면서 나는 평소 친하게 지내던 형님에게 저녁에 찾아뵙겠다고 전화를 드렸다. 그때까지 LPG 가스 충전소에 대한 사전 지식이 없던 나는 운수업을 하시는 그분에게서 뭔가 충전소에 대한 정보를 얻어 볼까 해서 과일 한 상자를 들고 오랜만에 그 댁을 찾았다.

"형님 계시죠?"

"응, 어서 와요. 정말 오랜만이네."

"그동안 못 찾아뵈었습니다."

"아유, 뭘 이런 걸 사들고 다녀요. 그냥 오지."

손에 들은 과일 상자를 받으며 아주머니가 반갑게 나를 맞이했다.

"형님 안에 계세요. 어서 안으로 들어가요."

"형님, 저 왔습니다."

"응, 어서와. 웬일이야. 날 다 찾아오고."

그는 장난스럽게 웃으면서 내 어깨를 툭툭 쳤다. 나도 팔을 들어 과장되게 아프다는 시늉을 하며 기분 좋게 웃었다. 이런 게 우리들만의 인사법이었다.

"그동안 좀 놀았더니 몸이 근질근질 해서요. 이제 뭘 좀 해볼까 하는데 어떨까 의논드리러 왔습니다."

"의논? 내가 뭘 아는 게 있어야지."

말을 그렇게 하면서도 그의 얼굴엔 뿌듯한 기쁨이 넘치고 있었다.

"그래도 다 필요하니까 찾아뵙는 거 아닙니까?"

나는 내친 김에 더 너스레를 떨며 그를 추켜세웠다.

"그래, 무슨 사업을 하려고 하는데?"

"형님 LPG 가스 충전소에 대해 뭐 좀 아세요? 그거 어때요?"

"그거야 허가만 받을 수 있으면 대대로 먹고 놀고 그야말로 노나는 장사지."

"그래요?"

황 보좌관이 했던 말과 똑같은 소리를 듣고 보니 그야말로 귀가 솔깃해졌다.

"그게 킬로 당 얼마씩 해서 실어 와서 리터로 판데. 액체 가스를 기화시켜서 자동차 연료로 쓰는 거거든. 그게 냄새는 고약해도 오히려 공해는 없다고 하더라구."

"LPG가 원래 냄새가 나는 건가요?"

"글쎄 원래는 없는데 냄새가 안 나면 가스가 새는지 안 새는지 알기 어렵잖아. 그거 터지면 정말 사고가 클 텐데. 그래서 누출 여부를 쉽게 알려고 일부러 냄새나게 했다는 말도 있어. 나야 뭐 자세히는 모르지. 어쨌든 그렇게 킬로로 들여와 리터로 팔면 이익이 아주 많이 나나봐. 게다가 각 정유사에서 파는 대로 또 위로금까지 준다니 그야말로 노나는 장사 아니야? 그러니 충전소 사장들치고 빽 없는 사람들 없잖아. 택시 기사들 사고 나도 그 사람들이 부탁하면 그날로 해결돼. 그러니 얼마나 빽이 좋은 거야. 오죽하면 돈 없는 사람은 사업해도 빽 없는 사람은 못하는 게 바로 그 LPG 충전소란 말도 있잖냐."

"그 정도예요?"

"왜 너도 생각 있냐? 허가 낼 수 있겠어? 그리고 그 사업은 자리를 잘 잡아야 돼. 목이 좋아야 한다구."

"형님, 성산대로변 어때요?"

"그 자리야 말 할 것도 없지. 허가만 나면 돈방석에 앉겠는데."

나는 점점 기대에 부풀었다. 처음에는 단순히 호기심에 알아보려한 거였는데 급기야는 꼭 허가를 받아 내어 충전소 사장이 될 수 있을 거란 자신감마저 들었다. 그 장소는 내가 태어나서 자란 고향이기도 하고 마침 형님이 가지고 계시는 땅이었기 때문에 법률상으로도 허가를 받는데 아무런 하자가 없었다.

또 나중에 서울시 연료과 담당 직원과 상의해 본 결과 허가 설치법에 의거해서도 전혀 하자가 없는 장소로 판명되었다. 그러나 지난번 윤 의원 보좌관의 말과 똑같은 이야기를 선배인 연료계장에게서도 들을 수 있었다.

나는 아무렴 '새 시대 새 창조'를 외치고 있는 요즈음 같은 때에도 그런 뒷거래가 필요할까 반신반의 하면서 확인 작업에 들어갔다. 그렇지만 역시 허가 구비서류를 만들어 주는 설치 회사와 정유 회사에서도 똑같은 이야기를 되풀이 했다.

'구정권이나 지금이나 썩어 빠지긴 마찬가지군.'

나는 어쩔 수 없이 윤 의원을 만나보기로 하였다.

"어이 친구, 오랜만이네. 나 김일세."

나는 윤 의원 보좌관에게 전화를 걸었다.

"지난번에 자네가 말해준 그 정보 때문에 그런데, 어때? 윤 의원 시간 좀 맞춰 줄 수 있겠어?"

"그거야 어렵지 않지. 어때, 생각해보니 구미가 당기던가? 그럼 오늘 상황 판단해서 스케줄 잡고 연락할까, 아니면 저녁에 따로 만날까?"

'이 친구 한잔 사라는 소리군.'

나는 속으로 생각했다.

"그래. 그럼 오늘 저녁에 만나지. 오랜만에 소주나 한잔 할까?"

평소 술을 잘 마시지 못해 그다지 술자리를 즐기지 않던 나였지만 기분에는 벌써 사업가가 다 된 듯해서 거침없이 술 이야기가 나왔다.

"그거 좋지. 그럼 신촌에 있는 〈에버그린〉으로 나와. 김 비서 그 룸살롱 알고 있지?"

"알았어. 가보진 않았지만 어떻게 찾아가보지 뭐."

황 보좌관은 거침없이 한 전화번호를 댔다.

'이 친구가 언제부터 술집 전화번호까지 줄줄 외우고 다녔지? 단골인가 본데 이 친구 참 많이 컸구만.'

"알았어. 그럼 이따가 보자고."

나는 전화를 끊고 나서 곰곰이 생각했다. 룸살롱에서는 도대체 얼마를 갖고 가야 술대접을 할 수 있는지 도무지 감이 안 잡혔다. 요정이나 화식집 같은 데에는 종종 들렸지만 직접 계산해 본 적이 없는 나로서는 난감할 뿐이었다. 고민 끝에 나는 황 보좌관이 가르쳐 준 전화번호를 돌렸다.

"여보세요."

수화기 저 편에서 나긋나긋한 여자의 목소리가 들렸다.

"저기 뭐 하나 좀 물어봅시다. 이따 저녁에 그곳에서 약속이 있는데 두 사람이 마시면 보통 얼마나 됩니까?"

"예… 술을 좋아하시면 50만 원 정도면 되고 아니면 30만 원도 나오고 그래요. 아마 30~50만 원 예상하시면 될 거예요."

"알겠습니다."

"그럼 사장님, 이따가 봬요."

전화를 받은 아가씨는 직업 정신이 투철해서 그런지 끝까지 상냥함을 잃지 않았다.

나는 어느 정도 여유는 있어야 된다고 생각하고 은행에서 70만 원을 찾아 주머니에 넣고 약속 장소로 발길을 옮겼다.

"아유, 어서 오세요."

룸살롱에 도착해 문을 열고 들어가니 카운터에 있던 아가씨가 반갑게 인사하며 맞았다.

"윤 의원 보좌관 만나러 왔는데요."

"아까 낮에 전화로 술값 물어 보시던 사장님이시죠?"

"응, 아가씨가 전화 받았던 사람이오?"

나는 아까 수화기를 통해 들었던 그 나긋한 목소리를 떠올리며 그녀를 쳐다보았다. 얼굴도 그런대로 예쁘기는 했지만 목소리에서 느껴지던 그 부드러움은 없었다.

"예, 사장님."

"여기 마담이시오?"

"아니에요. 아가씨인데 오늘은 제가 카운터 당번이거든요."

"아, 그래요. 그럼 아가씨가 오늘 나하고 한잔 해야 되겠네."

"당연하죠, 사장님. 저는 미스 민이라고 해요. 잘 부탁드립니다. 그런데 좀 전에 보좌관님한테서 전화가 왔었는데 조금만 기다려주시래요. 윤 의원이 급한 일이 있어서 회의가 좀 길어진데요."

"그래요? 그럼 할 수 없이 기다려야겠군."

'빌어먹을. 이젠 내가 거꾸로 그 친굴 기다리는 신세가 됐군. 많이 컸다 이거겠지.'

나는 속으로 이런 생각을 하며 혀를 끌끌 찼다.

"왜 그러세요, 사장님?"

"아니, 나 혼자 뭐 좀 생각하느라 그랬어요. 허, 참 내…."

나는 눈치 빠른 아가씨가 내 표정을 읽어버린 것 같아 그만 쑥스러워졌다.

"앉아서 그냥 기다리시겠어요? 아니면…."

"아니면?"

나는 되물었다.

"먼저 한잔 하시든지…."

미스 민은 내 표정을 살피면서 조심스럽게 말을 꺼냈다. 나는 그녀가 내 눈치를 보는데 미안해져서 겸연쩍게 웃으며 말을 받았다.

"이거 속도 상하고 한데 먼저 슬슬 시작하자고…."

그제서야 그녀도 마음을 놓은 듯 환하게 웃으며 술은 뭐로 할 건지 이것저것 묻기 시작했다.

"황 보좌관 그 친구가 좋아하는 술이 뭐야? 이왕이면 그 친구가 좋아하는 술로 하지."

"그러시겠어요? 양주 좋아하세요. 그분이 지난번에 맡겨 놓으신 것도 있구요."

"그래? 그럼 그 걸로 시작합시다."

'얼마나 자주 오길래 술을 맡겨 놓고 먹어. 세상 많이 좋아졌군….'

미스 민이 주문을 하러 나간 다음 나는 이런 생각을 하며 '과연 내가 지금 잘하고 있는 걸까?' 하는 회의가 들었다 왠지 불안한 예감이 스치고 갔다. 다시 곰곰이 돌이켜 생각해 보려는 순간 밖으로 나갔던 미스 민이 소란스럽게 들어오는 바람에 그 생각은 이내 무시해 버렸다.

"사장님이 오늘 첫손님이신데 너무 좋은 분이신 것 같아서 제가 특별히 주방님한테 좋은 안주 달라고 부탁해 놨어요. 이따가 안주 들어오거든 한번 보세요."

"그러자구. 그건 그렇고 미스 민, 내 부탁 하나 합시다."

"뭔데요, 사장님?"

"내가 술이 많이 약하니 이따 미스 민이 좀 알아서 해줄 수 있겠어?"

"아! 그러세요? 사장님, 걱정 마세요."

"내 그럼 미스 민만 믿고 있지."

그녀와 나는 새롭게 술을 마시며 이런 저런 이야기를 나누었다. 그녀와 같이 있다 보니 시간 가는 줄도 모르고 있었다. 황 보좌관이 호들갑을 떨면서 들어서는 것을 보고 나서야 시간이 꽤 흘렀다는 것을 알 수 있었다.

"어이, 먼저 시작했군 그래. 늦어서 미안해. 갑자기 급한 일이 생겨서 말이야."

'여전하군' 하고 속으로 생각했지만 겉으로 내색하지는 않았다.

"바쁜데 이렇게 부탁을 하게 돼서 미안하네."

"아, 뭐 다 그런 것 아닌가. 상부사조 하면서 사는 것이 피차에게 좋은 거지 뭐."

황 보좌관은 윤 의원 한번 만나게 해주는 것이 아주 대단한 일인 것처럼 거드름을 피웠다. 그리고 그날 나는 하루 저녁의 술값으로는 상상도 하지 못했던 어마어마한 투자를 해야만 했다.

"어제 너무 취했던 것 같은데 자네 괜찮겠나?"

황 보좌관은 사우나 안으로 들어오면서 취기가 채 가시지 않은 얼굴로 물었다.

"글쎄 나는 괜찮은 것 같은데 자넨 어때?"

나는 '내가 어제 그렇게 취했었나?' 생각하며 겸연쩍어 했다.

"김 비서는 술이 꽤 약한 것 같은데 앞으로 사업 하려면 많이 배워야 될 거야."

그는 벌써부터 일이 다 성사된 양 내게 사업가들의 로비활동에 대해 조언을 해주었다.

"자네 성우 기업 알지? 거기 창업주인 김 회장도 그렇고, 윤진 물산 이 사장, 제우 건설 박 사장…. 이런 사람들이 다 윤 의원 후원 회원들이라구. 이 바닥 일이라는 게 워낙 다 그렇잖아. 돈만 갖고도 안 되고 그렇다고 힘만 갖고도 안 되고. 정치를 하려면 돈이 필요하고 또 사업을 하려면 권력의 도움을 받아야 하는 게 사실이니까 서로 상부상조 하는 거지. 자네도 잘 알아두는 게 좋을 걸."

그는 윤 의원의 후원 회원들의 신상을 열거하며 은근히 내게도 후원 회원이 되어 윤 의원의 정치 자금을 지원하기를 종용하는 것 같았다.

"꼭 그렇게까지 할 필요가 있을까? 그 사람들이야 재벌들이니 돈도 많겠지만 나야 뭐 가진 게 있어야지…."

"도움을 받았으면 그만큼 또 내놔야 하는 게 당연한 거 아닌가? 그리고 다 형편껏 하는 거지 누가 자네더러 그 사람들 하고 똑같이 하라고 했나? 내 말은 그저 어느 정도 성의는 표시해야 한다는 거지. 그리고 사실 윤 의원 정도 힘을 가진 사람이면 못하는 일이 어디 있겠나. 생각해보게. 그 일만 성사되면 자넨 그냥 가만히 앉아서 떼돈 버는 거라니까. 내가 벌써 의원님께 잘 말씀 드려 놨으니 일은 거의 성사된 거나 다름없어. 자넨 그저 의원님 만나 뵙고 형식적인 절차만 취하면 돼. 그리고 그때 자네 성의를 좀 보여드리면 의원님이 기뻐하시지 않겠나. 글쎄 나만 믿으라니까."

황 보좌관은 열변을 토하면서 나를 설득했다.

'이제는 아예 노골적으로 돈 봉투를 요구하는군. 말이 성의지 그놈의 성의라는 게 도무지 어느 정도인지 알 수가 있나….'

"도대체 얼마 정도 하면 되는 건가?"

"우선 선배님 어려우실 텐데 도움이 되었으면 좋겠다고 잘 말씀드리고 한 장 정도만 넣어서 드리면 될 거야. 그 이상이야 자네 형편에 무리일 테고 말이야."

"한 장? 천만 원?"

"우선 그렇게만 준비해 놓아봐."

'고양이 쥐 생각해주는군. 하기야 액수가 너무 크긴 하지만 일이 성사만 된다면 그 정도 금액이야 투자하는 셈 치고 써도 되겠지.'

나는 이내 그의 말에 수긍을 하고 고개를 끄덕였다.

"알았네. 내 그렇게 하지."

"그리고 서울시에 서류 접수를 하고 그 다음에 바로 내게 연락해주게. 그러면 내가 알아서 조치를 취하도록 의원님과 상의해 놓을 테니까. 김 비서, 이번 일 성사되거든 다음에 나 좀 봐줘야 하네. 내 공 잊으면 안 돼."

그는 은근히 자기에 대한 배려를 요구하는 것도 빼놓지 않았다.

"걱정 말게. 어디 내가 그런 사람인가? 한두 번 만난 사이도 아닌데 별 걱정을 다하네 그려. 아무튼 잘 부탁하네."

나는 그와 함께 사우나를 끝내고 나와 아침 식사까지 마쳤다. 마음이 급한 만큼 서둘러 일을 추진하겠다는 뜻을 전하고 그와 헤어진 후 필요한 서류 준비부터 시작했다.

"선배님, 오랜만입니다. 이곳에 계시다는 말씀을 얼마 전에 들었습니다."

"그래, 어서 오게. 정말 오랜만이군. 전에 있던 데는 그만 두었다면서? 요즘은 어떤가?"

"글쎄 뭘 좀 시작해보려 하고 있는데 그것 때문에 선배님을 찾아뵈러 왔습니다."

나는 준비해온 서류 뭉치를 그에게 내밀었다.

연료계장은 내가 내민 서류들을 한참 들여다보았다.

"완벽하군. 서류상으로는 전혀 하자가 없는데…. 그런데 누구하고 얘기가 돼 있나?"

"예, 선배님. 아직은… 얘기가 완전히 끝난 게 아니라서 말씀드리기가 좀 곤란하네요. 나중에 말씀드리겠습니다. 사실은 서류 준비를 하던 중에 선배님이 담당 계장이라고 들어서 의논 좀 드리려고 여길 먼저 왔거든요."

"음, 그래? 아무튼 잘 왔네."

"선배님! 저랑 점심이나 함께 하시죠."

나는 담당 계장의 눈치를 살피며 바깥으로 나가길 은근히 권했다.

"그래? 그럼 그럴까?"

그는 이것저것 책상 위에 널려 있던 것을 주섬주섬 정리한 후에 함께 일어섰다.

"어디 근처 조용한 곳으로 가시죠?"

"그러지."

나는 담당 계장과 함께 조용한 방이 마련되어 있는 근처 중국집으로 향했다.

"이봐, 김 비서. 자네가 지금 신청하려고 하는 LPG 충전소 자리 바로 옆에 있는 대지 주인 혹시 알고 있나?"

"예, 거기가 원래 제 고향이라서 잘 알고 있습니다."

"그 대지를 팔겠다고 해서 내가 잘 알고 있는 사람이 그 땅을 샀거든. 그리고 나서 LPG 충전소 허가를 내려고 신청을 냈는데 그만 반려되고 말았지. 자네 그 사실은 알고 있었나?"

"잘은 모르겠고 어렴풋이 들은 기억이 있는 것 같기는 한데 그 당시에는 별로 관심이 없었습니다."

"그 땅이나 자네 땅이나 허가 구비서류는 완벽해. 그런데 문제는 실제로 허가 나는 게 법에 의한 허가가 아니라는 거지."

"그게 무슨 말씀이십니까?"

"쉽게 얘기해서 빽이 필요하다는 거지. 자네도 알다시피 요즈음은 겉으론 사회 정화니 부정부패 척결이니 떠들어도 속으로는 예전보다 더 심해. 힘이 없으면 아무것도 안 된다구."

"예, 무슨 말씀이신지 이해가 갑니다."

"그래, 자네는 누가 도와주겠다고 그래? 아직 결정되지 않았더라도 나한테만 살짝 얘기해줄 수 없겠어?"

"사실은 선배님, 윤 의원 아시죠? 그 분이 도와주겠다고 해서 한번 해보려는 겁니다. 그래서 일 시작하기 전에 담당 좀 만나 얘기해보려고 했는데 마침 선배님이 계시다고 해서 찾아 뵌 겁니다."

내 말을 듣고 있던 담당 계장의 얼굴이 밝아졌다.

"정말이야? 윤 의원이 도와주겠다고 그래? 그 사람이 도와준다면 별로 걱정 안 해도 되겠어. 서류가 아무리 완벽해도 한 달에 한 번씩 입지 심사란 게 있거든. 그게 말이 심사지 끼리끼리 모여서 서로 주고받고 나눠 먹는 거거든. 그러니 보통 사람들의 신청은 해보나마나 거의 불가능하다고 볼 수 있지."

"아! 그래서 그랬었군요. 이제 제가 좀 뭐가 뭔지 알 것 같습니다. 그런데 선배님, 제가 하려는 장소는 어떤 것 같습니까? 괜찮겠어요?"

"그 자리야 LPG 충전소 할 뜻 가진 사람이면 다들 탐내는 자리지. 아주 전망이 좋은 곳이야. 자네, 생각 아주 잘했네."

"앞으로 많이 도와주십시오, 선배님."

"그러지. 내가 할 수 있는 데까지는 도와주지. 그나저나 윤 의원 만나거든 안부나 전해주게."

나는 담당 계장과 헤어져 집으로 오면서 속으로 쾌재를 불렀다. 이 정도면 정말 어느 정도 투자를 한다고 해도 해볼 만한 사업이라는 생각이 드는 것이 벌써부터 많은 돈을 번 사장이 된 기분이었다.

나는 곧 사업 계획서를 작성하기 시작했다. 이것저것 필요한 것을 적어 넣다가 장학사업 계획도 세워 넣었다. '운전자 자녀 장학회'라 이름 지어질 그 계획은 항상 내 머릿속에 남아 있던 운전기사로서의 사회 첫 경험이 떠올라 만들기로 결심했다. 지금의 나를 있게 해준 기사 시절의 어려움을 항상 잊지 않고 있었기에 그들의 자녀들에게 뭔가 조금이라도 도움을 주고 싶은 생각이 마음속에 늘 자리 잡고 있었다. 이제서야 그 생각을 실천에 옮길 수 있는 때가 온 것 같아 나는 마음이 절로 뿌듯해지는 걸 느꼈다.

"그동안 찾아뵙지 못해 죄송합니다, 의원님."

황 보좌관의 주선으로 윤 의원의 사무실을 찾은 나는 그가 후배들에게도 선배란 호칭보다 의원으로 불리길 더 좋아한다는 친구들의 귀뜸을 듣고 온 터라 썩 내키지는 않았지만 의원님이란 직함을 썼다. 왠지 의원님보다는 선배님이라 부르는 게 더 친밀함을 강조할 수 있고 딱딱하지 않아 사적인 관계를 빌미로 부탁을 하기엔 더 적합하다고 생각했지만, 그가 싫어한다니 어쩔 수 없는 노릇이었다.

"오랜만이군. 그래 뭐 사업을 시작하려 한다며?"

"예. 그래서 의원님 신세 좀 져야겠는데 좀 도와주십시오."

"내가 어떻게 도와주면 되겠나?"

"저, 서울시에 말씀 좀 해주시면 됩니다."

"그래? 저기 황 보좌관 좀 들어오라고 해."

윤 의원은 인터폰에다 대고 지시했다. 그러자 황 보좌관이 즉시 달려와서는 굽신 인사를 했다.

"예! 부르셨습니까? 의원님."

"여기 김 비서 얘기를 잘 들어보고 어디 누구에게 어떻게 조치를 해야 되는지 준비 좀 해주게."

"예. 알겠습니다, 의원님."

윤 의원은 보좌관에게 가볍게 한마디로 지시하는 걸로 일 처리를 그에게 일임해 버렸다.

"감사합니다, 의원님. 저 그리고 이건 많지는 않지만 저의 성의니 받아주십시오. 의원님 하시는 일에 조금이라도 도움이 될까 해서 준비해봤습니다."

나는 안주머니에서 봉투 하나를 꺼내어 슬그머니 탁자 위에 놓았다. 윤 의원은 의례히 하는 사양의 말 한마디 없이 기다렸다는 듯이 봉투를 집어 들었다.

"그래, 고맙게 쓰겠네. 그리고 그 일은 보좌관에게 자세히 설명해주게. 앞으로 종종 들리게나."
"예, 그럼 저는 이만 가보겠습니다. 의원님 안녕히 계십시오."
나는 집무실 밖으로 나와 황 보좌관과 마주 앉았다.
"김 비서 잘했어. 일은 틀림없이 잘 성사될 테니 아무 걱정 말고 기다리고 있게. 그리고 그때 가서 나 모른 척 하기 없기네?"
"그럴 리가 있나. 그럼 이제 다 된 걸로 알고 서류 접수하겠네."
"그래. 접수하고 바로 내게 연락 주게나. 그럼 의원님께 말씀드려 바로 조치하고 다시 연락 주겠네."
나는 재차 부탁의 말을 하고 나서야 돌아서서 사무실을 나왔다. 택시 안에서 나는 이제부터가 시작이라고 주먹을 불끈 쥐었다. 하지만 곰곰이 생각해보니 가지고 있는 자금이 문제였다. 지난번에 받은 퇴직금 하고 그동안 모아 두었던 예금을 모두 합쳐서 약 3,000만 원 정도를 가지고 있었는데, 그 중에서 오늘 벌써 1,000만 원을 써버렸으니 이제 수중에는 2,000만 원 정도밖에 남은 게 없었다.
'서류 접수하고 한 달에서 두 달 정도면 결판이 난다고 했는데….'
가진 돈은 별로 없었지만 황 보좌관의 장담대로 허가만 빨리 떨어져 준다면 별로 큰 문제는 없을 것 같았다. 생각이 여기에까지 미치자 불안한 마음은 사라지고 꿈같은 생각만 들었다.

'LPG 가스 충전소 사장이라. 아직 젊은 나이에 사장이 된다?'

마음 같아선 벌써 사장이 되어 있는 것 같았다. 탄탄대로 같은 핑크빛 미래가 내 앞에 쫙 펼쳐져 있는 것 같은 기분이었다.

인간은 누구나 맨손으로 태어난다고 하지만 선천적으로 부유한 가정에서 태어난 사람과 가난한 집안에서 태어난 사람은 이 세상에 나오는 순간부터 받는 대우가 다르고, 이후 살아가는 삶에 있어서도 삶의 질적 가치 기준이 달라지는 것이 어쩔 수 없는 현실이었다.

그런데 나는 가난한 집에서 태어나 이렇게 젊은 나이에 한 기업을 운영하는 사장이 된다고 생각하니 스스로가 대견하고 뿌듯해져 오는 건 어쩔 수가 없었다.

'돈을 많이 벌려면 어느 정도 나가는 건 감수해야겠지.'

이런 생각을 하니 돈에 대한 걱정도 일단 사라지고 자신감이 새롭게 솟구쳤다.

'제기랄 이런 기회가 쉽게 오는 것도 아닌데 이번에 어떻게 해서든 허가를 받아야지.'

나는 이미 어떤 방식으로 운영할까, 어떤 사람들을 영입할까 등등 머릿속에서 회사의 설립에서 인원수까지 세세히 헤아리고 있었다.

나는 이왕 여기까지 온 거 미적미적 해봐야 좋을 거 하나 없다고 생각하면서 속전속결로 서류접수를 끝마쳤다.

"황 보좌관! 날세. 오늘 서류 접수 마쳤네."

"아, 김 사장! 알겠네. 내가 곧 연락할 테니 기다리고 있게나."

황 보좌관은 이제 아예 김 비서에서 김 사장으로 호칭마저 바꿔 불렀다. 그런데 나도 그것이 왠지 싫지도 어색하지도 않고 기분 좋게 들렸다.

"김 사장, 오늘 저녁에 지난번 그곳에서 만나지. 저녁 8시 시간 어때?"

"8시? 좋아 난 괜찮아. 지난번 그곳이라면 신촌〈에버그린〉 말이지?"

며칠 후 황 보좌관에게서 전화 연락을 받고 나는 지난번에 그를 만났던〈에버그린〉이란 룸살롱으로 향했다.

"어머, 김 사장님. 어서 오세요. 오늘 여기서 약속 있으신가 봐요."

마담이 반갑게 인사하며 아는 체를 했다.

"파트너는 변함없이 유경이지요?"

"내가 언제 이 아가씨 저 아가씨 고르는 것 봤소?"

"그래도 혹시 해서 여쭤 봤어요."

사실 내가 이곳에 들른 건 지난번 한 번뿐인데도 꼭 단골손님 대하듯 하는 마담이 밉지 않아 나도 장단을 맞춰 주었다. 아닌 게 아니라 앞으로 사업을 하려면 이곳에 자주 드나들게 될 것 같았다.

"어이구. 가스 충전소 김현성 사장님! 먼저 오셔서 기다리고 계셨군요."

뒤늦게 룸으로 들어온 황 보좌관이 한차례 너스레를 떨었다.

"어때요? 이제 김 사장님도 우리 당원이 되셔야지요? 이번 후원회 결성 때 사장님 이름도 명단에 올려놓았으니 그렇게 알고 계십시오."

"그래? 그럼 그렇게 해야지 뭐."

생전 안하던 존댓말까지 써가면서 이죽이죽 웃으며 던지는 그의 말에 나는 한마디 이의도 제기하지 못하고 그냥 그대로 끌려가고 있었다.

"잘 알고 있겠지만 윤 의원님 생각해서 후원 회비도 한 천만 원 정도 예산해 두시구요."

"……."

내가 원했건 원하지 않았건 간에 그는 그날 저녁 내게서 후원 회비라는 명목으로 또다시 천만 원이라는 거금을 받아냈다.

하지만 그것으로 끝난 것은 아니었다. 그 후에도 무슨 모임이다, 행사다 아니면 윤 의원 집 무슨 날이다 해서 툭하면 그는 돈을 요구했고, 나는 이런 것들이 꼭 필요한 지 어떤 지도 모르는 채 그냥 그가 시키는 대로 이끌려 다녔다.

그런데다 처음에 한두 달이면 허가가 날 거라고 장담했던 거와는 달리 처음에는 이번 달에는 심의가 없어서, 그 다음 심의에서는 누가 심의 보류를 요청해서 안됐다고 변명하더니 나중에는 서류를 보완해 달라는 둥 아니면 그 동네에 무슨 장관이 사는데 충전소 설치를 반대하는 진정이 들어왔다는 둥 이 핑계 저 핑계를 갖다 붙이면서 허가를 차일피일 미루고 있었다.

그러는 동안 어느새 그 해 한 해도 저물고 충전소 일에 매달리기 시작한 지도 어느덧 1년 8개월이란 세월이 흘렀다. 그렇게 대책 없이 허가 나기만을 기다리고 있는 동안에도 윤 의원 측에서는 계속해서 돈을 요구해서, 있는 것 없는 것 다 동원해도 안 돼 집까지 저당 잡히고 사채까지 끌어 써야 했다. 이제는 더 이상 남은 것도 없고 결단을 내릴 일만 남았다.

"선배님 솔직히 말씀해 주십시오. 뭐가 잘못된 거죠?"

참다못한 나는 서울시 연료과에 담당 계장으로 있는 선배를 불러냈다.

"김 비서, 내가 알기론 기존 업자들의 로비 때문인 것 같아. 입지 심의는 심사위원들 중에서 한 명만 이의를 제기해도 안 되게 되어있거든."

"그래요?"

"아무래도 과장하고 기존 업자들하고 결탁된 것 같아. 위에서는 해주려고 노력하는데도 심의 과정에서 꼭 보류가 되거든."

"알겠습니다, 선배님. 제가 좀 더 알아보겠습니다."

나는 다시 자세한 정보를 알아내기 위해 동분서주 했다. 며칠 후 나는 부탁했던 친구로부터 놀라운 사실을 전해 들었다.

"김 비서 자네 그거 포기해야겠더군. 내가 알아보았더니 서울시 사회정화 위원장과 연료과장이 의부자지간이데, 그리고 부의

원장이 자네가 사업 시작하려는 장소와 인접해 있는 가스 충전소 회장이래요. 그 사람이 담당 연료과장을 적극적으로 후원해주고 있었던 것 같아. 무슨 거래가 있었겠지. 확실한 증거는 잡지 못했지만 그 과장을 갈아치우든지 자네가 포기하든지 양단간에 결정을 내려야겠더라구. 더 이상 질질 끌어봤자 아무 소용없을 것 같아."

나는 그 말을 듣고 망연자실 앉아 있을 수밖에 없었다. 온 몸의 기운이 쭉 빠져 나가고 다리가 후들후들 떨려 왔다. 그제서야 오전에 분명히 통과되었던 심의가 오후에 자꾸만 번복되던 이해 안 되는 상황을 어렴풋이나마 알아차릴 수 있었다.

'모든 게 다 끝났어. 그동안 난 되지도 않을 일에 돈과 시간을 쏟아 부으며 허황된 꿈을 꾸고 있었던 거야….'

나는 자포자기 하는 심정으로 며칠간을 잘 마시지도 못하는 술로 보내야 했다.

"김 선생님, 정신 차리세요. 이럴수록 힘을 내셔야죠."

미스 민은 내가 부담스러워할까봐 호칭을 사장님에서 선생님으로 바꿔 부르면서 상처 입은 나의 마음을 어루만져 주려 애를 썼다. 하지만 당시에 내가 느낀 절망감과 사회에 대한 배신감은 쉽게 아물 수 있을 것 같지 않았다.

'이젠 정말로 고향을 떠나야겠다. 이 지긋지긋한 서울을 떠나 날 아는 사람이 아무도 없는 곳으로 가서 새롭게 시작해야겠다. 내일부터 나는 다시 한 살이다. 여태껏 내가 살아온 35년의 세월은 내 인생에서 없었던 것으로 치고 싹 지워버리자. 그리고 앞으로는 남들이 1년 사는 동안 난 5년, 10년 사는 것처럼 열심히 살아야 지워버린 세월을 보상받을 수 있을 테니 정말 보란 듯이 열심히 살아볼 거야.'

나는 이를 악물고 새로운 인생을 계획했다. 하지만 가진 것을 다 탕진하고 난 뒤라 낯선 곳에 가서 나와 식구들이 겪을 고생이야 보지 않아도 눈에 선했다.

'가장을 잘못 만난 탓에 애꿎은 가족들이 고생하는구나….'

미안한 마음에 가슴이 저려왔지만 어쩔 수 없는 노릇이었다. 지금으로선 믿고 따라와 달라는 말밖에 할 말이 없었다.

나는 그 후 모든 것을 정리해서 수원으로 낙향을 결정했다. 내가 제2의 인생을 살기 위한 곳으로 유독 수원을 택한 이유는 그곳에 이모님이 사셔서 자주 다녔던 터라 그곳 지리나 물정을 잘 알고 있었기에 생판 낯선 곳보다는 나으리란 판단이 섰던 때문이었다.

그리고 또 하나 예로부터 수원이 우리나라에서 제일 인심이 박하다는 말을 자주 들어왔던 터라 이런 곳에서 내가 1년만 버틸 수 있다면 그 후로는 어딜 가서 무얼 하든 먹고 사는 걱정 없이 성공할 수 있을 것 같은 자신이 있었기 때문이었다.

'그래! 딱 1년이다. 1년만 눈 딱 감고 열심히 뛰어보자! 내 보란 듯이 성공해서 돌아갈 테니….'

그런 마음으로 이삿짐을 정리하면서 아내를 보니 그녀에게 새삼 미안한 마음이 솟구쳤다.

"여보! 정말 미안해. 이제 수원에 내려가면 다시 열심히 노력해서 잘 살아봅시다. 내 당신 고생 안 시키려고 했는데…. 이왕 일이 이렇게 됐으니 다 잊어버리고 새로 시작하자구. 우린 아직 젊으니까 용기를 잃지 맙시다."

"앞으로 뭘 하실 거예요?"

아내도 걱정스러운 듯 물었다.

"글쎄 아무거나 해보지 뭐. 하다못해 운전이라도 다시 하면 아무렴 우리 네 식구 어디 가서 밥 굶기야 하겠어?"

"그러세요, 그럼. 당신이 잘 알아서 하시겠죠."

아내는 썩 내키지는 않는 눈치였지만 그러라고 수긍했다. 그런 아내의 모습에 나는 다시금 미안한 마음이 들어 얼굴이 붉어졌다.

6

 나는 수원에 정착한 뒤 지난 일들을 모두 훌훌 털어 버리고 영업용 택시 운전을 시작했다. 서울과는 달리 작은 도시라 한가롭기도 하고, 아는 사람을 만날 일도 없으니 한결 홀가분한 마음이었다.
 '그동안 내가 정신이 어디 나갔었던 게지. 욕심이 너무 과했었어. 그냥 자기 분수에 맞게 열심히 사는 게 최곤데…'
 나는 일확천금을 꿈꾸며 돌아다녔던 지난 일을 돌이켜 보니 부끄럽기 그지없었다. 이렇게 자기 자신에 대해 반성하고 자각해 나가다 보니 몸은 좀 고달파도 마음만은 더없이 평온했다. 그리고 이런 식으로만 살면 큰돈은 못 만져도 별 어려움 없이 식구들 고생 안 시키고 살 수 있을 것 같은 자신감도 조금씩 살아나고 있었다. 하지만 다른 식구들의 생각도 그런지는 알 수 없었다.

"여보, 나 오늘 서울 가요."
"왜? 서울에 무슨 볼 일이라도 있어?"
"당신이 예전에 이란 가실 때 제게 맡겨 놓은 돈을 그동안 이자를 놨는데 이제 그 돈 좀 찾으려구요. 며칠 걸릴 것 같으니 그리 알고 기다리지 마세요."
나는 그 돈이 아직까지 남아 있었다는 말은 금시초문이었다.
외국에서 돌아온 직후 아내는 아무래도 유방암에 걸린 것 같다는 둥 갑자기 눈이 안 보인다는 둥 이상하게 병치레를 많이 해서 한동안 병원 신세를 졌었다. 나중에야 그게 다 아내의 연극이었다는 사실을 알게 되었지만, 그때까지만 해도 그 사실은 까맣게 모른 채 다 쓴 줄로만 알았던 돈이 아직 남아 있는 게 있다고 생각하니 갑자기 몸에 생기가 도는 것 같고 아내가 고마울 뿐이었다.
"그래? 아직 돈이 남아 있었단 말이지. 그동안 당신이 나 몰래 애썼군. 그럼 빨리 가서 일 보고 와. 여기 걱정은 말고."
나는 어떻게든 아내에게 고마움을 표시해야겠다고 생각해서 주머니에서 오천 원짜리 한 장을 꺼내어 잘 다녀오라며 손에 쥐어 주었다. 사실 그 돈은 어제 번 돈에서 아무도 모르게 '삥땅' 친 건데 아무래도 차비라도 주어 보내야 마음이 편할 것 같았다.
"그럼 다녀올게요. 여보! 애들 잘 부탁해요."
며칠 서울 다녀온다는 사람이 꼭 먼 길 떠나는 사람처럼 말을 하기에 조금 이상하다고 생각은 했지만 별다른 의심은 하지 않았다. 하지만 정말로 그렇게 집을 떠난 아내는 다시는 돌아오지 않았다.

이곳저곳 수소문도 해보고 찾을 수 있는 방법을 다 동원해 보았지만 그녀의 행방은 묘연하기만 했다.

나는 제 정신이 아니었다. 별의 별 생각이 다 들었다. 일도 하는 둥 마는 둥 하며 아내를 찾아다녔지만 아무 소식도 들을 수가 없었다. 게다가 식구들의 끼니 걱정까지 해야 하니 사는 꼴이 말이 아니었다.

그렇게 몇 달이 지났다.

기진맥진한 몸으로 오랜만에 서울에 왔다. 그날도 역시 아내의 소문을 들으러 백방을 쏘다녔지만 아무 소득도 없었다.

문득 예전에 룸살롱에서 만났던 미스 민이 떠올랐다. 오랜만에 그녀나 한번 만나고 나면 이 답답한 가슴이 좀 풀어질지도 모른다고 생각해 전화를 걸었다.

"미스 민? 나 김현성이오. 오늘 서울 올라왔는데 미스 민 생각이 나서…. 지금 신촌 〈은하수〉 다방에 와 있는데 시간 있으면 얼굴이나 한번 봅시다."

"어머, 그러세요? 제가 곧 나갈게요. 조금만 기다려 주세요."

여전히 밝고 애교 넘치는 그녀의 목소리를 듣고 나니 기분이 조금 나아지는 것 같았다. 속으로 안 된다고 하면 어쩌나 걱정했던 터라 너무나도 선선히 나오겠다고 말해준 그녀가 무척이나 고마웠다.

잠시 후 다방 문이 열리면서 미스 민이 들어섰다. 빨간 스웨터를 입은 그녀의 모습이 그날따라 유난히 상큼해 보였다. 나는 그녀를 향해 손을 들어 흔들어 주었고 그녀는 내게로 다가와 가볍게 고개를 숙이며 인사했다.

"그동안 어떻게 지내셨어요. 얼굴이 많이 타셨네요."

"그런가? 그런데 정말 오랜만이군. 그래 미스 민은 여전한가?"

"예, 김 선생님."

"그냥 미스 민 얼굴 한번 보고 싶었어. 왠지 요즘은 자주 생각나더라구. 그래서 오늘은 미스 민 보러 일부러 서울 올라왔는데 출근 안 하면 안 돼?"

막상 그녀의 얼굴을 마주 하자 생각지도 않았던 말들이 튀어나왔다. 왠지 그녀라면 내 마음속에 있는 말들을 시원스럽게 받아줄 수 있을 것 같은 느낌이 들었다. 그래서 무리한 부탁이라는 걸 알면서도 '에라 모르겠다 밑져야 본전이니까…' 하는 마음으로 말해본 건데 그녀의 반응도 의외로 호의적이었다.

"그러시면 여기서 잠깐만 기다려 보세요. 가게에 전화 한번 해보고요."

그녀는 자리에서 일어나 공중전화 부스로 가더니 잠시 후 환한 얼굴로 자리로 돌아왔다.

"그래도 되겠네요, 김 선생님. 그럼 우리 어디로 갈까요?"

"글쎄… 인천 어때?"

"인천이요? 음, 좋아요 선생님."

다방을 나선 우리는 지나가던 택시를 불러 세웠다.

"아저씨, 인천까지 얼마면 되겠습니까?"

"8,000원 만 주세요, 손님."

"좋아요, 갑시다."

나는 그녀와 함께 택시에 올랐다. 인천에 도착할 때까지 나도 그녀도 아무런 말도 하지 않았다. 착잡한 내 심정을 알고 있기나 한 듯 그녀도 먼 창밖만 응시할 뿐 말이 없었다.

"김 선생님 힘내세요. 선생님은 아직 젊으시니까 뭐든지 할 수 있어요. 전 믿어요."

인천에 도착하여 우리 둘은 바닷가를 걸었고 그녀는 내 손을 꼭 잡으며 용기를 북돋워 주었다. 나는 그녀가 비록 술집에 나가고 있기는 하지만 마음이 참 따뜻한 아가씨라는 생각이 들었다.

상대방의 마음을 어루만져 줄 수 있으며 내게 용기와 희망을 불어 넣어주는 그녀를 나는 비로소 처음으로 이성의 눈으로 바라보게 되었다.

'과거가 다 무슨 소용인가! 현실이 중요하지. 저렇게 착하고 마음이 따뜻한 여자라면 일생을 함께 해도 후회하지 않을 것 아닌가!'

10여 년을 함께 살다가 상황이 힘들어지니 온다 간다 말 한마디 제대로 남기지 않고 훌쩍 내 곁을 떠난 아내에 대한 원망이 심하면 심할수록 스스로에 대한 자책도 심해졌다.

'가정이란 것이 혼자서만 잘한다고 되는 게 아닌데 그동안 내가 가정에 너무 소홀했던 게 아닐까? 가정이 있고 나서야 직장도 있고 사업도 있는 건데….'

나는 가슴속 깊이 깨닫고 있었다.

'사랑이란 주는 것인데… 한도 끝도 없이 베풀기만 하는 것이 바로 사랑인데… 난 그동안 너무 받으려고만 한 게 아닐까? 내가 과연 가장으로서 가정에 충실했었던가? 봉급만 가져다주면 가장으로서의 의무를 다한 거라고 생각하지는 않았나?'

생각할수록 내 잘못이 큰 것 같았다. 그동안 나는 내 가족들을 위해 내가 할 일은 돈을 많이 벌어 와서 식구들 고생 안 시키면 그만이라고 생각하며 살아 왔던 것 같다. 사실은 고생 하나도 안 하고 편안하게 살 때보다 이처럼 어려운 상황이 닥쳤을 때 고통을 함께 나눌 수 있고 서로의 가슴을 열어 서로를 이해해주려 노력하는 것이 바로 함께 사는 가족의 참모습인 것을 미처 깨닫지 못하고 살았다.

나는 가슴이 미어지는 고통을 겉으로 표를 내지 않으려고 무던히도 애를 썼지만 그녀는 이미 내 마음속을 훤히 들여다보고 있는 것처럼 말을 건넸다.

"김 선생님! 너무 괴로워하지 마세요. 선생님은 가족들을 누구보다 사랑하셨잖아요. 식구들도 다 그걸 알고 있을 거예요. 그리고 선생님은 훌륭한 능력이 있으신 분이잖아요. 다른 사람은 몰라도 선생님은 꼭 다시 일어서실 수 있을 겁니다. 전 그걸 믿어요. 만약 제가 도움이 된다면 저도 기꺼이 도와드릴게요."

나는 눈물이 왈칵 쏟아지려는 것을 애써 참았다. 그녀의 한마디 한마디가 마치 내 생애에서 처음 들어본 따뜻한 말처럼 가슴속에 파고들었다. 가슴이 '찡' 하고 울린 것처럼 감동이 밀려 왔다.

"미스 민, 고맙다. 정말 고마워. 말만 들어도 힘이 나는 것 같아. 그 마음 내가 언제까지고 잊지 않고 있을게."

나는 거듭 고맙다는 말 외에는 아무 말도 할 수가 없었다.

이렇게 시작된 그녀와의 데이트는 그 후로도 계속되었다. 아내가 집을 나가 돌아오지 않는 시간도 벌써 2년이 넘어가고 있었고, 그동안 우리 사이에는 새로운 변화가 생기고 있었다.

"유경 씨, 우리 애들 좀 만나 보지 그래?"

"애들을요? 글쎄요… 그래도 괜찮겠어요?"

그녀가 주저하는 이유를 나는 알고 있었다. 나 또한 그녀를 무척 좋아하면서도 술집에 나간다는 이유로 주위 사람들에게 선뜻 소개하지 못하고 여태껏 미뤄왔던 때문에 그 마음을 이해할 수 있었다. 비록 나는 '그까짓 과거쯤이야' 하고 대수롭지 않게 받아들이고 다 이해할 수 있지만 가족들이나 친구들에게 그녀를 있는 그대로의 모습으로 소개하기란 여간 조심스러운 게 아니었다.

"유경 씨 마음 내가 다 아니까 아무 걱정하지 마. 집에는 유치원 피아노 선생님이라고 말해뒀어. 그러니 그런 줄 알고 있으라고. 내가 한번 기회를 만들어 보고 얘기해 줄게. 애들 만날 마음의 준비나 해두라고."

다행히도 그녀하고 아이들은 잘 어울렸다. 그녀의 성격이 워낙 싹싹하고 밝은 데다 아이들은 그녀가 유치원 피아노 선생님이란 말에 후한 점수를 주었던 것 같다. 비록 본의 아니게 가족들에게 거짓말을 하게 된 셈이었지만 사실대로 말해 여러 사람이 상처를 입는 것보다는 이편이 훨씬 나은 것 같은 생각이 들었다.

"아빠! 그 선생님 지금 몇 살이세요?"

어느 날인가 큰 딸 영신이가 내게 다가오더니 느닷없이 엉뚱한 질문을 던졌다.

"그건 왜?"

"그냥요, 아빠."

"글쎄, 한 서른 살 쯤 됐을 걸."

"그 선생님 우리 엄마 했으면 좋겠다…."

영신이는 그 말을 하고는 부끄러운지 헤헤 거리며 얼른 자기 방으로 도망을 쳤다.

"원 녀석도 싱겁기는…."

나는 딸아이가 그런 생각까지 하고 있었다는 게 적지 않게 놀랐다. 아무튼 요즘 아이들은 눈치도 빠른 것 같았다. 어느 틈엔가 아빠의 마음을 헤아리고 그런 얘기를 먼저 해준 딸의 마음 씀씀이가 너무나도 고마웠다. 마냥 어리게만 생각했던 아이가 벌써

다 자라 아빠의 마음을 다 생각해주는구나 생각하니 가슴이 뿌듯했다.

오랜만에 그녀와 마주했다. 한동안 서로가 바빠서 연락을 못했던 터라 더욱 반가웠다.
"요즘 장사는 잘 돼?"
"그저 그렇죠, 뭐."
"우리 어디 가서 저녁이나 먹으면서 얘기하지. 술도 한잔 할까?"
"그거 좋죠."
나는 조용한 곳으로 그녀를 데리고 가서 맥주 몇 병을 시켜놓고 딸애 얘기를 꺼냈다.
"영신이가 선생님이 우리 엄마 하면 안 되냐고 묻던데?"
나는 그녀의 반응을 살피면서 조심스럽게 말을 꺼냈다.
"그래요?"
그녀의 반응은 의외로 싱거웠다. 그저 '픽' 하고 웃었을 뿐이었다. 그리고는 아무 말 없이 맥주잔을 연거푸 들이켰다.
"좀 천천히 마시라구. 오늘은 너무 급하게 마시는 것 같아. 벌써 취한 것 같잖아."
그녀가 계속해서 술잔을 비우자 당황한 내가 술을 그만 마시라는 투로 그녀를 말렸다.
"괜찮아요, 선생님. 오늘은 좀 취하고 싶은 걸요."

"그래? 그럼 그러라구."

나는 더 이상 그녀를 말릴 수가 없었다. 나는 항상 그녀에게 미안한 마음을 갖고 있던 터라 '내가 오늘 얘기를 괜히 꺼냈구나' 하는 생각을 떨쳐 버릴 수가 없었다.

그녀의 허물이라면 허물일 수 있는 결점에도 불구하고 내가 그녀를 사랑하고 있는 것처럼, 그녀도 내가 한 번 결혼해서 애가 둘씩이나 딸려 있다는 것을 알면서도 나를 사랑하고 있다는 건 이미 눈치채고 있었다.

하지만 나는 진심으로 그녀가 나 아닌 다른 좋은 사람을 만나서 행복하게 살아 주길 바랬다. 아무리 내가 그녀를 사랑한다고 해도 다 큰 자식이 둘씩이나 딸려 있고 시어머니에 시누이까지 얹혀 있는 주제에 감히 결혼해 달라는 말을 할 염치가 없었다.

나는 조마조마한 마음으로 그녀를 바라보고 있었다. 이윽고 그녀가 입을 열었다.

"우리 오늘 딴 데로 가요."

그녀가 팔짱을 끼어 오면서 말을 했다.

"어디 가고 싶은 데라도 있어?"

"예… 저기… 나 사랑해요? 좋아해요?"

그녀가 갑자기 말머리를 돌리면서 나를 빤히 쳐다보며 물었다. 나는 당황해서 한참을 머뭇거렸다.

"사랑하기도 하고 좋아하기도 하지. 그런데 오늘 왜 그래? 정말 이상한데."

평소의 그녀답지 않게 많이 흐트러진 것 같아 나는 재차 물었다. 그러자 그녀는 돌아서며 흐느껴 울기 시작했다.

"도대체 왜 그래? 무슨 일 있었어?"

그녀는 고개를 내저으며 계속 흐느꼈다.

"나 당신 사랑해요. 너무너무 사랑해요."

나는 그제서야 그녀를 살며시 안아주었다.

"나도 그래. 우리… 결혼할까?"

내 가슴속에 안겨 있던 그녀는 고개를 가만히 끄덕였다.

"힘들 텐데 자신 있어?"

"최선을 다할게요."

그녀는 내 가슴속에 얼굴을 묻고 흐느끼면서 대답했다.

"사랑해, 유경이! 이제 우리 함께 열심히 살아보자!"

이제 새로운 인생이 시작되는구나 생각하니 나는 가슴이 뜨거워오는 것을 느꼈다.

7

　벚꽃 향기가 그윽한 봄날이었다. 나에게는 그야말로 제2의 인생이 시작되고 있었다.
　"사랑해, 여보!"
　나는 이렇게 수시로 사랑의 말을 새롭게 내 아내가 된 그녀의 귀에 속삭여 주었다. 행복이란 게 바로 이런 거구나 할 정도로 훈훈한 온기가 우리 가정에 흘러 넘쳤다. 정말 오랜만에 맛보는 행복이고 평화였다. 비록 그녀와 결혼하기 위해서 우리 식구들을 속였고 친하게 지내던 친구들과 왕래를 끊어야 하기는 했지만, 그 모든 걸 상쇄하고도 남을 정도로 우리는 행복했다.
　"여보! 나 이제 직업을 바꾸려고 해."
　신혼여행 차 경주 불국사를 둘러 보고난 후 근처에서 하룻밤을 보낸 다음날 나는 아내에게 새로운 제안을 했다. 아니나 다를까 그녀는 깜짝 놀라며 반문했다.

"그럼 뭘 하시려고요?"

"언제까지 당신을 운전수 마누라 노릇만 하게 만들 수는 없잖아. 내가 당신과 결혼하기 전에 결심한 게 있어. 나와 결혼하고 나면 당신을 우리 고장에서 최고 가는 여성으로 만들어 줄 거라고 말이야. 내가 당신을 아끼고 사랑하는 만큼 남들에게서도 최고의 대우를 받게 해 줄 거야. 그러려면 운전수 마누라 소리를 들어서야 되겠어?"

내 말을 들은 그녀는 감격의 눈물을 흘렸다. 내가 하는 말에 한 치의 의심도 갖지 않고 그대로 믿고 따라 주는 그녀가 너무 사랑스러워 나는 내 결심을 더욱 굳혔다.

이윽고 나는 건설업에 도전하기 시작했다. 필요한 자금은 최후의 보루로 남겨 두었던 제주도의 감귤 밭을 팔아 충당하였다.

하지만 처음부터 쉬운 일은 없다고 모든 일이 순조롭게 진행되지만은 않았다.

내가 건설업에 뛰어들기로 마음을 먹고 나서 제일 먼저 하게 된 일은 사찰 공사였다. 어떤 사람의 일생 동안에 절을 지을 수 있는 기회를 갖게 된다면 그것보다 더한 공덕을 쌓는 일은 없다고 하는데 바로 그 기회가 내게 주어진 것이다.

우연한 기회에 한 스님을 알게 되어 말을 들어보니 그분이 사찰을 지으려고 하는데 아무래도 건축업자에게 사기를 당한 것 같다며 내게 해결을 부탁하였다. 나중에 알고 보니 그 스님은 아내의 아버지가 다른 언니로, 내게는 처형이 되는 셈이라 발 벗고 나서서 그 문제를 해결해 주었다. 그랬더니 아예 공사까지 맡아서 해달라고 하여 나는 첫 사업으로 사찰 건설 하청업에 손을 대게 되었다.

하지만 쉬운 일은 아니었다. 그 당시만 해도 절은 산 속에나 있어야 제격이지 도심 한가운데서 목탁 소리가 웬 말이냐 해서 기존에 도시에 있던 절도 헐고 다시 지으려고 하면 허가가 잘 나오지 않던 시절이라 허가를 내주는 관청과 끈질긴 줄다리기를 해야만 했다. 하지만 결국은 나의 승리로 싸움은 끝났고 공사는 순조롭게 진행되었다.

그렇지만 문제는 그 뿐만이 아니었다. 지금까지 건설에 대한 지식이라곤 이란에서 눈으로만 보았던 경험밖에 없던 나는 원리원칙대로 공사를 하게 되었고 그러다 보니 예상했던 것보다 공사비가 추가되게 되었다. 그래서 그 문제를 스님께 의논을 드렸더니 알았다고 하길래 안심하고 공사 진행을 했더니만, 이번에는 사공이 많으면 배가 산으로 올라간다고 신도들이 공사에 대해 이러쿵저러쿵 참견을 해서 설계가 바뀌고 시설물이 변경되기를 여러 차례 반복했다.

하지만 나는 '이왕에 하는 것 스님들이 원하시는 대로 해드리면 공사비가 추가되더라도 다 지불해주시겠지' 하는 생각으로 불평 없이 공사를 진행했고, 그 결과 내가 보아도 정말 잘 지었다

하는 생각이 들 정도로 훌륭한 사찰이 준공되었다.

하지만 그 후가 문제였다. 추가 공사비 1,500여 만 원을 못주겠다는 것이었다. 이 사람 저 사람 돌아가며 온갖 핑계를 다 끌어다 대며 발뺌을 하는 모습을 보고 있자니 저들이 정말로 마음을 비우고 종교에 귀의했다는 사람들인지 아니면 종교를 핑계 삼아 사업을 하려는 사람들인지 의심스러울 정도였다.

도대체 이것저것 까다롭게 주문해가며 시킬 것은 다 시켜놓고서 나중에 가서 생트집을 잡으며 사람을 매도하는데 정말 미칠 것만 같았다. 결국 나의 첫 사업은 내 뜻과는 상관없이 쓴 교훈만을 남기고 실패로 돌아갔다. 못 받은 공사비는 추후에 사업을 하면서 내 돈으로 조금씩 갚아나갔지만 그 일을 거울삼아 앞으로는 절대로 남의 하청업을 하지 않겠다고 굳게 결심하게 되었다.

지금도 관악구청 앞을 지날 때면 15년이 넘어서도 아무런 하자 없이 튼튼한 사찰을 보면서 가슴이 뿌듯해져 오면서도, 아직까지도 이해가 되지 않는 종교인들의 이율배반적인 행동에 눈살이 절로 찌푸려지곤 한다.

어쨌든 모처럼 시작한 사업이 첫 발을 떼자마자 기우뚱거려 다소 상심은 되었지만 언제까지 의기소침해 있을 수만은 없었다. 나는 처음부터 큰 공사를 맡을 욕심을 버리고 작은 일부터 차근차근 이뤄나가기로 마음먹고 다시금 건설업에 도전하였다.

이번에는 말이 거창해서 건설업이지 사실 집 지어 파는 주택건축업이었다. 땅을 사서 집을 지으면 부동산에서 그걸 팔아주고 또 그 이익으로 부동산 업자들이 추천하는 곳에 또 땅을 사서 집을 지으면 꽤 괜찮은 수입이 되었다.

마침 주택 건설 붐이 일어 그 여세를 몰아가니 처음 시작한 사업치곤 아주 성공적이었다. 그러다 보니 과거에 이렇게 저렇게 연결되어 있던 인맥들도 다시 이어지고 그들로부터 많은 도움을 받을 수 있었다.

그렇게 사세를 키워간 나는 아예 주택 건설회사를 설립했다. 주택 건설업은 정부의 혜택이 다른 업종에 비해 그나마 많이 주어지는 편이어서 중소기업자로는 운영하기 괜찮은 편이었다. 부동산업자만 잘 선정하고 나면, 분양이 잘 되는 곳에 땅을 매입 해주고 분양도 해주고 하니 따로 신경 쓸 것도 많지 않았다.

그렇게 회사가 발전해 나가자 나는 예전부터 가슴 깊이 생각해 두었던 사회사업 계획에 보이지 않는 투자를 하기 시작하였다. 양로원, 고아원, 학교 등 내가 할 수 있는 일은 어디든 찾아다니며 보이지 않는 도움의 손길을 보냈다. 그렇게 해야만 나 자신과의 약속을 지키는 것 같아 마음이 가벼울 것 같았다.

가장 먼저 손을 뻗친 곳은 학교였다. 고교 졸업을 할 때까지 학창 생활을 12년간이나 보내면서도 졸업식 참석은 물론이고 졸업장 한 번 변변히 손에 쥐어 보지 못했던 한과 공짜로 학교를 다녔다는 부채감이 돈을 벌면 제일 먼저 학교에 갚아야 하겠다는 강박관념으로 자리 잡고 있었는지도 몰랐다.

마침 근처에는 장애자 학급이 있는 중학교가 하나 있는데, 얼마 전에 우연히 그 학교에 들렀다가 학교 안의 비포장 보도를 포장해준 일이 있었다. 그 일이 있은 이후로 그 중학교의 교장 선생님과는 자주 연락을 하며 지내던 터였다.

한 번은 교장 선생님께서 내게 점심을 사시겠다고 전화를 주시고 사무실로 찾아 오셨다. 전화 통화는 가끔 했었지만 사무실을 찾아오시긴 처음이라 반갑기도 하고 무슨 일이 있는지 궁금하기도 해서 얼른 일어나 자리를 권해 드렸다.

"아이구, 오랜만입니다 김 사장. 내가 바쁜데 찾아 뵌 건 아닌지 모르겠습니다."

"별 말씀을 다 하십니다, 교장 선생님. 요즘 별 일 없으시지요?"

"나야 항상 그렇지요."

"선생님, 죄송합니다. 의당 밖으로 모셔야 되는데 저는 본래 점심을 사무실에서 합니다. 이해해 주십시오."

나는 교장 선생님께 양해를 구하고 사무실에 있는 아가씨에게 대신 식사주문 전화를 해 줄 것을 부탁했다.

"김 사장님. 제가 오늘 여기 온 것은 다름이 아니고 김 사장한테 죄송한 부탁을 하나 할까 해서 왔습니다."

"예, 말씀하시지요."

"저의 학교에 신관과 구관이 있는데 화장실이 구관 2층밖에 없어요. 그래서 신관 학생들이 쉬는 시간에 3, 4층에서 1층으로 내려와서 다시 구관 2층 화장실로 오르락내리락 해야 하니 여간 불편한 게 아닙니다. 그래서 교육청에 구관과 신관 사이에 다리를 놓게 예산 배정을 요청했더니 감감 무소식이지 뭡니까."

"그렇습니까?"

나는 교장선생님의 이야기를 다 듣고 나서 인터폰을 통해 안 부장을 불렀다.

"부르셨습니까? 사장님."

"안 부장! 이따가 교장 선생님 모시고 학교에 가서 살펴보고 선생님 말씀대로 공사해 드려. 절대 소문 내지 말고. 알았나?"

"예! 사장님."

"김 사장, 정말 고맙소. 아마 우리 학교 학생들이 김 사장을 영원히 잊지 않을 거요. 정말로, 정말로 고맙소."

"아니, 괜찮습니다 선생님. 이 일은 당연히 제가 할 일이었던 것 같습니다. 어차피 사회로 환원하려던 거니까 기왕이면 조금이라도 아는 분을 도와드리는 것도 괜찮겠죠. 그것도 다 아이들을 위해 하는 일인데요."

그 일이 있은 얼마 후 나는 사무실에 앉아 이 현장 저 현장 상황점검을 하고 있는데 전화벨이 울렸다. 나에게 온 전화였는지 미스 리가 나에게 전화를 돌려주었다.

"예, 전화 바꿨습니다."

"김 사장, 나 윤 교장이요."

"아! 교장 선생님 안녕하세요?"

"내일 12시에 김 사장이 우리 학교에 꼭 와주셔야겠습니다."

"무슨 일입니까?"

"다리 준공 테이프를 끊어 줘야 되지 않겠소."

"벌써 그렇게 됐나요?"

"벌써가 다 뭡니까? 한 달이 되었는데요."

'준공이 되었는데도 왜 안 부장은 아무런 보고가 없었지?'

"제가 꼭 가서 테이프를 끊어야 합니까?"

"무슨 말씀이요? 꼭 오셔야 합니다. 김 사장이 오지 않으면 절대로 다리 개통하지 않을 겁니다."

"예, 알겠습니다. 그럼 내일 가도록 하겠습니다."

나는 결국 교장 선생님의 간곡한 부탁을 거절하지 못하고 다리 개통식에 참여할 수밖에 없었다. 그러나 막상 다음날이 되어 학교에 도착했을 때 나는 전혀 예상치 못했던 상황에 입을 다물 수가 없었다.

〈축! 현성교 개통〉

"내가 김 사장에 대한 고마움을 표시하기 위해 다리를 개통하면서 김 사장의 이름을 따서 현성교라 붙였소."

'아! 이게 아니었는데 정말 아니었는데….'

나는 겉으로 표현할 수는 없었지만 속에서는 안타까운 마음을 주체할 수 없이 후회하고 있었다.

'교장 선생님이 아무리 간곡히 부탁했어도 여기까지 오는 건 아니었는데….'

이로 인해 나는 이 고장에서 알게 모르게 나에게 조여 오고 있는 보이지 않는 힘의 존재를 느끼기 시작했다.

그리고 그 힘의 정체를 분명하게 알게 해 준 사건은 그로부터 오래지 않아 일어났다.

우리 회사 사무실 곁에는 양로원이 하나 있었다. 나는 매달 직원을 시켜 60여 명의 노인 분들에게 1인당 3,000원씩 용돈을 드리고 있었다. 그 노인들에게는 먹고 입는 것보다는 쓰고 싶을 때 마음대로 쓸 수 있는 용돈이 제일 필요하다는 그 양로원 총무의 말을 듣고 작은 돈이나마 다달이 보내드리고 있는 거였다.

"사장님! 드릴 말씀이 있습니다."

어느 날 양로원에 갔다 온 직원이 내게 할 말이 있다며 왔다.

"무슨 일인데?"

"노인들이 불쌍해서 혼났습니다."

"왜?"

나는 그 직원을 쳐다보며 의아한 눈초리로 그에게 되물었다.

"연탄불이 꺼져도 다시 피울 수가 없어서 이불을 뒤집어쓰고 모두 방구석에 쭈그리고 앉아 계시더군요."

"뭐? 아직도 연탄불을 땐단 말이야? 난방시설이 안 돼 있어?"

나는 그간 양로원을 도와 오면서도 직원들만 보냈지 절대로 내 모습을 드러내지 않는 것을 철칙으로 삼고 있었기 때문에 현장 상황을 잘 모르고 있었다.

"예. 말씀 마세요. 안타까워서 혼났습니다."

"그러면 자네가 가서 우리 회사 설비 담당자 좀 불러와. 그리고 함께 가서 견적을 내보도록 해. 기름보일러로 말이야."

"예! 알겠습니다."

그 직원은 내게로 올 때와는 달리 얼굴이 환해져서는 나갔다. 다음날 우리 회사의 공사를 맡고 있는 설비 회사의 담당자가 견적서를 들고 왔다.

"사장님, 양로원 공사 맡으셨어요?"

"아니, 우리 직원한테 얘기 못 들었나? 이번에 당신네 회사가 수고 좀 해주시오. 내가 노인들에게 기름보일러 시설 좀 봉사하려는데 이익은 좀 덜 나더라도 좋은 일 한다 생각하고 신경 써서 공사해주시오."

"예! 사장님. 좋은 일 하시는데 저희도 성심껏 도와드려야죠."

그런데 내가 모르고 있던 게 있었다. 그 양로원은 건물 관리를 구청 사회과에서 관리하고 있다는 사실을 까맣게 모른 채 공사를 했던 것이다.

"사장님! 양로원 원장님 전화 좀 받아보십시오."

"양로원 원장님이? 왜?"

나는 의아해 하며 수화기를 들었다.

"여보세요. 전화 바꿨습니다."

"아이고, 사장님. 전화로 인사드리겠습니다. 말씀은 많이 들어 알고 있는데 뵙질 못했으니 언제 한번 찾아뵙고 인사 드려야겠습니다."

"원 별 말씀을. 그냥 모르는 척 넘어가 주십시오."

"저… 사장님. 죄송합니다만 구청에서 사장님을 꼭 만나겠다고 그러는데 사장님 의향은 어떠신지요?"

"원장님! 제가 누구에게도 얘기하지 말아 달라고 부탁드리지 않았습니까?"

"그런데 사장님. 이 건물을 관리하는 직원들이 자기들도 모르는 사이에 공사가 벌어졌으니 직무유기로 해고될 처지에 놓였답니다. 사표 내야 되게 생겼다고 야단인데 어떡하죠?"

참으로 난감한 일이었다. 결국 좋은 일 하자고 벌린 일이 남에게 해가 될지도 모른다고 생각하니 사람들 앞에 모습을 드러내지 않겠다고 더 이상 고집을 부리고 있을 수만은 없었다.

"할 수 없지요. 그 직원을 제게 보내 주십시오."

"아이고 감사합니다, 사장님."

원장은 거듭 감사를 표하며 미안해했다.

"아이쿠, 누구신가 했습니다. 역시 사장님이셨군요."

구청의 사회계장이 고개를 굽실거리며 사무실로 들어섰다.

"어서 오시오. 그래 요즈음은 어떠신가?"

"항상 그렇게 지냅니다. 그래, 사장님 저희에게 한마디 귀띔이라도 해주시죠? 이 고장 국회의원들도 못한 일을 하시면서 그렇게 조용히 넘어 가시는 분이 어디 있습니까?"

사회계장은 연신 나를 추켜세웠다.

"소문나서 좋을 게 뭐가 있겠소. 어차피 내가 낯선 이 고장에 와서 이만큼 벌고 성공했으니 또 그만큼 사회에 환원해야 하는 게 당연한 일이 아니겠습니까."

"그래도 어디 사장님처럼 생각하는 사람이 흔합니까? 어쨌든 이번 일은 위에 보고를 드려야겠습니다."

"보고라니?"

"아무래도 윗분께 말씀 드려야 하지 않겠습니까? 그리고 이게 숨길 일도 아니구요. 이런 미담은 될 수 있는 한 여러 사람이 알고 있는 게 좋다고 생각합니다."

"윗분이라면 도대체 어느 선까지를 말하는 거요?"

"구청장님까지만 올리겠습니다."

"꼭 보고를 해야겠습니까?"

"안 하면 안 됩니다. 제가 곤란해집니다."

나는 어쩔 수 없이 체념해 버렸다.

"그럼 좋소. 언론에만 흘리지 마시오."

"예! 알았습니다. 그럼 이만 가보겠습니다."

"다음에 또 봅시다."

하지만 그렇게 언론에만은 알리지 말아달라고 신신당부를 했건만 발 없는 말이 천리를 간다고 다음날 아침이 되자 기자들이 사무실에 한꺼번에 우르르 몰려왔다.

"이번 일뿐만 아니고 그동안 여러 가지 좋은 일들을 많이 하신 걸로 알고 있는데 왜 보이지 않는 곳에 숨어서 선행을 하시는지 궁금합니다, 사장님."

"기자 양반, 너무 크게 생각하지 마시오. 다른 뜻은 없소. 그저 내가 이 고장에 와서 사업을 해서 이익이 남았길래 그걸 주위의 어려운 사람들과 조금 나누려는 것뿐이지 내가 가진 게 많아서 따로 선행을 하려 한 건 아니니 그 이상은 비약하지 말아 주셨으면 좋겠소."

그 외에도 여러 질문들이 여기저기에서 쏟아졌지만 나는 묵묵부답으로 더 이상 아무 말도 하지 않았다.

다음날 조간신문에는 '숨은 독지가의 선행'이란 제목의 기사가 내 사진과 함께 화려하게 장식되어 있었다. 사회가 돈을 벌게 해주었으니 그 돈을 다시 사회로 환원하는 것이 당연하지 않느냐는 내 말 그대로가 써 있는 신문을 읽으면서 나는 왠지 불길한 예감이 스치는 걸 감지할 수 있었다. 전에 학교에 다리를 놓아주었을 때 느꼈던 예감과 비슷했지만 이번에는 더 구체적인 느낌이었다.

'이거 큰일인데….'

나는 일이 이렇게까지 확대된 데 대해 후회했지만 이제 어쩔 수 없는 노릇이었다.

이후 내 사무실에는 하루 종일 찾아오는 손님들이 줄을 서서 기다려야 할 정도로 붐볐다. 신문에 한번 나고 나니 나는 그야말로 하루아침에 이 고장의 유명인사가 되어 있었다.

여태까지의 내 경험으로 비추어 볼 때 이제부터는 운신의 폭도 좁아져서 사소한 행동 하나도 자유롭지 못할 것은 불을 보듯 뻔했다. 매사에 조심조심 남의 시선을 의식해야 하는 불편한 상황이 닥치고 보니 이러지도 저러지도 못하고 참으로 난감했다.

나는 이제 그 고장에서 무슨 무슨 모임의 회장이니 고문이니 하는 감투란 감투는 싫든 좋든 간에 써야만 했다. 사업을 하려면 그 정도는 어쩔 수 없이 감수해야 한다는 주변 사람들의 집요한 설득에 나도 어쩔 수 없이 명함에 이것저것 여러 직함을 줄줄이 박아가지고 다니는 사람들처럼 그렇고 그런 사람이 되어 가고 있었다.

선거철이 다가오자 사태는 더욱 심각해졌다. 주위에서는 내가 어떤 뜻이 있어 미리미리 사회에 봉사해두었던 것처럼 시의원, 도의원에 출마하려 한다느니 아니면 장래에 국회의원 자리를 노리고 있다느니 하는 유언비어까지 퍼져 나를 괴롭히고 있었다.

그런 유언비어들에 시달리고 있던 나는 참다못해 미국에 사는 친구에게로 훌쩍 도피하고 말았다. 거기에서 얼마간 시간을 보내고 선거 입후보자 등록이 끝날 즈음에야 다시 돌아와서 본업에 충실할 수 있었다.

8

"김 사장님을 찾는 전화인데요."

한바탕 회오리바람 같던 선거철이 끝나고 나는 다시 안정을 찾아가고 있었다. 그래서 그날도 오랜만에 부동산 사무실에 들러 부동산 업자와 새로운 사업 계획을 논의하고 있었다. 그때 부동산 사무실의 아가씨가 회사에서 전화가 왔다며 수화기를 건네주었다.

"예! 전화 바꿨습니다."

"사장님, 손님이 찾으시는데요. 서울에서 일부러 내려오셨답니다."

"그래? 누구신데?"

"사장님을 직접 만나 뵙고 말씀 드리겠답니다."

"알았어. 내 곧 가지."

나는 잠시 하던 일을 중단하고 급히 사무실로 올라갔다. 사무실에는 30대 중반으로 보이는 건장한 체구의 남자가 앉아 있었다.

"어디서 오셨습니까?"

"처음 뵙겠습니다. 저는 서울 영동에서 조그만 사업체를 운영하고 있는 박형규라고 합니다. 사장님과 사장님 회사에 대해서는 전부터 들어서 잘 알고 있습니다."

그는 자기 이름을 대며 명함을 내밀었다.

'삼우투자개발 대표 박형규'

나는 직감적으로 이 사내가 돈 심부름꾼 아니면 중간 브로커라는 생각이 들었다.

"저 손지환 사장님 잘 아시죠?"

손 사장이라면 그가 예전부터 잘 알고 서로 마음을 터놓고 지내는 친구였다. 그도 역시 사업을 하는 친구니 이 사내가 자금 브로커라면 손 사장도 알고 지낼 게 틀림없었다.

"그 친구라면 잘 알고 있죠. 그런데 저한테 무슨 용건이신지…."

"저, 말씀 낮추십시오. 오늘부터 형님으로 모시겠습니다."

"허허… 도무지 무슨 영문인지 모르겠는 걸."

나는 아무튼 이 친구가 손 사장을 잘 알고 그 계통에 있으니 날 찾아 왔는가 보다 하고 막연히 짐작할 뿐이었다.

"형님! 잘 아시다시피 때가 때인지라 정치 자금 말고도 저희 수중에 자금이 남아돕니다. 보아하니 형님 회사에도 자금이 좀 필요하신 것 같은데 쓰시겠다면 좋은 조건으로 드리겠습니다."

나는 물론 자금이 필요했다. 그러나 아무 돈이나 끌어 쓸 수는 없었다. 게다가 조건이란 것도 일단은 들어봐야 했다.

"글쎄 조건을 일단 들어 보기로 하지."

"이자는 이 다음에 사업 시작 하시고 어느 정도 자리가 잡히거든 1.5%로 계산해 주시면 됩니다. 정말 좋은 조건이니 다른 걱정은 마시고 좋은 사업 있으면 계획하십시오. 자금은 얼마든지 있으니 돈 걱정은 마시구요."

"그런데 자금은 믿을 만한 데서 나온 건가? 괜히 위험한 건 아니겠지?"

"아 참, 형님도. 이 사업 한두 번 합니까? 믿는 구석이 없으면 이런 일 못하죠. 형님은 아무 걱정 마시고 사업 구상이나 하세요."

"그럼 이쪽에서는 뭘 준비하면 되겠나?"

"물건을 사서 등기 이전할 때 지불하는 걸로 하고 그동안에는 그저 형식적으로 견질당좌를 맡아 두겠습니다."

'이 정도면 정말 괜찮은 조건인데 그럼 조금 전에 계획하던 사업을 첫 번째로 실험해 볼까?'

나는 어느새 속으로 주판알을 튕겨 보고 있었다.

"지금 그렇지 않아도 좋은 사업 계획 하나를 의논하고 있던 중인데 자본금이 꽤 들 텐데 괜찮겠나?"

"형님 사업 능력을 제가 잘 알고 있으니까 아무 염려 마시고 말씀하십시오."

"지금 시가로 평당 400만 원이 넘는 물건인데 형제간의 문제로 경락된 게 있거든. 그걸 평당 300만 원씩만 주면 즉시 살 수가 있다구. 그 대신 일시불로 지급해야 되는데 우리 회사 자금 사정이 그렇게 현금이 많지가 않아서 어떻게 할까 고민하던 중이었네."

"무슨 사업입니까?"

"볼링장이네. 아마 이 수원에는 더 이상 큰 볼링장이 들어설 자리가 없다고 봐도 틀림없을 걸세."

"그럼 형님, 제가 바로 송금해 드릴 테니까 무조건 사십시오. 그리고 서류나 마무리 잘 해주세요. 저는 이만 가볼 테니 형님도 종종 연락 주시고 언제 한번 들려주십시오."

박 사장 일행이 떠나고 난 뒤 나는 잠시 멍하게 먼 산을 바라보며 생각에 잠겼다.

'이렇게 제 발로 찾아와 돈을 빌려 주겠다고 하다니 세상에 별 희한한 일도 다 있군!'

나는 곧 정신을 차리고 서울에 있는 손 사장에게 전화를 걸었다.

"아! 손 사장인가? 나 수원의 김일세. 자네 영동의 삼우투자개발이라는 곳 사장 알아? 이름이 박형규라고 하던데, 그 친구 도대체 어떤 친구야?"

"그 친구가 거기 다녀갔었나? 그 사람 아직 나이는 어려도 대단한 친구야. 주변도 아주 든든하고. 나도 가끔씩 그 친구 만나서 도움도 받고는 하지."

"그렇다면 사기꾼은 아니겠군."

"왜? 무슨 일이 있었나?"

손 사장이 의아하게 생각하고 있다는 것이 수화기를 통해서도 느껴졌다.

"아니야. 별 일은 없고 그냥 좀 알아본 거야. 그럼 이만 끊겠네."

나는 왠지 같은 업종에 종사하는 그에게서 원하는 정보만 알아내었으면 됐지 이쪽의 사업 계획을 시시콜콜 말해 줄 필요는 없을 것 같아서 손 사장의 물음에 대충 얼버무려 대답을 하고는 수화기를 내려놓았다. 일단은 그 박형규란 사람에 대해 믿을만 하다는 판단이 섰으므로 더 이상 주저할 필요가 없었다. 나는 새롭게 다가온 이 기회를 절대로 놓치지 않겠다고 생각했다.

"형님, 송금했습니다."

정말 대단했다. 아무런 조건 없이 일시불로 토지 매입대금 10억을 내놓다니….

'이거 사업 한번 멋지게 되겠는 걸.'

나는 미소를 지으며 기지개를 한껏 펴 보았다. 세상이 모두 다 내 것이 된 것만 같았다.

이제 본격적으로 사업에 착수할 일만 남았다고 생각이 드니 한

시라도 기다리고 있을 수만은 없었다.
"미스 리, 부동산에 연락해서 계약 준비하라고 해. 그리고 돈 준비는 다 됐으니 은행에 가서 그거 찾아오고."
이 고장에서는 아직 일시불로 10억이란 큰돈을 동원할 수 있는 능력을 가진 사업주가 드물었으므로, 나는 기고만장 신바람이 날 수밖에 없었다.
사무 보는 아가씨가 은행에서 돈을 찾아오자 나는 부동산 업자와 업무 부장을 보내 계약건을 잘 처리하고 오라고 지시했다. 이제 이 회사를 몇 배나 더 키울 수 있는 기회가 왔구나 생각하니 가슴이 뿌듯해져 왔다.
'아! 이제 큰일을 시작하려고 하니 몸도 좀 찌뿌듯하고 신경을 써서 그런지 좀 피곤한 걸. 사우나나 다녀와야겠다.'
나는 기지개를 한껏 펴면서 사무실을 나섰다.
"이 기사도 오늘은 일찍 들어가 쉬지. 오랜만에 가족들 하고 저녁이나 먹으라구."
사무실 앞에서 차를 닦으며 대기하고 있는 이 기사의 모습을 보고 나는 내친 김에 안주머니에서 지폐도 몇 장 꺼내어 그의 손에 쥐어 주었다. 이 기사는 뜻밖의 선심에 싱글벙글 하면서 연신 고맙다고 고개까지 숙여가며 인사를 하였다.
'그 기분 내가 알지. 옛날에 나도 그런 기분이었어. 얼마나 살 맛 나는데….'
단돈 지폐 몇 장으로 준 사람이나 받은 사람이나 이렇게 기분이 좋아질 수 있다니 이런 게 바로 돈을 버는 보람이고 사는 재미인지도 모른다고 생각하니 왠지 발걸음이 더욱 가벼워지는 것 같은 느낌이 들었다.

"이번 볼링장 시설은 어느 나라 기계가 좋은지 조사해서 보고하도록. 그리고 허가도 빨리 독촉해서 빠른 기간에 착공되도록 차질 없이 진행하게."

나는 아침 회의 시간에 현장 직원들에게 해야 할 일들을 일일이 지시한 다음 법무부 보호관찰소로 향했다. 얼마 전 나는 우리나라에도 보호관찰제도가 있어야겠다는 필요성을 느끼고 관계 기관에 건의해서 수원에 우리나라 제1호 보호관찰소가 들어서도록 노력한 바 있었다. 그런 만큼 나는 그 제도에 책임 의식을 갖고 있었고 운영위원으로 위촉되어 기금 조성에 앞장서며 운영에 차질이 없도록 도와주고 있었다. 그날도 기금 조성 상황을 알아보러 사무실 총장을 만나러 가는 길이었다.

"사장님!"

이 기사가 운전 중에 넌지시 회사 직원들의 동태를 보고했다.

"인계동 현장 박 소장과 건축과장이 서로 의견이 일치 되지가 않아서 그동안 마찰이 많이 있었는데, 이제 더 이상 못 참겠다고 회살 그만 두겠다고 합니다."

"그래? 그런 일이 있는데 왜 인사부장은 아무 보고도 없는 거야?"

"솔직히 말씀 드리면 직원들에 대해 정 부장의 월권행위가 심합니다. 사장님께서 정 부장한테 권한을 너무 많이 주신 것 같습니다."

인사부의 정 부장은 내가 처음 사업을 시작할 당시에 개인 비서 겸 기사로 채용했던 사람이었다. 말하자면 창업 공신인 셈이었기에 믿고 일을 많이 맡겼는데 그게 아무래도 문제가 된 모양이었다. 내가 유난히 정 부장을 아낀 것은 사실이지만 그것이 말썽의 소지가 된다면 무슨 조치를 취해야겠다는 생각이 들었다.

"이 기사, 알았으니 다른 데 가서는 아무 소리 말고 그냥 있게."

"예! 사장님."

대체로 기사들은 모시고 있는 사장의 사생활이나 회사 정보 같은 것들을 무시할 수 없을 정도로 잘 알게 되는 것이 상례였고, 그렇기 때문에 그들에 대해서는 다른 직원들에게보다 훨씬 더 많은 배려가 필요하다는 것을 나는 경험을 통하여 잘 알고 있었다.

그러는 사이 차는 보호관찰소에 도착하여 정문을 통과하고 있었다.

"사장님! 일 끝나실 때까지 기다릴까요, 회사로 돌아갈까요?"

"음… 아니 잠깐 기다리고 있지. 오래 걸리지 않을 테니까."

나는 평소와는 달리 기사를 대기시켰다. 여기서의 일이 끝나는 대로 문제의 현장을 한 번 돌아볼 심산이었다.

"어서 오십시오 김 사장님, 아니 위원님이라 불러 드려야지요.

어서 오세요 김 위원님."

보호관찰소의 운영위원 직을 맡은 덕에 위원님이란 직함으로 불리게 되었지만 내겐 어째 영 쑥스럽고 어색하기만 한 호칭이었다.

"사무총장께서 수고가 많습니다. 어때요, 기금 모금 상황은?"

"예! 김 위원님 덕택에 올해 목표는 무난히 달성할 것 같습니다."

"다행이군요. 이제는 먹고 살기 힘들던 옛날과 달라서 벌어들인 만큼 사회에 환원하는 차원에서라도 모두들 동참해 주셔야 합니다."

나는 사무총장과 함께 한참 이야기를 나누고 나서 서둘러 현장으로 향했다.

"내가 할 말이 있으니 현장 직원들 모두 모이라고 하지?"

현장에 도착하고 난 후 나는 소장에게 직원들을 불러 모으라고 지시했다. 직원들이 하나 둘 모여 들기 시작했다. 이윽고 모두 모여 내게서 무슨 말이 떨어지기만을 기다리고 있었다.

"이제 새로운 사업이 시작됩니다. 이 사업은 여태까지의 것들과는 규모도 다르고 성격도 많이 다릅니다. 그만큼 우리 회사로서는 사활이 걸렸다고 할 만큼 중요한 사업입니다. 그러므로 앞으로는 당분간 내가 직접 공사가 끝날 때까지 모든 것을 직접 관장할 예정이니 모두들 그렇게 알고 따라 주시기 바랍니다. 우선 건축 부문은 홍 과장이, 그리고 시설 부문은 신 과장이 애써 주실 거고, 자재 구입은 최 기사와 내가 직접 나서서 할 예정입니다. 모든 사항이 차질 없도록 신경 써서 준비해 주시기 바랍니다."

현장에서의 회의를 마치고 회사로 돌아온 나는 곧바로 본사 직원들 회의도 소집했다.

"이제 우리 회사는 주택 건설뿐만 아니라 상업용 건설에도 투자를 하기로 결정했습니다. 앞으로 직원들도 더 늘어날 것이고 사업 규모도 확장될 예정입니다. 그래서 얼마 후에 조직 개편을 하기로 했으니 각자가 맡은 일에 대하여 다시 한 번 점검해 주시기를 바랍니다."

나는 이제 뭔가 새로운 운영 방법을 모색해 보아야겠다는 생각이 들어 조직 개편 작업에 착수했다.

"보고 드리겠습니다, 사장님! 제가 알아본 바로는 요즘 볼링 기계 설치를 일본제 리스로 많이 사용하고 있는데 거의가 다 중고품이랍니다. 그래도 일단 그렇게 하는 게 시설비가 싸게 먹히니까 그걸 사용한답니다."

"그럼 새 걸로 하면 얼마나 가격 차이가 나는데 그리고 꼭 일제만 써야 하나? 다른 데 것은 없어?"

"아닙니다. 미국산도 있고 유럽산도 있는데 아직은 국내에 들어와 있지 않은 모양입니다."

"그래? 그럼 미국 쪽에 선이 닿는 대로 좀 알아보고 유럽 쪽도 독일이나 프랑스 같은 데 볼링장 많을 테니 그 쪽도 한번 알아보라구. 구태여 일본 놈들이 쓰다 버린 것 갖다 쓸 필요는 없잖아?”

“예! 그럼 빨리 알아보도록 하겠습니다, 사장님.”

“아! 그리고 건축 허가는 어떻게 되었어?”

“예! 다 되었답니다. 걱정 안하셔도 됩니다.”

모든 것이 다 순조롭게 진행되고 있었다. 다른 사람들 같았으면 어림도 없었을 일이 별로 힘을 들이지 않고도 협조되는 것도 다 특별히 내가 사업적인 능력이 뛰어나서가 아니라 권력층과의 안면 덕분이었다. 다른 일들도 마찬가지겠지만 사업을 하는데 있어서도 힘이란 게 절대적으로 필요하다는 걸 이 일을 하면 할수록 뼈저리게 느끼게 되었다. 다들 그래서 권력이라면 사족을 못 쓰고 권력의 시녀가 되어 가는 지도 몰랐다.

“사장님, 미국 전화입니다.”

“어, 그래?”

나는 수화기를 들었다.

“여보세요.”

“응, 자넨가? 나야. 그동안 잘 있었지?”

뉴욕에 사는 친구의 목소리는 옛날 그대로였다.

“그래. 자네도 별 일 없지?”

“나야 항상 그렇지 뭐. 그런데 지난번에 자네가 알아봐 달라고 한 볼링 기계 말인데, 이쪽에도 종류가 너무 여러 가지라 아무래도 자네가 여기 와서 직접 보는 게 좋을 것 같아. 가격도 종류에 따라 천차만별이거든. 언제 한번 이곳으로 오지 그래?”

"그래. 신경 써 줘서 고맙군. 내가 검토해 보고 다시 연락할 게."

전화를 끊은 후 나는 공사 일정과 수입, 통관, 운송 기간 등을 점검하라고 지시했다. 그때 다시 서울에서 전화가 왔다는 직원의 전갈을 들었다.

"여보세요."

"삼우투자개발 박형규입니다. 형님, 일은 어떻게 잘 진행되고 있습니까?"

"자네 덕택에 별 차질 없이 진행되고 있네. 웬만한 일은 다 끝났고 볼링 기계만 구입하면 되는데 아무래도 제품으로 보나 경비로 보나 일제보다는 미제가 나을 것 같아 그걸로 설치할까 하는데 자네가 자금 좀 준비해 줘야겠어."

"아무 염려 마십시오, 형님. 그리고 일 추진되는 대로 또 연락 주십시오."

그는 호탕하게 웃으며 전화를 끊었다. 일은 정말 이상하다는 생각이 들 정도로 막힘없이 착착 진행되고 있었다.

"여보, 나 아무래도 미국 출장 좀 다녀와야겠어."

"미국이요? 갑자기 웬 출장이에요?"

"볼링 기계를 미제로 설치하기로 결정했는데 다른 사람에게 맡기는 것보다는 아무래도 내가 직접 가보는 게 나을 것 같아. 이번 기회에 당신도 미국 구경 한번 하지?"

"글쎄, 그럼 좋기야 좋겠지만 집도 그렇고 가게를 비울 순 없잖아요. 저는 다음 기회에 가도록 할 테니 이번엔 당신 혼자 다녀오세요."

아내는 집과 가게 때문에 못가겠다고 했지만 나는 왠지 아내와 꼭 함께 떠나고 싶은 충동이 일고 있었다. 그래서 함께 가자고 아내를 설득하기 시작했다.

"애들도 다 컸는데 무슨 집 걱정이야. 그리고 가게야 누구더러 좀 봐달라고 부탁하면 되지."

"그래도 어디 주인이 있는 것 하고 없는 것 하고 같나요?"

"당신은 그래 매일 일 타령뿐이야?"

나는 짐짓 투정을 부렸지만 마음속으로는 가정에 충실한 그녀에게 고마움을 느끼고 있었다. 남편과 아이들을 버리고 집을 나가 버린 전처와 비교해 볼 때면 더 더욱 고맙고 사랑스러운 생각이 들곤 했다.

"사랑해, 여보!"

"왜 그래요? 새삼스럽게. 다 늙어 가지곤 주책이서."

"나이 들어 갈수록 더 이런 말도 자주 하고 그래야 하는 법이야. 늙었다고 감정을 표현하지 않고 그냥 말없이 살면 그게 어디 사는 맛이 나겠어? 우리도 이제 적당히 쉬면서 더 나이 들기 전에 마음껏 여행도 하고, 하고 싶은 일도 해 가면서 삽시다."

"그래도 아직은 일러요."

"욕심 좀 그만 부리구려."

나는 아내가 이젠 그만 편안한 생활로 돌아와 주길 바라고 있었다. 사업보다는 가정이 우선이라는 사실을 뼈저리게 체험한 나로서는 그 바람이 더욱 더 간절했다.

"어? 이 애는 누구야?"

어느 날 친구들 모임이 있어 밤늦게 집에 돌아오니 침대 위에 웬 꼬마가 자고 있었다.

"우리 딸이에요. 정말 귀엽죠?"

아내는 밑도 끝도 없이 그 꼬마를 우리 딸이라고 소개했다.

"우리 딸이라니?"

"아까 낮에 스님이 데리고 왔어요. 스님이 애더러 내가 미국에서 온 너네 엄마라고 하니까 그 뒤론 내 옆에서 떨어지려고 하질 않잖아요. 그래서 이제부터 우리가 키우기로 했어요. 괜찮죠?"

아내에겐 아버지가 다른 언니가 하나 있었는데 스님이라면 그 처형을 말하는 게 틀림없었다. 아이에 대한 아내의 설명은 미흡한 구석이 많았지만 결혼 후 여태까지 아이를 갖지 않고 다 큰 전처 아이들에게 희생하고 있는 것이 늘 마음에 걸려 양자라도 들일까 생각해 오던 터였기에, 아내가 원하는 일이라면 부담 없이 그 애를 받아들이기로 마음먹었다.

그렇게 생각하고 침대에 누워 있는 아이를 보니 애처롭기도 하고 사랑스럽기도 해서 이 아이에게 잘 해주어야겠다는 생각이 절로 들었다.

"어이구, 우리 딸이 왔구나. 어디 아빠가 우리 딸내미 얼굴 좀 보자."

나는 아이의 엉덩이를 툭툭 치며 반가움을 표시했다.

"아저씨 미워. 우리 아빠는 죽었다는데 아저씨가 왜 우리 아빠야?"

자는 줄 알고 있던 아이가 내 손을 휙 뿌리치며 돌아누웠다.

"아빠가 죽긴 왜 죽어? 여기 이렇게 있는데."

그렇게 말을 하고 보니 정말로 그 아이가 오랜만에 만난 내 딸인 것만 같은 생각이 들어 살며시 그 애를 안아주었다. 아이도 이번에는 뿌리치지 않고 얌전히 안겨왔다. 가슴이 뿌듯해져 오는 것을 느꼈다.

"아가, 네 이름은 뭐니?"

"유선이에요."

"응, 유선이. 여보, 우리 유선이를 당장 호적에 올립시다."

"여보, 그 말 진심이시죠? 정말 고마워요, 여보."

내 말을 듣고 있던 아내는 뛸 듯이 기뻐하며 눈물을 흘렸다. 나는 기뻐하는 그녀의 모습을 보면서 이것도 내 운명이라면 그대로 받아들여야겠다고 생각했다. 사랑하는 아내에게 주는 나의 선물이라고 생각하면 마음이 훨씬 가벼울 것도 같았다.

"우리 이 아이를 정말 잘 키워봅시다."

나는 이 말을 아내에게 하고 있는 건지 자기 자신에게 하고 있는지 명확하게 구분할 수는 없었지만 한편으론 오랫동안 짊어지고 있던 짐을 어깨에서 내려놓은 듯 홀가분한 기분이었다.

그 후 나는 될 수 있으면 일찍 일찍 집에 들어오려고 노력했다.

처음에는 의도적이었다고 할 수 있었지만 나중에는 그러려고 하지 않아도 저절로 발길이 집으로 향했다. 아직은 완전히 친해지지 않아 조금 서먹서먹한 감이 있긴 하지만 귀여운 딸아이의 모습을 보고 있노라면 너무나 행복해졌다. 유선이가 온 이후로 훨씬 생기가 도는 아내의 모습을 보는 것도 즐거웠지만 다 큰 아이들에게서는 느낄 수 없었던 애정이 나 자신에게서도 샘솟는 걸 인정할 수밖에 없었다.

'이래서 가정에는 아이들이 있어야 하는가 보다.'

나는 이제야 나이 든 사람들이 아이들을 좋아하는 이유를 알 것 같았다. 아이가 가진 생명력이 온 집안을 환하고 활기차게 만들곤 해서 곧 식구들도 다 그 아이를 좋아하게 되었다.

"워낙 영리하고 붙임성이 있는 아이라 언니, 오빠들한테도 잘 따르고, 데려다 키운 티가 나지 않아서 좋아요. 재주도 아주 많은 것 같구요. 나중에 뭘 시켜도 다 잘할 것 같아요."

아내는 벌써부터 아이에 대한 자랑으로 시간 가는 줄 몰랐다.

"공사 착공 준비하셔야겠습니다."

건축 사무소장의 연락을 받은 나는 직원회의를 소집했다.

"서울 현장은 거의 완공 단계지? 아산 현장도 진행 상황 이상 없고? 그럼 서울 현장에서 직원 몇 명 빼고 아산 현장에서도 몇 명 보내서 볼링장 공사 착공하도록 준비들 하게. 그리고 뉴욕 행 비행기 예약 좀 해줘. 일주일이면 되니까 날짜 변경에 맞추어서 계획 잡도록 준비들 하라고."

나는 이미 볼링장 기계를 미국산으로 설치하기로 결정해 놓은 상태였다. 특별한 이유는 없었지만 왠지 일제는 싫었다.

"여보, 나 일주일간 미국에 다녀 올 거요."

"지난번에 말씀하신 그 일 때문에요? 언제 가시는데요?"

"내일 오후 비행기 편으로 뉴욕에 있는 친구에게 가 있을 예정이야."

"그래요? 그럼 공항에 나가야겠네요."

"겨우 일주일 출장인데 뭘 번거롭게 그래. 그냥 혼자 다녀올게."

나는 평소에도 누구 하나 외국에 나간다 하면 우르르 공항에 몰려 나와야만 하는 우리나라 사람들의 습관을 못마땅하게 생각해오던 터라 공항에 환송 나오겠다는 아내를 번거롭다고 마다했다.

"일주일만 계실 거라고 해서 간단히 준비했어요. 회사에서 바로 출발하실 거죠?"

"응, 아마 그렇게 될 것 같은데."

아침 출근 시간에 아내는 속옷이며 양말 등을 작은 여행 가방에 챙겨주면서 간단히 작별 인사를 했다.

"여보, 잘 다녀오세요."

"그래, 내 다녀오리다. 우리 유선이도 잘 있어. 아빠가 선물 사다 줄게."

"아빠, 안녕!"

이날이 나에게 있어 가족과의 오랜 생이별을 하게 되는 순간일 줄은 꿈에도 예측하지 못하고 나는 손을 흔들며 집을 나섰다.

9

　17시간의 지루하고 긴 여행을 마치고 드디어 뉴욕에 도착하였다. JF 케네디 공항은 우리의 김포 공항과는 꽤 대조적인 모습을 하고 있었다. 공항하면 의례히 사람들로 붐비고 길게 줄을 선 모습이 먼저 떠올랐으나 이곳은 그렇지가 않았다. 입국 절차도 간단했고 짧은 출장이라 짐도 별로 없어서 5분여 만에 출구로 나왔지만 아무도 보이지 않았다.

　이곳이 정말 미국인가 싶을 정도로 썰렁했다. 나는 당황해서 이리 저리 둘러보고 있었는데 저만치서 키가 덜렁 큰 동양인이 내 쪽으로 왔다. 자세히 보니 10년 전에 이민 간 친구였다.

　"야, 자네 정말 오랜만일세. 그새 하나도 안 변했군."

　"자네도 여전한 걸."

"가족들 모두 안녕하시고?"

"그럼, 여전하지. 그래 며칠 예정으로 왔나?"

"길어도 일주일이면 되지 않을까? 회사도 바쁘고 하니 빨리 결정하고 돌아가야지."

"그래? 그럼 우리 어디 가서 아침이나 하지?"

"그러지."

나는 오랜만에 만난 친구와 함께 아침식사를 하러 가다 마침 우리 교포가 운영하는 '우래옥'이라는 한식당이 있길래 그곳으로 들어갔다.

"전부가 한글 간판이군."

"LA 정도는 아니지만 여기에도 교포들이 꽤 많이 사는 편이야. 영어를 몰라도 웬만큼은 살 수 있을 정도지. 그건 그렇고 우선 오늘은 우리 집에 가서 좀 쉬고 내일 볼링 기계 전문 세일즈맨을 만나기로 하자구."

"그럴까?"

나는 친구의 집으로 향하는 2시간 동안 차 안에서 미국이란 나라에 대해 감탄하고 있었다. 잠깐 동안 지켜봤을 뿐이지만 미국이란 나라는 정말 무시하지 못할 나라라는 걸 실감할 수 있었다. 다양한 인종, 수많은 민족들이 모여 사는 나라답게 복잡하기도 하지만 무엇보다 기본적인 질서가 잡혀 있었다.

어느 나라를 가든 교통질서만 보면 그 나라의 수준을 가늠할 수 있다는 걸 잘 알고 있던 나였기에 복잡함 속에서도 질서를 잃지 않는 미국이란 나라에 더욱 감탄하고 있었는지도 몰랐다.

"미국 생활이란 것이 시간이 꽉 짜여져 있다던데 괜히 나 때문에 자네에게 피해가 가는 게 아닌지 모르겠네."

"자주 오는 것도 아닌데 이 정도도 신경 쓰지 않으면 어디 친구라고 할 수 있겠나. 괜찮으니까 괘념치 말게."

나는 친구의 집에 여장을 풀고 이튿날부터 본격적으로 세일즈맨을 만나는 등 일을 시작했다. 다행히 친구가 자기 일을 쉬면서까지 나와 함께 다니며 일을 도와 준 덕택에 생각보다 일찍 일을 마칠 수 있었다.

"안 그래도 말이 안 통해서 걱정이었는데 자네 덕에 일이 쉽게 끝났어. 고맙네."

"별 소리를 다 하는 군. 어쨌든 이왕 왔으니 뉴욕 관광이나 하고 좀 쉬다가 가게나."

"아직 2, 3일 여유는 있지만 자네한테 너무 신세를 지는 것 같아서…."

"글쎄 아무 걱정하지 말고 그렇게 하기로 하세. 급한 일이 있으면 우리 집으로 연락이 올 텐데 무슨 걱정인가. 회사에 우리 집 연락처 주었지?"

"그럼 그렇게 할까?"

나는 미국에 자주 올 수도 없고 해서 친구 곁에서 며칠 더 쉬었다 가기로 결정했다. 이번에도 거의 10년 만에 만났는데 다음 번 만남은 언제가 될 지 기약할 수가 없었기에 아예 온 김에 함께 있는 시간을 충분히 갖고 싶었다.

친구는 나를 위해 뉴욕 시내 관광을 시켜 주었다. 맨해튼, 자유의 여신상, 흑인촌 등 말로만 듣던 뉴욕의 명소들을 돌아보고 돌아오니 친구의 아내가 부엌에서 소리쳤다.

"여보! 친구분 회사로 연락하시래요. 조금 전에 전화 왔었어요."

"음, 그래."

친구는 수화기를 내게 가져다주면서 서울로 전화 거는 방법을 자세히 가르쳐 주었다. 그가 가르쳐 준 대로 버튼을 누르니 사무실의 미스 리가 전화를 받았다.

"미스 리, 난데 아까 누가 미국으로 전화했었다면서?"

"예, 사장님. 잠깐만 기다리세요, 정 부장님 바꿔 드릴게요."

"정 부장 일찍 출근했군. 그런데 회사에 무슨 일 있나? 아침부터 미국으로 전화를 다 하고."

"사장님, 그쪽엔 아직 여기 신문 도착 안 했죠? 오늘 아침 신문에 우리 회사에 관한 기사가 났는데 자세한 내용은 모르겠지만 예감이 안 좋습니다. 어떻게 하죠?"

"그래? 그럼 한번 내용 좀 읽어보게."

곧이어 정 부장이 신문을 읽는 소리가 들려 왔다. 평상시와는 다르게 그의 목소리가 가늘게 떨리고 있는 것이 수화기를 타고 태평양 건너 이곳에서도 느껴졌다. 뭔가 심상치 않은 일이 벌어진 것이 틀림없었다.

'토지 사기사건이라니….'

우리 회사 외에도 4개 회사가 관련되어 있어 검찰이 수사 중이라는 간단한 내용의 기사였지만 내게는 하늘이 무너지는 것 같은 청천벽력이었다. 일이 너무 쉽게 술술 풀려 나갈 때에도 마음 한 구석에서 고개를 들던 불길한 예감이 바로 적중해버린 것이었다.

'그럼 내가 쓴 그 자금이 역시 고위층의 비자금이었나? 역시 그랬었군!'

나는 고개를 가로저었다.

'그럴 리가 없어! 삼우개발에서 제의해왔을 때 장영자 사건과 같은 수법이 아닌가 해서 여기저기 확인까지 해보았는데….'

정말 이만 저만 큰 충격이 아니었다. 자금의 추적을 피하고 돈세탁을 하기 위해 내게 돈을 빌려주겠다고 했던 것을 그렇게 앞 뒤 가리지 않고 덥석 받아버리다니…. 후회해도 소용없는 일이었다.

온 사방으로 전화를 해 보았지만 서울에는 모두 연락 두절이었다. 삼우투자개발의 사무실도 전화를 받지 않았고 박형규의 휴대폰도 계속 불통이었다. 정말 난감한 상황이었다. 나는 우선 친구와 의논을 하기로 했다.

"자네 귀국 날짜가 원래 이틀 남았잖아. 내일이면 서울의 오늘자 신문이 도착할 테니 일단 신문부터 받아보고 생각하자고. 그동안 그쪽과 연락도 다시 해보고."

친구의 말대로 나는 달리 다른 방법이 없었던 터라 우선은 시간을 갖고 관망하기로 하고 회사로 전화를 했다.

"정 부장, 수표 돌아오면 우선 연장 걸어두게. 내가 연락할 때까지 보류해 두라고."

"예! 알겠습니다, 사장님."

나는 한시라도 빨리 삼우개발이나 박 사장하고 연결이 되기를 바라고 있었다. 무엇보다도 내가 박 사장에게 맡긴 견질 당좌수표의 행방이 궁금했다. 당좌수표의 행방만 알면 도대체 이 사태가 어떻게 돌아가고 있는지 판단할 수도 있고, 그에 따라 대처할 방안도 찾을 수 있을 것 같았다.

그러나 삼우개발도, 박 사장하고도 좀처럼 연락이 되질 않았다. 여러 방면으로 수소문을 해봤지만 모른다는 대답뿐 누구에게서도 속 시원한 답을 들을 수 없었다.

"여기서 발행되는 신문은 모두 사왔어."

다음날 친구가 나갔다 들어오면서 신문을 한아름 내게 안겨 주었다.

"○○토지 사기사건, ○○약품 등 4, 5개 회사가 연관되어 피해자가 더 늘어날 것 같다…. 검찰의 수사 발표에도 여러 가지 의문점이 많다…."

각 신문마다 모두 내용이 제각각이었다. 나는 도무지 감이 잡히지 않았다. 도대체 이런 일이 왜 일어났는지 이해할 수가 없었다. 얼마 전 혹시 해서 분명히 장 비서관에게 확인까지 한 일인데… 그런데 사기라니….

하지만 곧 내게는 그동안의 체험에서 얻은 예감이 와 닿고 있었다.
'아! 그럴 수 있어. 그 쪽과 관련됐다면 충분히 있을 수 있는 일이야.'
내 머릿속에서는 벌써 빠른 판단에 의한 결론이 내려지고 있었다. 나는 회사에 다시 연락했다.
"정 부장. 삼우개발에 끊어준 수표가 돌아오거든 연장할 수 있는 데까지 연장 걸어봐. 그리고 다른 어음들은 정상적으로 결제하도록."
"예! 알았습니다, 사장님!"
만약 내 판단이 맞다면 내일 쯤 그 수표들이 은행에 돌아올 것이란 생각이 들었다. 그리고 결국 내 생각은 적중했다.
전화벨이 요란스럽게 울리고 있었다.
"사장님, 그 수표가 오늘 돌아왔습니다."
"삼우개발 사장이 연락이 두절됐어. 연락이 될 때까지 잠시 판단을 유보해야겠으니 일단은 수표 연장 걸어두고 기다려 보자고."
"예! 알겠습니다."
"삼우개발 사장이 연락이 안 되는 걸 보니 분명 수사기관에 있는 게 분명해. 만약 내일 아침까지도 연락이 없으면 부도 처리해. 어차피 우리한테는 그렇게 많은 자금을 해결할 능력이 없잖아."
"예! 사장님. 그렇게 조치하겠습니다."

나는 판단이 빠른 만큼 체념도 빨리 했다.

'어차피 정부 고위층 인사가 관련된 일이라면 누구도 막을 수 없을 테니까…'

결국 삼우개발 사장은 끝내 연락이 없었고, 우리 회사는 부도를 내고 말았다.

'어떻게 만들어 놓은 회사인데 이렇게 쉽게 쓰러지다니… 그것도 내 잘못 때문이 아니고 다른 사람들 때문에 덩달아 무너져 버리다니…'

나는 내 어리석음에 대한 자책과 누구인지 정확한 실체를 알 수 없는 거대한 힘에 대한 분노로 고통의 늪에 빠져 허우적대고 있었다.

"며칠 더 쉬면서 마음을 가다듬게. 우선은 사람이 살고 봐야지."

식사도 제대로 못하고 괴로워하는 나를 친구는 위로했다.

"안 돼. 빨리 서울로 가서 사람도 내가 직접 찾아보고 일이 도대체 어떻게 돌아가고 있는 건지도 알아보러 다녀야겠어."

친구의 손을 뿌리치고 벌떡 일어서려던 나는 문득 예전 생각이 났다. 나는 다시 자리에 앉아 깊은 생각에 잠겼다.

1989년 1월의 어느 날 새벽.

고등학교에 다니는 딸이 학교에 가는 소리를 듣고 나는 잠에서 깨어났다. 그때 밖에서는 초인종 소리와 함께 '누구세요' 하는 어머니의 목소리가 들렸다. 하지만 손녀딸이 등교하다가 뭘 빠트리고 갔나 싶어 문을 연 어머니를 밀치고 들어선 낯선 사내들은 대문에서부터 큰 소리로 나를 찾으며 안으로 들어섰다.

얼떨결에 잠을 깬 나는 그 소리에 옷을 주섬주섬 챙겨 입고 거실로 나갔다.

"어디서 오셨습니까?"

"김현성 씨죠?"

"그렇습니다."

"중부 경찰서에서 나왔습니다. 함께 가시죠."

나는 무슨 일인지는 잘 몰랐지만 그들의 태도로 보아 뭔가 잘못되었음을 느낄 수 있었다. 하지만 일부러 주눅 든 모습을 보이지 않으려 당당하게 그들을 따라 나섰다.

"도대체 무슨 일이요?"

"우리도 잘 모르겠소. 그저 당신을 데려오라고 하니까 데리고 가는 것뿐이요."

속도를 늦추지 않고 달리는 차 속에서 나는 무엇인가를 알아내려고 노력해 보았지만 허사였다. 그렇게 해서 끌려 간 곳은 인천 검찰청 특수부 검사실이었다.

"김현성을 데리고 왔습니다."

"수고들 했소. 그만 가보시오."

경찰들을 내보낸 다음 검사 서기가 나를 보며 비웃듯이 말했다.

"당신이 김현성이요?"

"예! 그렇습니다."

"홍정운 사장을 아시오?"

"예, 압니다."

"그럼 그 사람을 만난 경위부터 해서 자세하게 쭉 쓰시오."

그는 내게 백지 몇 장과 펜을 내밀더니 다짜고짜 자술서를 쓰라고 강요했다. 도대체 무슨 일인지 궁금했지만 아무 말 하지 않고 그가 시키는 대로 홍 사장을 만난 경위부터 써 내려가기 시작했다.

'전에 우리 집 앞에서 부동산을 하는 홍 사장을 만났다. 나는 그때 이 고장에 처음 와서 아는 사람도 없고 급한 일은 생겼고 해서 교회에서 집사 직을 맡고 있는 홍 사장에게 일을 부탁했더니 쾌히 승낙하고 잘 해결해주어서 고마운 마음을 갖게 되었다. 그 후로 나는 사업이 번창하게 되었고 홍 집사도 계속 부동산을 하고 있길래 그때 생각이 나서 한번 도와주려고 마음먹고 만나다 보니 이 집사하고 장 목사도 만나게 되었다.'

이렇게 한참을 써 내려가고 있는데 서기는 종이를 빼앗아 읽어 보더니 대뜸 화를 냈다.

"누가 이런 거 쓰라고 했나? 이런 거 말고 왜 있잖아, 다른 거!"

"도대체 뭘 쓰라는 겁니까?"

"사업 말이야. 사업."

"무슨 사업 말입니까?"

"이 친구 정말 안 되겠군. 여기가 어딘 줄 알기나 알아? 특수부야, 특수부."

나는 그때까지도 뭐가 뭔지 영문을 몰랐으므로 그들이 원하는 대답을 알지 못했다.

"특수부인데 나더러 뭘 쓰라는 겁니까?"

"당신 투기사업 했잖아. 같이 한 사람들 얘기를 쓰라는 거야."

"나는 부동산 투기를 한 적이 없습니다."

"아직도 정신이 안 들었군. 다 알고 있단 말이야."

검사 서기는 점점 험악한 얼굴로 나를 다그쳤다.

"안 되겠군. 이 친구 집어넣어, 그리고 절대 접견금지니까 누구든지 만나게 하면 당신이 책임져야 해!"

온갖 협박과 회유에도 내 입에서 원하는 대답이 나오지 않자 서기는 화를 내며 밖에 나가 있던 경찰을 불러 나를 넘겨주며 다짐을 받았다. 나는 아무 영문도 모른 채 경찰들에게 이끌려 유치장으로 갔다. 그리고 그곳에서 삼엄한 감시를 받으며 밤을 지새야 했다.

"자! 이제 정식으로 합시다. 이쯤 해서 순순히 자백하는 게 당신도 편할 거요."

"글쎄 무얼 대라는 건지 나는 잘 모르겠소."

"정말 말 귀를 못 알아듣는 친구로군. 안되겠어. 어이! 밖에 그 사람들 들여보내!"

서기의 말이 끝나자 문을 열고 들어오는 사람들을 보는 순간 내 입에서는 '아!' 하는 외마디 소리가 나오려 하고 있었다. 나는 그 소리를 억지로 참으면서 돌아가는 상황이 어떻게 된 건지 그때부터라도 파악해보려 애썼다.

"목사님, 이 사람 아시죠?"

"예, 알고 있습니다."

"그럼 이 도면 이 사람이 준 것 맞습니까?"

"제가 직접 받은 것이 아니라서…."

목사는 말꼬리를 흐리면서 옆 사람 쪽으로 시선을 돌렸다.

"그럼 당신이 받았소?"

목사가 쳐다본 쪽을 보고 검사 서기는 이번엔 이 집사에게 물어보았다.

"예."

"이 도면이 어디서 나온 것 같아요?"

"이게 도시개발계획 도면이니까 아마도 건설부에서 보관하고 있는 도면의 사본인 줄로 압니다."

"부동산 사고파는 것도 이 사람과 함께 하기로 했죠?"

"예, 그렇습니다."

"이익금도 서로 나눠 갖기로 했구요?"

"예."

"얼마나 주었습니까?"

"오백만 원은 경비로 주고 이익금은 아직 나누지 못했습니다."

"경비라면 저 사람이 이 도면을 입수하는데 쓴 경비를 말하는 거죠?"

"예! 그렇습니다."

"됐습니다. 그만 가보세요."

서기는 내게는 한마디도 반문할 여지도 주지 않고 일방적으로 조서를 꾸민 다음 그들을 돌려보냈다.

"당신 이렇게 증거가 있는데도 아니라고 우길 텐가?"

"이것 보시오. 나에게는 이야기할 틈도 주지 않고 일방적으로 한쪽 이야기만 듣고 나를 범죄자로 몰아붙이는 법이 세상에 어디 있습니까?"

"그럼 목사가 거짓말을 하고 있단 말이야?"

나는 너무도 기가 막혔다. 너무나도 억울했다. 세상에 이런 일도 있을 수 있나, 어디다가 하소연이라도 해보고 싶었지만 그럴 수도 없었다.

하지만 결국 나는 교도소로 넘어가게 되었고 그곳에 가서야 세상에 그런 억울한 일이 있을 수 있는 정도가 아니라 너무나 많다는 것을 알게 되었다. 나뿐만이 아니라 도처에 억울한 사람 투성이었다.

진술서에 적어낸 대로 사실 장 목사를 알게 된 것은 부동산업을 하는 홍 집사를 통해서였다. 장 목사는 홍 집사가 다니고 있는 교회의 담임 목사였는데, 그즈음 교회 건물을 신축하기 위해 동분서주하고 있었다.

건물을 새로 짓기 위해서는 신도들의 헌금이 있어야 하는데 생각만큼 헌금이 잘 안 걷히니까 자구책으로 생각해낸 것이 우선 있는 돈으로 땅을 한 번 사서 그걸 되팔아 남는 이익금으로 교회 건물을 짓겠다는 것이었다.

그는 아는 사람들을 통해 내 얘기를 들었다면서 이 사람 저 사람들을 한 무더기로 몰고 와서는 한 번만 도와 달라고 통사정을 했다. 다른 일도 아니고 교회 건물을 짓겠다고 도와달라고 하는 데야 매정하게 못하겠다고 거절하기가 어려웠다. 게다가 검사 서기의 말처럼 목사가 설마 거짓말이야 하겠나 싶어 믿고 어렵게 정보를 알아내어 알려 주었더니 그걸로 돈은 저희가 벌어 챙기고 죄는 엉뚱한 사람에게 뒤집어 씌운 것이다.

세상에 믿을 놈 하나도 없다더니 이젠 성직자들마저 믿지 못할 정도로 세상이 험악하고 각박해졌나 생각하면 생각할수록 한숨만 나왔었다.

그때 결국은 40여 일을 감옥에 수감되어 나는 나대로 고생을 했고, 가족들은 또 얼마나 가슴을 조였었나를 생각하니 자라 보고 놀란 가슴 솥뚜껑만 봐도 놀란다고 또다시 그런 일을 당할 것이 두려워지기 시작했다.

우리나라 법이란 것이 얼마나 제멋대로인지, 똑같은 죄도 사람에 따라, 돈이 있고 없고에 따라, 정치 상황에 따라 얼마나 법이 다르게 집행되는지를 직접 체험해 본 나로서는 내가 죄가 있건 없건 간에 남들이 만들어 놓은 함정 속에 빠져서 나와 내 가정이 또다시 고통당하게 될 것이 두려웠다.

나는 결국 귀국을 포기했다. 미국에 남아서 이곳저곳 내가 연결할 수 있는 모든 선을 동원해서 해결책을 알아보았으나 모두 포기하라는 쪽이었다. 어디에도 희망이 보이는 곳은 없었다.

모든 것을 운명에 맡기자고 체념하려고도 해보았지만 그것도 결코 쉬운 일은 아니었다.

그렇게 한동안을 친구 집에서 지냈지만 언제까지 그의 곁에 머물러 있을 수는 없었다. 이런 상태가 하루 이틀 사이에 해결될 상황도 아니었고 언제까지라고 기약도 할 수 없는 처지에 친구에게 계속 신세를 질 수는 없는 노릇이었다.

그래도 친구는 내가 언어도 통하지 않고 지리도 모르고 아는 사람도 없는 곳에서 어떻게 지내겠냐며 떠나는 것은 만류했지만 더 이상 그에게 부담을 주지 않기 위해서 나는 짐을 챙겼다. 짐이래야 고작 일주일 정도를 예상하며 챙겨온 속옷과 간단한 소지품 정도였다. 게다가 수중에는 3,000달러 정도밖에 없었지만 나는 새로운 곳으로 떠나기로 마음을 굳혔다.

내 결심이 굳은 걸 보고 친구는 마지못해 어디로 가려는지 물었다.

"이 친구 고집하고는. 여기서 조금만 더 기다려보자니까 그러네. 그래 어디로 갈지는 정했나?"

"글쎄… 뉴욕이나 LA는 좀 그렇고, 샌프란시스코가 지도를 보니까 그나마 여기서는 한국하고도 가깝고 좀 조용한 곳 같아서 그리로 갈까 해."

"샌프란시스코? 굳이 떠나겠다면 내가 거기까지 동행해 줄게."

"자네도 일을 해야지. 친구가 아무리 중하다고 생업에까지 지장을 줘서야 되겠어?"

"아냐, 괜찮아. 자네 말도 제대로 못하고 길도 모르는데 혼자 보내면 내가 마음이 편치 않아. 내가 같이 가서 있을 곳이라도 만들어 주고 와야겠어. 그렇게 알고 더는 고집 부리지 말게."

"정말 고맙네."

나는 친구의 따뜻한 마음 씀씀이가 눈물이 날 정도로 고마웠다. 더욱이 내가 어렵고 힘든 처지에 놓여 있을 때라 더욱 더 그런 마음이 절실하게 와 닿았는지도 몰랐다.

"아주머니, 그동안 신세 많이 지고 갑니다."

"별말씀을 다 하시네요. 용기 잃지 마시고 힘내세요."

"감사합니다."

나는 그렇게 뉴욕을 떠나 샌프란시스코로 향했다.

내가 굳이 샌프란시스코를 택한 것은 친구에게도 말했듯이 한국과는 태평양을 두고 마주 보고 있어 그나마 미국 내에서는 지리적으로 가깝다고 생각한 것도 있었지만 더 큰 이유는 다른 데 있었다.

언제부터인가 보면 샌프란시스코에 한국 내의 유명 인사나 정치인들이 자주 드나들고 있었고 그들의 자녀들이 유독 많이 살고 있다는 걸 알 수 있었다. 그래서 뉴욕보다는 정보를 빨리 접할 수 있을 거라는 나름대로의 판단이 섰기 때문에 그곳에 정착하기로 정한 것이었다.

"고생 좀 되겠네."

친구는 기어이 따라와서 숙소를 정해주고는 떠나면서 한마디 당부의 말을 남겼다.

"미국에서는 자기 자신 말고는 아무도 믿지 말게."

"그래, 알았어. 알겠네."

나는 그저 건성으로 대답하며 그의 말을 흘려들었다. 하지만 그 말이 그의 체험에서 나온 진리였다는 것을 나중에서야 깨닫게 되었다.

10

 샌프란시스코…. 그곳은 빼어나게 아름다운 경관과 온화한 기후 때문에 미국 사람들조차도 평생에 한 번만이라도 와보고 싶어 하는 곳이라고 들었는데 직접 와보니 정말 듣던 대로 아름다운 곳이었다.
 안개가 자욱하게 낀 산 위에 올라가서 저기 금문교를 내려다볼 때면 정말 하늘 위에서 구름을 타고 내려다보고 있다는 착각을 일으킬 정도로 장관이었다.
 나는 이렇게 아름다운 곳에서라면 새로운 각오로 어려운 현실을 극복해 나갈 수 있을 것 같은 용기가 생겼다. 모든 일은 노력하기 나름이라는데 여기서 주저앉을 수만은 없었다.
 "여보, 걱정 많이 하고 있지? 아무래도 이번 일이 완전히 해결

되려면 시간이 좀 걸릴 것 같아. 나도 그곳으로 돌아가야 할 지 이곳에 그냥 남아서 더 기다려 보아야 할 지 결정을 못하겠어. 당신 생각은 어때? 내 당신 결정을 따르리다."

나는 한국에 남아 있는 아내에게 전화를 걸어 나의 거취 문제를 상의했다.

"이쪽 걱정은 하지 마시고 당분간 미국에 그냥 계세요. 여기로 지금 오시면 당신이 곤란한 일을 많이 당하실 거에요. 지금 사채업자들이며 여기저기서 당신 찾아내라고 난리에요. 지금 오셔봤자 해결될 일도 아니니 그렇게 하시는 게 좋을 것 같네요."

아내는 우선 내 걱정부터 해주며 그냥 미국에 남아 있으라고 당부했다. 그녀의 말투로 보아 벌써부터 사채업자들이며 경찰들이 집으로 찾아와 식구들을 괴롭힌 것이 분명했다. 그들이 얼마나 지독한 사람들인지는 일찍부터 잘 알고 있었으므로 지금 가족들이 얼마나 시달리고 있을지는 안 봐도 뻔했다.

"내가 계속 여기 있으면 당신이 어려운 일이 많을 텐데…."

"우리가 조금 힘들더라도 그렇게 하는 게 좋을 것 같아요."

나는 결국 아내의 의견을 따르기로 했다. 하지만 하루도 마음이 편한 날이 없었다. 식구들을 생각하면 가슴이 미어지는 것 같고 내가 어쩌다 이런 일에 휘말리게 되었나 원망도 해보고 후회도 해 보았지만 모든 것이 다 부질없는 짓이었다.

게다가 언어도 제대로 안 통하는 이 낯선 곳에서 가진 것조차 없으니 심적으로, 육체적으로 고통스런 나날의 연속이었다.

우선 가장 급한 일은 뭔가 일거리를 찾는 것이었다. 아무 일이고 닥치는 대로 하다보면 고통스런 일들을 모두 잊어버리고 마음의 안정을 찾을 수 있을 것 같았다. 과거를 지워버리고 새로운 생활을 시작하기로 결심한 나는 교포들이 많이 살고 있는 산호세 쪽으로 가보기로 했다.

산호세에는 8만 여 명에 이르는 교포들이 살고 있었기에 일거리도 꽤 많았고 언어에 대해서도 당장 그렇게 큰 어려움은 느낄 수 없었다.

"우선 경험이 없으신 것 같으니 테이프 붙이는 일부터 배우세요."

"예! 그렇게 하겠습니다."

내가 제일 먼저 시작한 일은 페인트 공사장에서 마스킹 테이프를 붙이는 일이었다. 페인트를 칠하기 전에 칠이 번지지 않게 하기 위해서 칠을 할 주변에 테이프를 붙이는 일이었는데 한 번도 그런 일을 해보지 않은 나로서도 쉽게 배울 수가 있었다.

하지만 일 자체가 까다롭고 어렵지 않다고 해서 몸이 힘들지 않은 것은 아니었다. 안하던 일을 갑자기 시작해서 그런지 하루 일을 마치고 나면 저녁때쯤에는 팔, 다리 허리가 몹시 쑤시고 아팠다.

하지만 그것도 나쁘지 만은 않은 것이, 몸이 피곤하니 아무 생각 없이 잠을 잘 수가 있어서 좋았다. 이런 저런 생각을 하다보면 머리도 복잡해지고 마음도 편치가 않아서 잠을 못 이루고 뒤

척이다가 날을 새는 경우도 많았는데 일단 몸이 지쳐 솜방망이처럼 축 늘어 지다보니 그런 잡생각들도 오히려 사치처럼 느껴질 정도였다.

그래도 어쩌다 쉬는 날이 돌아오면 그동안 생각 못했던 일들을 한꺼번에 생각하고 고민하느라 통 잠을 이룰 수 없었다. 문제 자체가 해결된 것이 아니고 그동안 내가 보지 않으려 했을 뿐이기 때문에 생각하려고 들면 한도 끝도 없이 걱정거리가 도사리고 있었다.

나는 과거 속에서 헤어나려 무단히도 노력을 했지만 토요일, 일요일 등 남들이 손꼽아 기다리는 휴일만 되면 뭘 해야 좋을지를 몰라 고민하곤 했다. 이 생각 저 생각 안하고 마음이 편하려면 그저 일에 몰두하는 것이 최곤데, 휴무라고 일이 없으면 그만큼 머릿속도 복잡해지고 해서 괴로웠다.

하지만 한국 같으면 일이 없어서 못하지는 않을 텐데 여기선 아무리 가난한 사람도 쉬는 날엔 일을 하지 않으려고 하니 아예 휴일엔 일을 시키지 않는 게 일반화 되어 있었다. 일을 하고 싶어도 일거리를 주질 않으니 별 수 없이 나는 평소 좋아하던 낚시를 즐기게 되었다.

한국에선 몇 년을 낚시를 다녀도 월척 한 번 하기가 그렇게나 힘들었었는데 여기서는 잡았다 하면 40~50cm짜리 대어가 물리곤 해 그나마 그것이 커다란 위안이 되었다.

하지만 그것도 하루 이틀이지 마음도 편하지 않은 상태에서 그것도 매번 혼자 낚시를 다닐 수도 없는 노릇이었다. 그래서 휴일이 되면 나는 수면제의 도움을 받는 것이 아예 습관처럼 되어 버렸다.

나는 외로웠다. 이런 고민을 함께 나눌 친구도, 가족도 없이 혼자 동떨어져 이 낯선 타지에 숨어 살아야 하는 처지가 너무도 처량하고 화가 났다. 이렇게 불쑥불쑥 찾아 드는 외로움이 자신과의 싸움에서 자꾸만 나를 약하게 하고 지게 만들고 있었다.

"여보! 나 아무래도 한국으로 돌아가야겠어. 식구들도 보고 싶고 일도 손에 잡히지가 않아."

참다못한 나는 아내에게 전화를 걸어 외로움을 호소했다. 나의 마음이 약해진 것을 느낀 아내는 나를 달래고 위로했다.

"안돼요. 당신은 아직 이곳으로 돌아올 수 없잖아요. 기다리세요. 대신 제가 그 쪽으로 갈게요."

아내는 어린 딸아이를 데리고 미국으로 건너 왔다.

"가게를 주인 없이 오래 비워두면 안되니까 일주일 후에 돌아가야 해요."

오랜만에 가족을 만난 기쁨에 들떠 있는 내게 아내는 다소 매정하다 싶을 정도로 떠날 날짜를 못 박았다. 일주일은 너무나도 짧았다. 만날 때의 반가움이 컸던 만큼 다시 헤어질 때의 괴로움도 컸다. 그런 식으로 몇 달에 한 번씩 가족들이 나를 찾아와 며칠을 보내고 돌아가 버리면 나는 더더욱 큰 고통과 외로움에 시달려야 했다.

"김 변호사, 어떻게 방법이 없을까? 언제까지 여기 있을 수는 없지 않은가. 이제 한국으로 돌아가도 되지 않을까?"

"안됩니다. 지금은 시대가 바뀌어서 옛날처럼 그렇게 쉽게 해결되지가 않아요. 문제가 그렇게 간단한 게 아니라는 것 정도는 아시잖아요. 워낙 고위층이 관련된 일이라 그 쪽에서 해결해 주기 전까지는 아무도 손을 못 댑니다. 그러니 김 사장님도 그냥 거기 계시는 것이 좋을 겁니다."

나는 고통에 시달리다가 참을 수 없을 때에는 가족들이나 친구들에게 전화를 해서 하소연을 하곤 했으나 언제나 돌아오는 것은 공허한 메아리뿐이었다.

"여보! 내가 한국으로 나갈 수 있는 날이 언제가 될지 모르니 아예 당신이 식구들 데리고 미국으로 오지? 차라리 다 같이 이곳에서 다시 시작합시다. 도저히 더 이상은 가족들하고 떨어져서 못 살겠어."

나는 오랜 시간을 생각하고 고민한 끝에 결정을 내렸다. 가족과 함께라면 이곳 미국에서도 자신 있게 새 출발을 할 수 있을 것 같았다. 지금이라도 한국에 더 이상 미련을 갖지 말고 이곳으로 와서 한번 멋지게 살아보자고 아내를 설득하기 시작했다.

"여보, 그러니 당신도 빨리 마음을 정리하고 이곳으로 오도록 해."

"그래요, 당신이 정 그렇게 생각하신다면 할 수 없죠. 금방 정리는 안 되겠지만 정리되는 대로 그리로 갈게요."

"고마워. 우리 하루라도 빨리 그렇게 하자구. 우리 유선이 생각을 해서도 그게 좋을 거야. 미국이 교육제도가 잘 돼 있다고 한국에서도 일부러 아이들을 이곳에 유학을 보내잖아. 기회가 좋다고 생각하자구. 남들은 일부러 보내는 유학을 아예 이곳에서 살면서 시킬 수 있으니…."

고통과 외로움은 쉽사리 벗어날 수 없었다. 하지만 나는 서로 사랑하는 튼튼한 가정이 있는 한 다시 일어설 수 있다는 희망을 버리지 않고 열심히 노력하고 있었다. 아내와 식구들이 이곳에 올 때를 대비해서 어느 정도 살 기반은 다져 놓아야겠다는 생각이 나를 더 힘내도록 채찍질했다. 희망이란 소중한 것이고 대단한 힘을 지닌 것이었다. 가족들을 생각하면 외로움도 잠시뿐이고 고통도 사라지는 걸 느꼈다. 나는 가장으로서 그들에게 다시는 절망을 안겨 주지 않으리라 다짐하면서 하루하루를 보내고 있었다.

"허, 참. 이럴 수가 있나."

어느 날 아침 현지의 신문을 받아 든 나는 짤막하게 실린 몇 줄의 기사에서 눈을 뗄 수가 없었다. 내 시선을 끈 기사의 내용은 대충 이랬다.

"샌프란시스코 내의 공립학교에서 한국어과가 폐지 위기에 놓여있다. 교포들의 관심 부족으로 교육구에서 예산 배정을 안 하기로 결정되었다."

2세 교육에 있어서 모국어 교육이 얼마나 중요한 것인데 이곳에 있는 누구도 거기에 관심을 갖지 않는다니…. 나는 이 기사를 읽으면서 마치 내 일인 양 가슴이 뜨거워 오고 있었다.

외국에 나와 보니 모국의 국력이 얼마나 교포들의 사회적인 위치나 대우에 많은 영향을 미치는지 뼈저리게 느낄 수 있었던 나는 더욱 더 이런 현실이 가슴이 아팠다. 우리나라 부모들의 교육열이 세계적으로 유명하다던데 그것도 다 자기 자식에 한해서 뿐인지 정말 한심한 노릇이었다.

일본의 경우 외국에 나가 있는 자국 국민을 위해서 모국어 교육에 얼마나 많은 신경을 쓰는지 우리와는 정말 대조적인 양상을 띠고 있었다. 미국 내 모든 공립학교에서는 모든 수업이 영어와 일어의 이중 언어로 수업이 진행되고 있어 원하는 학생은 언제든지 일본어로 수업을 받을 수 있게 되어 있었다. 이런 것이 바로 국력이고 국가의 위상을 높이는 정책이라고 생각해 오던 터였다.

그런데 우리는 이미 있던 한국어 수업마저 학부모들의 관심 부족으로 폐지될 지경에 이르렀다니 말로만 애국애족 하며 떠들어 댔지 실상은 아무것도 제대로 하는 것이 없었다. 기사를 읽으며 분개하던 나는 '이러면 안 되는데…' 하며 수화기를 들었다.

"여보세요. 샌프란시스코 교육청이죠? 김석준 장학관님 좀 부탁합니다."

나는 교육청에 전화를 걸어 서툰 영어로 더듬더듬 김 장학관과 통화할 수 있게 해달라고 부탁했다. 잠시 후 수화기 저편에서 "헬로우" 하는 굵은 남자의 목소리가 들렸다.

"저… 김석준 장학관이십니까?"

나는 전화를 받은 사람이 한국 사람일거라는 짐작으로 한국어로 질문을 했다. 다행히 저편에서도 한국어로 대답이 돌아왔다.

"예, 그렇습니다만 무슨 일이십니까?"

"이거 전화로 죄송합니다만 신문 기사를 보고 전화를 드렸습니다."

"아! 그렇습니까?"

"저… 내용을 좀 자세히 알고 싶은데요."

"글쎄 얘기가 좀 긴데요…. 1년 전에 제가 이곳 장학관으로 오면서 우리도 일본처럼 이중 언어로 한국어 프로그램이 채택되도록 했습니다. 그때 학부모들하고 약속을 했는데 그분들이 계속 협조해주면 프로그램을 계속 유지하도록 하고 그렇지 않으면 폐지하겠다는 거였습니다. 그런데 처음 설치할 때는 적극적으로 찬성을 했던 학부모들이 그새 마음이 바뀌었는지 단 1달러도 학교에 도와주질 않는 거예요. 그래서 올해엔 제 힘만으론 예산 배정을 할 수가 없게 된 겁니다."

"참, 화장실 갈 때하고 올 때하고 마음이 다르다더니 그 말이 틀린 것 하나 없군요. 도대체 그 예산이 얼마나 되는데요?"

"1년에 약 3만 달러 정도 됩니다."

"예, 그렇군요. 학부모들은 뭐라고 합니까?"

"글쎄 적극적으로 나서는 학부모들이 별로 없어요. 자기 자식들이 졸업하고 나면 그만이란 생각이 들어서 그런가 봐요."

"잘 알았습니다. 장학관님. 제가 며칠 후에 다시 연락드리겠습니다."

전화를 끊고 난 후 나는 한동안 생각에 잠겼다. 이 일을 어떻게 해야 하나 고민이 됐다. 2세 교육이야말로 우리들 삶에 있어서 정말로 중요한 것이라는 것은 더 말할 나위도 없었지만 지금 수중에 가진 것이 별로 없다는 것이 문제였다.

가족들이 이곳으로 오면 함께 살기 위해서 나는 허리띠를 졸라매고 저축에 저축을 하고 있었다. 가진 것을 통 털어봐야 5~6,000달러 정도인데다 한 달 생활비며 집세 등을 제하고 나면 남는 것이 하나도 없다시피 했다.

하지만 나는 내 여건이 허락하지 않는다는 것을 알면서도 왠지 이 일에서 쉽게 마음을 돌릴 수가 없었다. 뭐라고 설명할 수는 없지만 왠지 이 일이야말로 운명적으로 내 몫으로 정해진 일인 것만 같은 생각을 떨쳐버릴 수가 없었다.

'아무튼 한국어 교육은 계속되도록 만들어야 해!'

미국 공교육에서 한국어가 채택되도록 한다는 것은, 우리의 국력이 미국 내에서 영향력을 행사할 수 있는 앞날에 대한 투자라는 생각이 들자 나는 더 이상 망설이고 있을 수만은 없었다. 나는 곧 한국에 있는 지인에게 전화를 걸었다.

"역시 김 사장은 못 말리겠다니까. 그래, 미국에까지 가서도 그냥 있지를 못하는구만. 아무튼 나도 형편이 닿는 데까지 돕겠네."

내가 처음 미국에 건너와 마음을 잡지 못하고 방황하던 시절, 내 눈에 비친 미국은 그야말로 지구상에서 가장 축복을 받은 선택 받은 땅처럼 보였다. 땅 밑에는 한없이 무한한 자원들이 인간의 손길을 기다리고 있고, 땅 위의 모든 것들은 풍요롭기가 그지없었다. 게다가 그 모든 것들을 자연 그대로 보존하려는 미국인들의 노력과 의지조차 모든 것을 갖춘 자들의 여유 있는 미덕으로 보였다.

그때의 내 입장이 별다른 자원 하나 없이 좁은 땅덩어리에서 서로 잡아먹으려고 아옹다옹하던 한국에서 거의 쫓겨나오다시피 도망쳐 나온 비참한 처지여서 더욱 그런 느낌을 받았는지도 몰랐다.

이제 우리의 2세, 3세들에게도 이 풍요로운 땅의 주인이 될 수 있는 기회가 주어진 것인데 우리 스스로 그걸 발로 차버리게 그냥 놔둘 수는 없었다. 이 일은 어렵겠지만 도전해 볼만한 가치가 있는 거라고 나는 속으로 다짐했다. 내가 할 수 있는 일이라면 지금 좀 무리가 되더라도 우리들의, 우리 2세들의 앞날을 위하여 투자해보자는 마음이었다.

그것은 서양인들은 이해하지 못할 동양적인 교육관이었다. 나는 21세기에는 동양권이, 그 중에서도 특히 아시아가 세계정세의 중심적인 역할을 맡게 될 거라고 믿고 있었다.

하지만 인구도 몇 안 되는 이곳 교포 사회의 흘러가는 분위기를 볼 때면 안타까운 마음이 절로 들곤 했다. 서로 돕고 서로 위로하면서 힘이 되어주며 똘똘 뭉쳐 단결해도 힘들 텐데 서로 헐뜯고 비방하고 이용하려고만 하는 것이 교포 사회의 현실이었다.

그 작은 사회에서도 출신 학교별, 지역별, 종교별로 나눠지고 쪼개져 서로에게 배타적인 것이 바로 이곳 교포 사회였다. 특히 본국에서 건너온 유학생들이나 부유층 자녀, 정치인들은 겉치레와 과소비로 그나마 열심히 마음잡고 살아보려 하고 있는 교포들의 마음을 흔들리게 하고 있었다.

그리고 어떤 이유로 이민을 왔든지 간에 일단 미국에 왔으면 미국에서 뿌리 내리고 미국에서 당당히 한국인의 긍지와 끈기로 타민족들과 동등하게 대우받고 인정받으면서 살아가야 하는데, 그들은 그렇지가 않았다.

자기들끼리 단체를 만들어 그것이 한인 사회의 대표인 양 거드름을 피우는가 하면 한국에서 국회의원이라도 한 명 올라치면 우르르 몰려다니면서 눈도장이라도 찍어두고 다시 본국으로 가서 한 자리 얻어 볼까 하고 다니는 것이 이민 1세대의 작태이고 보니 그들의 자녀인 2, 3세들이 도대체 뭘 보고 배울 것이 있을지 한심한 노릇이었다.

나는 이런 현실을 보고 난 뒤 우리가 이것을 극복해 나가기 위해서는 더욱더 2세 교육이 중요하다고 느끼고 있던 터였다.

우리가 가난을 벗어난 지 얼마나 되었다고 관광객들이 미국에 와서 흥청망청 돈을 뿌려대는 꼴불견을 연출하는가. 유태인들은 수천 년을 세계 각지에 흩어져 살았어도 그 결속력이란 것이 정말로 대단하다는데, 단일 민족인 우리 국민들이 세월이 얼마나 지났다고 본국에서 유학 온 학생들과 교포 학생들이 서로 화합하지 못하고 위화감이 도는 지 이를 보고 있자면 울화통도 터지고 2세 교육에 대한 열정도 더욱 더 커져 갔다.

우리 민족의 우수성은 미국 우주항공국(NASA)에 가보면 확인받을 수 있었다. 놀랍게도 그곳에 근무하는 핵심 인물들 중 한국계 박사들이 전체의 3분의 1이나 된다고 한다. 하지만 그들을 아는 사람들은 한결같이 그들에게서 한국인으로서의 자긍심이나 민족성은 찾아보기 힘들다고 했다.

단지 혈통이 한국계일 뿐이지 한국의 문화나 역사, 언어조차도 알지 못한다는 거였다. 나는 이런 결과가 초래된 것은 그들의 책임이 아니라는 생각이 들었다. 이게 다 우리의 자녀들에게 지식을 가르쳐 주기에만 급급했지 제대로 된 민족 정체감을 심어 주지 못한 부모 세대들의 잘못으로 볼 수밖에 없었다.

우리들의 2세들에게 우리나라, 우리민족, 우리언어에 대한 자긍심을 심어주고 뿌리에 대한 확실한 믿음을 주어 자신의 존재에 대한 정체성을 회복시켜주기 위해서라도 제대로 된 2세 교육은 절실하기만 했다.

하지만 여기 교포들은 자기의 아이들에게 우리의 뿌리를 찾아 주는 데는 전혀 관심이 없었다. 아이들이 우리말을 한마디도 하지 못해도, 한국이란 나라에 대해 잘 모르고 그곳을 부끄러워해도 그것을 바로잡아 줄 생각조차도 안 했다.

그래서인지 내가 2세들의 한국어 교육에 관심을 보이고 일을 추진하려고 하자 주위에서는 나를 말렸다.

"김 사장님, 생각은 좋지만 괜한 일 하지 마세요. 아마 나중에 후회하시게 될 거에요. 여기 사람들이 왜 이곳에 왔겠어요. 공부를 하러 왔던지 미국이 좋아서 살러 왔던지 어쨌든 내 나라 내 고향을 버리고 온 사람들인데 무슨 애국심이 있겠어요. 다 부질없는 짓이라니까요."

주위의 만류에도 불구하고 나는 내 생각과 소신을 그대로 밀고 나갔다. 우선 지난번에 전화로 통화했던 샌프란시스코 교육청의 김석준 장학관을 찾아가기로 했다.

"안녕하십니까? 김 장학관님. 저는 지난번에 한국어 프로그램 일로 전화드렸던 사람입니다. 그 일은 아직 변동 사항이 없습니까?"

나는 내 소개를 하고 나서 바로 본론으로 들어갔다.

"예. 아직 학부모들 반응이 그냥 그렇군요."

"그럼 장학관님! 한국어 프로그램을 채택하는데 드는 예산이 일 년에 3만 달러라고 하셨으니 제가 만 달러를 기부하겠습니다. 그러니 나머지는 알아서 모금해달라고 학부모들과 상의해보십시오. 그리고 절대 제 이름은 밝히지 말아 주십시오."

"아이구, 정말 감사합니다. 이름은 밝히지 않으시겠다니 정말 훌륭하십니다. 그럼 제가 학부모들에게 익명의 독지가가 기부했다고 말씀드리고 나머지 문제를 상의해 보겠습니다. 그리고 나서 연락을 드려야 되니까 전화번호라도 하나 남겨 주십시오."

"그럼 그렇게 하시죠."

김 장학관은 30년 전 미국에 최초 이민을 오신 분이라 모든 사고방식이 미국식이었지만 한국어 프로그램 채택 문제를 아주 열성적으로 추진해 오던 분이었다.

"안녕하십니까? 김 사장님. 오랜만입니다."

내가 김 장학관을 찾아갔던 며칠 후에 그에게서 다시 전화가 걸려왔다.

"예. 안녕하세요. 일은 잘 되어 갑니까?"

"그래서 전화드렸는데요. 학부모들이 한번에는 다 안 되겠고 다달이 회비를 내기로 했어요. 그래서 1년 정도 모금을 하면 되겠다고 합의를 봤습니다."

"그래요? 잘됐네요. 그럼 제가 어떻게 하는 것이 좋겠습니까?"

"여기 미국은 뭐든지 절차가 좀 까다로운 편이에요. 그냥 돈을 내고 싶다고 내고 받고 할 수 있는 게 아니거든요. 우선 로하스 교육감을 만나 보셔야 됩니다. 그 다음에 그 학교에 바로 기부하시든가 교육구에서 운영하고 있는 기관에 기부를 하시든가 해야 되기 때문에 어쩔 수 없이 교육감을 먼저 만나셔야 됩니다."

"아… 뭐 미국 교육감 만나는 정도야 괜찮겠죠. 그렇게 하도록 하죠. 연락 주십시오."

나는 교육감을 만나면 우리 2세 교육에 필요한 자료를 수집해서 보여주면서 그에 맞는 교육을 해달라고 요청해야겠다고 마음먹었다.

　며칠 동안 자료를 수집하러 다니던 나는 우리 2세, 3세들을 위해서는 이중 언어 교육에 한국어 프로그램을 채택하는 정도가 아니라 아예 한국어를 정규 수업 과목으로 채택되게 해야겠다는 결론을 얻었다. 그래서 나는 비장한 각오를 하고 교육감을 만날 날을 기다렸다.

　"안녕하십니까, 로하스 교육감님?"

　"만나서 반갑습니다, 미스터 김. 난 솔직히 한인 커뮤니티에도 당신 같은 사람이 있었다는 데 좀 놀랐습니다."

　"그게 무슨 말씀이십니까? 지금 우리들에게 2세들 교육문제만큼 중요한 건 없다고 생각합니다. 그래서 말씀인데 아예 한국어를 정규 과목으로 채택하게 해달라고 교육감님께 부탁드리려 왔습니다."

　"허! 이중 언어 프로그램으로 채택하는 것이 아니고 정규 과목으로 말입니까?"

　"예! 지금 이곳에는 한국인 교포들이 8만 명 정도 살고 있습니다. 그 정도 숫자면 그들의 자녀들을 위해 모국어 교육의 기회를 주어도 괜찮다고 생각합니다. 예산을 편성해 주십시오."

　"그렇게 생각하고 있다니 기쁘군요. 안 그래도 앞으로는 태평양시대가 열린다는데 그렇게 되면 한국어 교육도 필요하다고 생각하고 있었습니다. 하지만 한국인들이 요구하지를 않으니 여태까지 그 실행이 안 되고 늦어진 거죠. 당신 같은 사람이 있으니 지금이라도 한국어 교육을 시작합시다. 그리고 내가 그 예산은 따로 배정할 테니 미스터 김이 기부하기로 한 돈은 학교에서 한국어 교재 계발하는 거나 도와주십시오."

교육감은 아주 성격이 화통한 사람이었다. 말이 나오자 아예 유치원부터 고등학교까지 모든 공교육 기관에서 한국어를 정규 과목으로 채택하도록 해주겠다는 약속까지 해 주었다. 나는 '역시 큰 나라 교육자들도 뭔가 다른 면이 있구나' 하는 생각을 하면서 우리가 그동안 얼마나 마음의 문을 닫고 살았나 반성하게 되었다.

우리도 하루 빨리 문을 활짝 열고 배울 것은 배우고 버릴 것은 과감하게 버리는 교육제도가 생겨야겠다는 것을 새삼 느끼면서 나는 미국에 온 후 처음으로 가슴이 뿌듯해지는 것을 느끼면서 좋은 사람을 만났다고 즐거워했다.

얼마 후 현지 언론에는 '한국어가 샌프란시스코의 유치원 과정부터 모든 공교육의 정규 과목으로 채택되다. 익명의 독지가가 한국어 프로그램을 위해 만 달러 기부!'라는 내용의 기사가 대대적으로 보도가 되었다.

그렇지만 본국이나 미국에서나 우리나라 사람들은 자기 자식에 대한 교육열은 높지만 그 외 다른 교육 문제에 대해서는 관심이 없었다. 신문에 한국어 프로그램이 미국의 공교육에 정규 과목으로 채택되었다고 대대적으로 보도가 된 후에도 그것이 도대체 무슨 의미를 지니고 있는지도 모르며 살고 있는 사람들이 많다는 것이 안타깝기만 했다.

그 후 나는 다시 한시름 돌리고 생업에 열중할 수 있었다. 사랑하는 아내와 가족들과 함께 이 땅에서 새로운 뿌리를 내릴 수 있도록 하기 위해서 최선의 노력을 다하고 있었다.

"안녕하십니까? 한번 찾아뵙는다는 것이 늦었습니다."

"어서 오십시오, 장학관님."

"번번이 신세만 지는 것 같아요."

"원 별 말씀을 다 하십니다. 다행히 우리나라 분이 교육구에 계셔서 2세 교육에 많이 도움이 되겠구나 생각하면 마음이 든든합니다."

"김 사장님, 말씀 안 드리려 했는데 부탁 말씀 하나 드려야겠어요."

"예! 말씀 하세요. 제가 할 수 있는 일이라면 기꺼이 도와드리겠습니다."

"글쎄 학부모들이 이번 일로 로하스 교육감님에게 감사하다는 뜻을 표하기 위해서 한국 여행을 한 번 시켜드리는 것이 어떠냐는 의견이 나왔어요. 저도 그게 좋을 것 같아서 영사관에 부탁을 해서 우리나라 교육부에서 초청을 해달라고 했지요. 미국에서 최초로 우리말을 교육하게 해주신 분이잖아요."

"그렇지요."

"그런데 교육감님 휴가 날짜는 다가오는데 영사관에서는 소식이 없어요. 아무래도 어려울 것 같아요. 김 사장님 무슨 좋은 방법이 없을까요?"

장학관의 말을 듣다 보니 결국은 또 내가 떠맡아야 할 일인 것 같았다. 어떻게 풀어나가야 할지 난감했지만 어쩔 수가 없었다.

'내가 만 달러씩 기부하고 하니 꽤 돈이 많은 줄 아나 본데… 어떻게 하나. 아무튼 일 복 많은 사람은 오나가나 일복이 터진다니까….'

"제가 좀 알아보고 연락드리겠습니다. 며칠만 기다려 보세요."

나는 일단 김 장학관을 돌려보냈다. 그날 저녁 나는 장문의 편지를 썼다. 주로 로하스 교육감의 우리 2세들에 대한 열정적인 교육 방침에 대한 것이었다.

'우리나라 국가 원수도 못하고 우리의 이민 선배들도 못해낸 일을 아무런 이해관계도 없는 미국의 교육감이 해주었다. 그러니 앞으로도 우리의 2세, 3세들의 교육에 직접적인 도움을 받으려면 이 사람이 한국의 교육 현장을 직접 한 번 돌아보는 것이 도움이 되지 않겠느냐. 이곳에서 한국까지 가는 경비는 스폰서가 있어 대주기로 했으니 그쪽에서의 체류 기간 동안을 책임져 줄 스폰서가 필요하다.'

대충 이런 내용으로 서면 요청을 한 지 1개월 뒤에 다행히 대구 영남대학 의과대학과 대구직할시 교육청에서 연락이 왔다.

"김 장학관님, 됐습니다. 초청장이 곧 도착할 겁니다. 준비하시도록 하시죠."

"정말 감사합니다. 김 사장님 덕분에 많은 도움이 되었습니다."

그러나 출발 날짜는 다 되었는데도 이쪽 스폰서가 되겠다던 학부모들에게서는 아무런 연락도 없었다.

"김 장학관님, 이게 어떻게 된 겁니까?"

"글쎄요, 저도 잘 모르겠습니다. 학부모 회장은 한국에 나가고 없다고 하던데…."

참으로 난감했다. 교육감 부부, 통역관 겸 인솔자 한 명 등 3명의 경비로 못 들어도 5,000달러가 필요했다.

'내가 부자인 줄 아는군….'

나는 혀를 끌끌 차면서 할 수 없이 가지고 있던 카드란 카드는 다 내놓았다. 어차피 누군가는 해야 할 일이었지만 번번이 그 누군가가 내가 되는 것도 다 내 운명인지도 모른다고 생각하면서….

그 후 대구직할시와 샌프란시스코 교육청은 자매결연을 맺어 1년에 한 번씩 교류하고 있다. 미국 현지의 교사들이 여름 방학을 이용해서 그 더운 대구까지 가서는 4~6주씩 대구직할시 교육청 관내의 영어 선생님들을 교육하고 돌아오곤 했다. 모든 일이 처음 물고를 트기가 어렵지 그 뒤로는 순조롭게 진행되었다. 그리고 나는 그 첫 물고를 트게 해준 것이 나라는 사실에 가슴이 뿌듯해져 오곤 했다.

11

 미국 생활이란 것은 한국에서의 생활 패턴과 비교해 볼 때 참 단순하다. 그저 아침 일찍 일어나 간단히 커피나 우유 한 잔을 마시면서 빵 한 조각을 입에 물고 우물우물 대는 것으로 아침 식사는 끝난다. 그리고 나서 일터로 향하는 것이 너 나 가릴 것 없이 대부분 사람들의 아침 풍경이었다.
 그날도 여느 날처럼 빵 조각을 입에 물고 출근하기 위해 외투를 집어 들고 있는데 현관의 초인종이 울렸다.
 '누구지? 이렇게 아침 일찍부터 찾아 올 사람이 없는데….'
 나는 의아해 하며 현관문을 열었다. 그리고 문 앞에 서 있는 사람들을 보고는 깜짝 놀랐다.
 "어! 어서 오시오."

"김 사장 오랜만이군."

건장한 사내 서너 명이 문을 막아서고 있던 나를 밀치며 안으로 들어섰다. 그 중 한 사람은 명동에서 사채 중개업을 하는 유 사장이고, 나머지 두 사람은 모르는 얼굴들이었다.

나는 전에 한국에서 건설업을 할 때 돈이 급하게 필요할 때마다 유 사장에게 융통해서 쓰곤 했었다. 나이도 서로 비슷해 친구처럼 알고 지내던 사이여서 다른 사채업자들보다는 낫다고 생각해서였다. 게다가 당장 급해서 돈을 쓰긴 하지만 사채 이자라는 것이 워낙 부담이 커서 갚을 능력이 되는대로 제일 먼저 그것부터 해결하곤 해서 그와는 별 문제 없이 매끄러운 관계를 유지할 수 있었다.

하지만 아무리 친구처럼 지냈다고는 해도 사채업자는 사채업자였다. 다른 사채업자들과 마찬가지로 유 사장도 평상시에는 사람이 아주 좋아 부담 없이 돈을 빌릴 수 있었지만, 만약 사정이 생겨서 상환 기일을 어기는 사람이 있을라치면 악랄한 해결사들을 동원해 무슨 수를 써서라도 돈을 안 갚고는 못 배기도록 만들곤 했다.

그걸 잘 알고 있던 터라 웬만해선 사채에 손을 대고 싶진 않았지만 우리나라의 산업 구조상 중소기업을 운영하는 사람치고 사채에 손을 대지 않은 사람이 없다고, 나도 별 수 없이 그들의 도움을 받곤 했다.

그런데 지난번에 토지 사기사건에 연루되어 부도를 낼 때 삼우개발의 박 사장에게 준 당좌 어음이 어처구니없게도 유 사장의 손에 들어가 있다는 사실을 알게 되었다. 아마도 사건이 터지자 돈이 급하게 된 박 사장이 내가 그에게 맡겼던 견질 당좌를 유 사장에게 건네주고 엄청난 액수의 돈을 융통해 간 것 같았다.

졸지에 나는 그 돈을 구경도 못해보고 사채업자에게 돈을 빌려 간 채무자의 신세가 되어 버린 것이었다. 돈을 빌려가서 쓴 사람이 누구건 간에 그들이 잠적해버린 이상 수표를 발행한 내가 그 책임을 뒤집어쓰게 생긴 거였다.

그 때문에 한국의 가족들이 우락부락한 해결사들한테 이루 말할 수 없는 고초를 겪고 있다고 들었는데, 아마 아무리 그들을 괴롭혀도 뾰족한 답이 나오질 않으니 유 사장이 나를 직접 만나려고 이 먼 미국 땅까지 해결사를 대동하고 찾아온 모양이었다.

"김 사장, 내가 여기까지 왜 왔는지 알고 있소?"

"유 사장이 어려우니 왔겠지. 우리 식구들을 찾아갔다는 말은 전해 듣고 알고 있었소."

"그래 어떻게 하겠소?"

"유 사장도 보다시피 난 가진 것이 아무것도 없소. 잘 알겠지만 그 돈을 내가 쓴 것도 아니고 또 내가 계획적으로 부도를 내고 도망 온 것도 아니잖소. 그리고 난 내 마음대로 움직일 수도 없는 처지요."

나는 될 대로 되라고 생각하며 그에게 마음에 있는 말을 솔직하게 털어 놓았다. 유 사장이 대동하고 온 깡패들의 살기등등한 기세에 조금 위축되긴 했지만 어차피 아무것도 줄 게 없었으므로 겁먹을 일도 없었다.

'털어봐야 먼지밖에 안 나올 텐데 겁날 일이 뭐가 있어.'

그렇게 마음을 먹으니 오히려 마음이 편안해 졌다.

"김 사장, 내가 여기까지 올 때는 당신 만나면 콱 쏴 죽이려는 마음까지 먹고 왔소만 막상 여기 와서 보니 작정하고 내 돈 떼어먹은 것 같지는 않고, 당신도 형편이 과히 좋은 것 같지는 않으니 어디 한국에 돈 받을 거라도 있으면 그거나 나한테 인수해 주시오."

"유 사장, 내가 이런 처지에 놓여 있는 판국인데 설사 받을 게 있다 하더라도 그 사람들이 제대로 주려고 하겠소?"

"별 수 없군. 그럼 나중에 기회가 되면 꼭 갚으시오."

그들은 내가 사건이 터지니까 일부러 부도를 내고 한 재산 챙겨서 미국으로 도피해 온 것으로 착각하고 날 찾아왔는데, 막상 와서 보니 그게 아닌 성 싶으니 그냥 돌아가자고 했다.

그들이 돌아가고 난 뒤 나는 세상이 이래서야 어디 마음 놓고 살 수가 있겠나 생각하며 가슴을 쓸어 내렸다. 해결사들이 무섭고 집요하다는 얘기는 익히 들어 알고 있었지만 미국에까지 조직 폭력배들이 따라 다닐 정도라니 한국에서 기업하는 사람들이 정상적으로 활동하는 게 오히려 신통하게 느껴질 정도였다.

한국에 있을 때는 그저 그런가 보다 하고 보아 넘기던 일들이 이렇게 내가 직접 당하고 보니 남의 일 같지 않게 새삼스럽게 느껴졌다.

　악어와 악어새, 먹고 먹히는 먹이 사슬, 권력과 금력과 폭력이 공생 공존하는 세계…. 우리 사회는 이렇게 겉과 속이 철저하게 다른 두 얼굴을 가지고 변화하고 있었다.

　가끔 언론에서 보면 한국에서 기업을 운영하던 중소 기업인들이 부도를 내고 해외에 도피해 있는 경우가 꽤 많은 것 같았다. 그런 경우에 차라리 경찰력보다도 해결사라 불리는 조직폭력배들을 이용하는 것이 빠르지 않을까 하는 생각이 들 정도로 그들의 세력은 집요하고 극성스러웠다.

　세계 어느 곳이든 그런 부류 조직의 손길이 미치지 못하는 곳이 없는 것같이 느껴질 정도인데, 그들이 과연 정부 기관의 암묵적 협조 없이도 그렇게 활발한 활동을 드러내 놓고 할 수 있는지 의심스러웠다.

12

    미국에 온 지도 벌써 2년 반이 넘었다. 나는 아직 언어는 부족하긴 하지만 그동안의 체험을 통해 얻은 지식과 내가 가진 모든 역량을 발휘해서 새로운 삶을 개척하기로 결심했다.
    무궁한 발전의 조건이 완벽하게 구비되어 있는 이 미국에서 앞으로 전망이 있는 분야는 레저 산업과 문화 산업 뿐이라고 생각한 나는 평소에 하고 싶었던 제조업을 레저 산업에 접목시켜 보기로 결정하고 제품 개발에 착수했다.
    처음 착수한 일은 골프 카트를 만드는 일이었다. 평소 골프를 치다가 떠올랐던 아이디어를 상품화하기로 한 것이었다. 서투른 영어로 이곳저곳을 기웃거리며 모르는 것을 알아내고 필요한 자료를 수집한 나는 곧 본격적으로 제품 개발에 착수하여 1년여 만에 미국 특허를 획득하게 되었다.

"양 사장, 잘 있었소?"

"아이구, 김 사장. 이게 몇 년 만이요. 그래 지금 어디에 있소?"

"나 지금 사정이 있어서 미국에 있소. 그래 사업은 여전하구?"

"나야 매일 그렇지. 중소 사업자야 예나 지금이나 똑같지 어디 나아질 기미가 보이던가?"

"하기야 여기서도 언론을 통해 그쪽 소식을 가끔 듣는데 사업하는 사람들 쉽지는 않겠더라구. 정부에선 대기업에만 신경을 쓰지 중소기업을 운영하는 사람들에겐 전혀 배려해 줄 생각을 안 하는 것 같아. 그건 그렇고 내가 전화를 한 까닭은 다름이 아니고 내가 미국에서 상품을 하나 직접 개발해서 특허를 받아 놓은 것이 하나 있는데 그걸 한국에서 생산을 하게 되면 어떨까 하는데…. 아무한테나 일을 맡길 수는 없고 어디 믿을 만한 사람이 있어야지. 그래서 내 양 사장 생각이 나서 이렇게 의논하는 건데, 양 사장 생각은 어떻소?"

"그래요? 제품 종류가 뭔데?"

"골프 카트요. 내가 직접 개발해서 여기 특허까지 받았다구."

"그럼 우선 나한테 제품 도면을 보내주시오. 우리가 여기서 한 번 검토해보고 할 수 있겠다 싶으면 이 기회에 아예 전업을 해버리게. 도면부터 한 번 보자구."

양 사장은 내 제안에 구미가 당겼는지 마침 잘되었다는 식으로 적극적으로 달려들었다.

　내 생각에도 양 사장이 책상물림이 아닌 기술자 출신의 경영자였기에 이 일에 적임자라는 판단이 들어 그에게 맡겨 보기로 마음 먹었다.

　"그렇게 합시다. 내 양 사장 한 번 믿어보기로 할 테니 우리 한번 잘 해봅시다."

　"우선 도면을 보내주고 시간 여유를 좀 주면 여기서 우리가 제품 샘플을 만들어서 김 사장한테로 보내주겠소."

　"알았소. 그럼 내가 곧 도면을 보내 주리다."

　그 후 내가 한국으로 도면을 보낸 지 정확하게 1개월 후에 샘플이 도착했다.

　"양 사장, 나 김이오. 샘플은 잘 받았소. 그런데 제품이 영 깔끔하게 나오질 않았던데 그래가지고야 어디 여기 미국 시장에서 승부할 수 있겠소?"

　"미안하게 됐소. 잘 알았으니 완벽하게 만들어서 다시 보내도록 하겠소."

　이런 식으로 샘플이 오고 가기를 수차례 거듭하고 나서야 완성된 제품이 도착하였다. 이번 것은 정말로 내가 생각한 그대로 흠 잡을 데 없이 완벽한 제품이었다. 제품의 질이나 디자인 등 모든 것이 A급이었다. 어디에 내놔도 인정받을 수 있으리란 자신이 생겼다.

　"양 사장, 물건 잘 받았소. 바로 이런 제품이 내가 바라던 물건이요."

우리는 뭔가 일이 잘 풀릴 것만 같은 기분이 들었다. 이제 남은 것은 마케팅뿐이었다. 물건을 만들어 놓았으니 그것을 세상에 알리고 파는 일만 남은 것이었다.

나는 제품 박람회에 우리 물건을 선보이기로 결정했다. PGA라는 TV 골프쇼 프로그램에서 1년에 두 번씩 제품 박람회를 여는데 워낙 권위 있는 행사여서 여기에 출품된 제품들은 그 품질과 성능을 인정받고 있었다.

미국이란 곳이 워낙 큰 나라다 보니 박람회도 동, 서부의 대도시에서 번갈아 가며 개최되는데, 그곳에서 제품의 주문을 받아 그 해의 1년 판매량이 결정되곤 했다.

나는 아직 사람들에게 인지도가 없는 신상품으로 승부하기 위해서는 이번 기회를 꼭 이용해야 한다고 생각했다. 그러기 위해서는 나를 도와 업무를 맡아볼 직원들을 구하는 문제가 시급했다. 나는 곧바로 현지의 신문에 직원 모집 광고를 냈다.

A.K International Engineering
세일즈맨 : 0명
비서 : 0명
한국인 1.5세나 2세로 이중 언어 필수
본사는 특허물 제조 판매회사로서 연봉은 능력에 따라 지급
사회보장 제도 있음

나는 이왕에 직원을 채용하는 것, 내가 한국 사람이니 직원들도 한국인 1.5세나 2세들을 우선적으로 해서 뽑기로 했다. 신문에 광고가 나간 뒤 이력서가 꽤나 접수되었다. 그리고 면접을 보려고 많은 사람들이 몰려왔다.

"데이비드 문. 올해 35세라. 미국 나이로 35세 맞습니까?"

"예! 그렇습니다."

"미국에 온 지는 얼마나 되었습니까?"

"국민학교 3학년 때 왔습니다."

"그럼 한국 이름이 있겠군요?"

"예, 문용준이라고 합니다."

"샌프란시스코에 있는 삼성 법인에서 근무한 걸로 되어 있는데 왜 좋은 직장을 그만 두고 우리 회사를 택했습니까?"

"미국인들을 상대로 좀 더 큰 규모의 세일즈를 해보고 싶어서 지원했습니다. 아무래도 큰 회사에서는 개인의 역할이란 게 제한되어 있으니까요."

나는 그가 지사이긴 하지만 삼성그룹에서 근무했었다는 사실이 마음에 들었다. 한국에서 얼마나 삼성에 입사하기가 어렵고 경쟁이 치열한지 익히 알고 있었고 '삼성맨' 하면 세계에서도 인정해주는 엘리트들이라고 생각해 오던 터라 두 말 않고 그를 채용하기로 결정했다.

"좋습니다. 그럼 연봉은 어떻게 정하겠소?"

"목표량만큼 판매했을 때 지불하는 조건으로 연 10만 달러를 주십시오. 단 생활비로 2,500달러를 가불해 주시고 출장비는 회사에서 주셔야 합니다."

"그럼 그렇게 합시다."

나는 그 정도면 괜찮은 조건이다 싶어 그렇게 하기로 합의했다. 하지만 난 미국이란 사회를 좀 더 알았어야 했다. 미국 사회는 소위 변호사 사회라고 해도 과언이 아닐 정도로 법률이 우선되는 나라였다. 아무리 작고 사소한 일이라도 변호사 없이는 아무 일도 할 수가 없었다.

나는 내가 한국 사람이고 회사도 한국 회사, 직원들도 모두 한국 사람들이니 모든 것이 한국에서 하던 식으로 진행될 거라고 생각했지만 그것은 나의 큰 착각이었다. 이곳은 한국이 아니고 미국 땅이었던 것이다.

게다가 나와 같은 한국인이라고 생각했던 교포 1.5세나 2세들은 자신의 필요에 따라서 때로는 한국식으로, 때로는 미국식으로 자기 필요한 대로 행동하고 멋대로 해석하는 경향이 있다는 사실을 몰랐던 것도 나의 중대한 실수였다.

자신의 실수는 한국식으로 대충 넘어가고 자신의 이익이 달린 문제에 있어서는 미국식으로 변호사까지 불러가며 실속을 차리는 것이 여기 와서 깨닫게 된 교포들의 이중적 생활 태도였다.

어쨌든 나는 직원들을 채용하고 사업을 본격적으로 시작했다.

"동부 쪽에서 상담이 왔습니다. 가는 길에 이곳저곳 들러서 세일즈맨들과 미팅을 가질 계획이니 며칠간 출장을 갔다 와야겠습니다."

"그렇게 하시오."

어느덧 6개월이 지났다. 문용준은 여기저기 분주하게 돌아다니며 열심히 일을 하는 것처럼 보였지만 정작 거두어들인 성과는 아무것도 없었다. 주문을 하는 곳은 아무 곳도 없었는데도 그는 계속 출장을 다니며 세일즈를 하고 있다고 보고를 했다.

"미스터 문. 도대체 그쪽에서는 주문을 하겠다는 거야, 말겠다는 거야. 빨리빨리 결정을 해야 생산을 하든지 말든지 하지."

나는 기다리다 못해 세일즈맨에게 무슨 결과든지 내놓아야 되지 않겠냐고 독촉을 했다. 하지만 그는 내 초조한 마음을 아는지 모르는지 느긋했다.

"조금만 기다리십시오. 곧 연락이 올 겁니다."

"그쪽 주문을 이렇게 한없이 기다리고 있느니 이번 박람회에 출품할 샘플만 우선 선적하라고 하고 우린 박람회 준비나 하는 게 어떻겠소?"

"아닙니다. 주문을 받을 수 있는 건 확실합니다. 곧 생산에 들어가도록 준비해야 하니 우선 제가 한국 공장에 발주 요청서를 보내겠습니다."

"자신 있소, 미스터 문?"

"여기 주문서 사인이 있지 않습니까? 우선 컨테이너가 하나뿐인 게 좀 걸리긴 하지만 일단 주문이 들어오면 계속 물건을 보내야 하니까 지금부터 생산에 들어가야 합니다."

"그럼 한국 공장과 협의해서 생산 차질 없도록 하시오."

"알았습니다. 저희 그룹과 한국 공장 스케줄을 맞추어서 잡겠습니다."

뭔가 석연치 않았지만 나는 그들이 하자는 대로 따라가야 했다. 내가 영어를 잘 못해 세일즈맨 그룹에게 마케팅 전반을 모두 맡겼으니 그 쪽에서 하는 대로 따라갈 수밖에 별 도리가 없었다.

"이곳 미국은 처음에는 물건을 샘플용으로 돌린다 생각하고 적어도 외상 1~2개월은 주어야 합니다. 그리고 지금 주문 요청이 큰 회사 5군데 하고 미국 전역에 체인이 있는 코스코 하고 프라이스에서 납품 요청이 들어와 있으니 물건을 바로 선적해야 합니다."

"아니 그럼 물건을 외상으로 주어야 한다는 이야기요?"

"미국 시장은 그게 일반화 되어 있습니다. 삼성 같은 곳도 몇 십 만, 몇 백 만 달러까지도 외상 거래를 하는 걸요. 크레디트 체크만 해보고 신용이 있으면 다들 그렇게 합니다."

"그래? 그럼 공장에서 견딜 수 있나?"

"그 문제는 수출보험공사를 통하면 됩니다."

"그래? 할 수 없지. 그럼 그렇게라도 해야겠군."

드디어 우리는 우여곡절 끝에 첫 선적을 했다. 나는 처음 제품을 개발하던 때를 생각하니 정말로 감개무량 했다. 이 넓은 미국 시장에서 내가 개발한 제품이 전 세계의 우수한 제품들과 경쟁을 하게 되다니….

"미스터 문, 물건이 여기에 도착하려면 보름 정도 걸린다는데 도착하자마자 통관해서 주문 들어온 데로 넘겨주는 건가?"

"아닙니다, 사장님. 일단 창고로 들어간 다음에 그곳에서 50개면 50개, 100개면 100개씩 주문처에서 보내 달라는 대로 보내주어야 합니다."

"아니! 그럼 그런 것까지도 우리가 해줘야 된다는 건가?"

"처음에는 다 그렇게 해야 합니다. 우리 제품이 아직까지는 알려진 제품이 아니라서…."

"정 그렇다면 할 수 없군. 그러자면 창고를 빌려야 되는 거 아닌가?"

"물론 빌려야 합니다. 그래서 제가 지금 알아보고 있는 중입니다. 적당한 데가 하나 있긴 한데 통째로 빌려 주는 게 아니고 반만 쓰라고 해서…."

"시간이 없는데 우선 그거라도 쓸 만하면 빌리도록 하게."

"예! 사장님. 그럼 그렇게 진행하겠습니다."

정말 정신없이 하루하루가 지나갔다. 모든 것이 다 처음 해보는 일이어서 내게 더욱 그런 느낌이 들었는지도 모르겠다.

드디어 제품이 도착하고 창고에 하역하는 일도 무사히 끝나고 해서 직원들과 다 같이 회식을 하기로 했다. 나는 이제 일 단계는 통과했으니 슬슬 사세 확장도 생각해봐야겠다고 마음먹고 있었다.

"미스터 문, 아무래도 직원들을 더 보강해야겠어. 이번에 통관

하고 운송해보니까 지금 직원들만 가지고는 앞으로 힘들겠더라고. 이제 본격적으로 사세를 확장하려면 지금쯤 직원을 더 구해보는 게 낫지 않겠어?"

"사장님 생각이 그러시다면 그렇게 하시죠."

"자! 오늘 수고들 많았어요. 이제 우리 제품이 미국 시장에 처음 상륙하게 되었습니다. 자! 지금부터가 진짜 시작입니다. 앞으로도 여러분들이 열심히 해줄 것으로 믿고 다 같이 건배합니다."

직원들과 함께 술잔을 부딪치며 승리의 첫발을 축하하면서 나는 오늘의 기쁨을 영원히 기억하리라 마음먹었다.

'이제 당장 내일부터라도 우리 제품이 출고되기만 하면 되는 것이다…'

생각하면 생각할수록 가슴이 두근거리고 뿌듯해져 오는 것을 느낄 수 있었다. 아마도 그 순간만큼은 이 미국에서 나의 새로운 시대가 열리는 순간으로 느끼고 싶었던 지도 몰랐다.

며칠 후 나는 마음먹었던 대로 새로운 직원을 채용하고 직원들에게 소개했다. 안 그래도 인력을 보강해야겠다고 생각하고 있던 터에 절친하게 지내던 사람이 전에 삼성 본사에서 근무하다 이민 온 사람이라고 소개해 주길래 마침 잘됐다 싶어 얼른 채용하기로 한 것이다.

"자, 미스터 문. 인사하지. 이쪽은 강진원 씨야. 미스터 강도 전에 삼성에서 근무했다고 하니 따져보면 서로 선후배 간일 지도 몰라. 그러니 이제 둘이서 잘들 지내보라고."

서로 인사를 나누는 두 사람의 어깨를 두드리고 있으니 나는 마치 천군만마를 얻은 듯 든든한 생각이 들었다.

"자, 이제 두 사람이 한 명은 바깥에서 또 한 명은 안에서 서로 도와가면서 우리 회사를 한번 멋지게 키워봅시다."

"예! 사장님."

문용준과 강진원은 시원스럽게 대답을 하였다. 나는 이제야 비로소 어느 정도 회사도 자리가 잡혀가고 있다는 생각이 들었다.

'이 두 사람에게 회사 업무를 맡기고 나는 제품 개발에만 주력해야지….'

나는 정말로 오랜만에 편한 잠을 이룰 수 있을 것 같았다.

"굿모닝! 집에서 잘들 쉬었어요? 오늘은 월요일이니 이번 주에는 제품이 많이 팔리게 해달라고 각자 기도들 해요!"

월요일 아침에 나는 상쾌한 기분으로 출근을 한 뒤 사무실을 한 바퀴 둘러보며 직원들을 격려하다가 문득 한 자리가 비어 있음을 알게 되었다. 다른 직원들이 일찌감치 출근해서 분주하게 업무 준비를 시작하고 있는 와중에 유독 문용준의 자리만 비어 있었다.

"아니, 미스터 문 아직 출근 안 했나?"

"예. 조금 늦는 모양이에요. 워낙 차가 밀리는 시간이라서…."

동료 직원이 그를 변호해주려고 하자 나는 그럴 수도 있다고 생각하며 조용히 내 방으로 돌아갔다.

잠시 후 방문을 두드리는 노크 소리에 고개를 들어보니 문용준이 들어왔다.

"조금 늦었군. 차가 많이 막힌 모양이지?"

이 정도 일 가지고 크게 야단칠 생각은 없었기에 나는 부드럽게 그에게 말을 건넸다.

"저, 사장님! 말씀 드릴 게 있는데요."

"그래? 무슨 일이 있나?"

"저, 회사 그만 두어야겠습니다."

"아니, 갑자기 그게 무슨 소리야? 회사를 그만 두겠다니?"

"저희 집사람이 그만 두랍니다."

"뭐? 와이프가 남편 직장을 그만 두라 말아라 해? 미국이라서 그런가 참 희한한 일이군. 그럼 그만둔다고 치면 그간 자네가 가불해 간 돈은 어떻게 할 것이며 그동안 자네만 믿고 있다가 물건을 쌓아놓기만 하고 하나도 못 팔았는데, 나는 그 손해를 어떻게 해야 하나?"

"그건 사장님께서 알아보시고 법대로 처리하십시오."

말을 마친 문용준은 황당해서 아무 말도 못하고 있는 나를 뒤로 하고 휭 하니 밖으로 나가 자기 짐을 챙기기 시작했다. 너무 기가 막혀서 가만히 자리에 앉아 있던 나는 안 되겠다 싶어 그에게 다가가서 따졌다.

"이봐, 미스터 문. 지금 이게 말이나 되는 소린가? 자네만 믿으라고 큰소리쳐서 제품을 산더미처럼 쌓아 놓게 해놓고 이제 와서 나 몰라라 하고 그만 두겠다니 이런 게 자네가 늘 상 얘기하던 미국식 합리주의인가?"

"사장님 마음대로 생각하십시오."

문용준은 짐을 다 챙기고 나자 직원들에게 인사도 제대로 하지 않고 그대로 사무실을 나가버렸다. 엊그제까지만 해도 회사를 그만둘 기미는 전혀 보이지 않았고 오히려 새로 들어온 직원과 함께 잘해보자며 술잔을 부딪치던 그가 오늘 이렇게 내 뒤통수를 후려칠 줄은 꿈에도 생각하지 못했던 일이었다.

나는 세상이 이럴 수는 없다고 생각하며 변호사에게 전화를 걸어 자문을 구하기로 했다. 그런 경우 없는 날강도를 그냥 놔둘 수는 없다고, 세상이 그런 법은 없다고 자신 있게 변호사에게 자초지종을 말했다. 하지만 변호사에게서 들은 답변은 미국의 법으론 얼마든지 그럴 수도 있다는 거였다.

"김 사장님, 미국에서는 사용주가 직원들을 마음대로 해고할 수 없습니다. 만약 해고를 시키고자 할 경우에는 사전에 미리 충분한 시간을 주어 다른 직장을 구할 수 있도록 배려를 해주어야 합니다. 하지만 근로자들은 그렇지가 않아요. 자기가 그만 두고 싶으면 언제든지 그만 둘 수 있습니다. 사전에 미리 통보를 해준다면 좋겠지만 꼭 그래야 한다는 법은 없어요. 언제든지 자기 마음대로 그만 둘 수 있다고 법에 제정되어 있습니다."

"그럼 그건 그렇다고 쳐도 그 사람 때문에 입은 손해에 대한 보상 청구는 할 수 있지 않습니까?"

"손해 보상 청구요? 그건 가능합니다. 하지만 그 사람이 6개월

간 가불해 간 돈이 1,500달러라고 하셨는데 만약 소송을 건다면 거기에 드는 변호사 비용도 만만치가 않아요. 게다가 소송에서 이긴다고 해도 그 사람이 돈이 없어서 못 갚겠다고 하면 그만인 걸요. 차라리 좋은 경험했다 치고 이번엔 그냥 포기하시는 게 나을 겁니다."

변호사를 만나고 나오면서 나는 허탈한 기분에 씁쓸한 입맛만 다셨다. 원래 좋은 뜻으로 제정된 법이 그 걸 악용하는 사람들 때문에 나 같은 선의의 피해자를 만드는구나 생각하니 살맛이 안 났다. 그리고 이곳도 겉으로 보이는 것만큼 살기 좋은 낙원은 아니구나 하는 생각이 들자 갑자기 맥이 탁 풀리는 게 발걸음도 한없이 무겁게 느껴졌다.

문용준이 그렇게 떠나버린 후 나는 갑자기 내게 닥친 일들을 감당해 내느라 허둥지둥 할 수밖에 없었다. 창고에 제품은 가득 쌓여있는데 말도 잘 안 통하니 내가 직접 나가 팔 수도 없고 그렇다고 하루 이틀 사이에 세일즈맨을 구할 수도 없는 노릇이고, 정말 속이 바짝바짝 타 들어가는 것 같았다.

며칠을 고민하던 끝에 나는 궁여지책으로 한인 마켓에서 일단 제품을 선전하고 그동안 제품 박람회 준비를 서둘렀다.

"미스터 강, 우선 박람회 주최 측에 우리 회사 부스가 지정되었는지부터 확인해보게."

"예! 사장님. 당장 확인해보겠습니다."

"그리고 미스 장은 단 한 개라도 제품 주문이 들어오면 우편으로 보내주도록 해요. 자, 어렵겠지만 우리 모두 다 함께 열심히 노력해봅시다."

나는 한편으론 사기가 떨어진 직원들을 독려하랴 또 한편으론 사방으로 뛰어다니며 해결책을 찾아보랴 애를 썼지만 결코 쉬운 일은 아니었다.

"사장님! 박람회 주최 측에 확인해 보았는데 저희 회사 부스는 취소되었답니다."

"아니 미스터 강! 그건 또 무슨 소리야? 벌써 임대료도 보낸 걸로 알고 있는데?"

"저도 그게 이상해서 자세히 알아보았는데 틀림없습니다."

"안되지, 안 돼. 지금 상황에서 그 박람회가 우리의 유일한 숨구멍인데 그것마저 잘못된다면…. 미스터 강, 이러고 있을 게 아니라 수단과 방법을 가리지 말고 부스 하나 만들어 달라고 해봐야지! 아니 전화로 안 될 것 같으면 아예 직접 현지로 날아가서라도 만들어오게. 돈은 얼마가 들어도 괜찮으니 그건 걱정 말고. 그리고 그리 가거든 수시로 내게 연락해 주게. 여기 일은 내가 알아서 처리할 테니."

나는 정말 다급했다. 그 박람회에 회사의 운명이 달려 있다고 해도 과언이 아니었다. 만약 창고에 쌓여 있는 그 많은 제품들을 박람회를 통하지 않고 판매를 한다고 할 때 엄청난 홍보비와 함께 그밖의 부수적인 경비 등을 모두 합하면 차라리 제품들을 그냥 버리는 게 오히려 나을 지도 모른다는 계산이 나오니 정말 난감한 일이 아닐 수 없었다.

"사장님! 방금 미스터 강에게서 연락이 왔는데 잘 하면 가능할 것도 같답니다. 마감 시간까지 조금 더 기다려보자고 사장님께 전해달라는 부탁을 하고 전화를 끊었습니다."

그 말을 듣고 나자 짙게 드리워진 안개가 조금씩 걷혀 지면서 뭔가 서광이 보이는 것도 같아 다소나마 안심이 되었다.

"그래? 아직은 마음을 놓을 수 없으니 아무튼 마감 시간까지 기다려 보자고."

그 뒤로 전 직원들이 하나 같이 모두 전화통만을 뚫어지게 바라보며 무슨 소식이 오기를 기다렸다. 그 시간은 마치 10분이 1년, 아니 10년이라도 되는 것처럼 길고 초조하게 느껴졌다. 마감 5분 전, 드디어 전화벨이 요란스럽게 울렸다. 미스 장이 잽싸게 수화기를 들었다.

"사장님! 됐답니다. 모레까지 제품 입고하라고 했답니다."

환한 얼굴로 미스터 강의 전갈을 전해주는 그녀의 목소리는 기쁨에 들떠있었다.

"자, 다들 수고했어요. 오늘 저녁은 내가 한 턱 낼 테니 모두들 퇴근하지 말고 기다리라고."

정말 어렵게 어렵게 한 고비를 넘긴 순간이었다.

우여곡절 끝에 치러진 제품 박람회는 다행히도 대 성황리에 끝났다.

"미스터 강, 입사 하자마자 큰일을 치르느라 수고 했어. 정말 고생 많이 했네."

"별말씀을 다 하십니다. 당연히 제가 해야 할 일을 한 것뿐인데요, 뭘."

"자, 이제 박람회도 무사히 치러졌고 했으니 우리 제품 좀 많이많이 팔아보자고."

"염려하지 마십시오, 이제 다 잘 될 겁니다. 아 참! 그리고 사장님! 세일즈맨으로 남자 말고 여사원은 어떻겠습니까? 괜찮은 사람이 하나 있는데…."

"미국에서야 어디 남자, 여자 따지나? 그런 것 난 상관 안하니 좋은 사람 있으면 추천하라고."

"예! 알겠습니다."

나는 박람회로 어느 정도 우리 제품의 광고가 된 이상 지금이야말로 본격적이고 체계적인 판매망을 구축해야 할 때라고 생각되어 강진원의 말을 따르기로 했다. 지난번에 문용준이 갑자기 회사를 그만두는 바람에 비어 있던 세일즈맨의 자리를 하루 빨리 누군가가 메워주고 회사가 정상적으로 돌아가도록 하는 것이 급선무였다.

"사장님 전에 말씀 드렸던 그 직원이 면접 보러 왔습니다."

"그래? 들어오라고 하지."

며칠 후 강진원은 한 여성을 데리고 와서 소개했다.

"안녕하세요? 나윤정이라고 해요."

"그래요, 나윤정 씨…. 올해 대학을 졸업했다고요? 대학에서는 뭘 전공했나요?"

"네…, 나 비즈니스 공부했어요."

"한국말이 서툴군요?"

"네, 여섯 살 때 이민 와서 한국말 잘 못해요."

"그래요? 그럼 우리 회사나 제품에 대해서 뭘 좀 알고 있어요?"

"네, 대강은 들어서 알고 있어요. 내가 하고 싶었던 일이에요."

"좋아요, 나윤정 씨. 그렇다면 어디 한번 같이 일해봅시다."

그녀는 한국말이 다소 서투르긴 했지만 발랄하고 자신감이 넘치는 게 마음에 들었다. 전형적인 미국식으로 자랐다는 느낌을 주는 그녀가 왠지 딸같이 느껴져 나는 그녀를 믿어 보기로 결정했다.

다행히 이제 회사는 활기를 되찾아 가고 있었다. 박람회 덕분인지 제품에 대한 인지도도 상당히 높아졌고 찾는 이들도 제법 많아지고 있었다. 나는 이제야 회사가 자리를 잡아가는구나 생각하며 안도의 한숨을 내쉬었다.

이제 미국 쪽의 세일즈는 직원들에게 맡기고 나는 한국의 공장을 둘러보고 제품에 대한 관리도 한번쯤 필요할 것 같다는 생각을 했다. 그리고 차일피일 미루어 왔던 가족들을 데려오는 문제도 이 기회에 완전히 매듭을 지어야겠다고 결심하고 한국 출장 준비를 서둘렀다.

"강 부장, 내가 2, 3일 후에 한국에 나가려고 하는데 그동안 여기 일 좀 잘 부탁해."

"사장님, 갑자기 웬 출장입니까?"

"한국에 가서 공장도 좀 둘러보고 제품 생산 문제랑 운영 자금 문제를 협의해야 될 것 같아서 그래. 개인적으로 알아볼 일도 좀 있고…."

"예! 그럼 염려 마시고 다녀오십시오."

나는 사무실의 모든 일을 부장으로 진급한 강진원에게 맡기고 한국행 비행기에 올랐다.

'이게 도대체 얼마만이지….'

정말 감회가 새로웠다. 벌써 지난번에 다녀간 뒤로 1년이라는 세월이 훌쩍 지나버렸다. 갑자기 사랑하는 아내와 가족들의 얼굴이 눈앞에 아른거렸다.

'요즘같이 별 걸 다 만들어내는 세상에 어디 2~3시간 만에 한국과 미국을 왔다 갔다 할 수 있는 비행기는 안 만드나?'

일각이 여삼추 같은 지루한 시간이 지나고 곧 김포공항에 도착한다는 기내 방송이 흘러나오자 나는 비행기 창밖으로 서울을 내려다보았다.

'이게 바로 내 고향 내 조국인데….'

구름 사이로 보이는 낯익은 도시의 모습에 나는 왠지 모를 씁쓸함이 가슴에 사무쳤다.

공항에 도착한 후 나는 전화도 하지 않고 곧장 집으로 향했다.

아파트에 도착해서 초인종을 누르니 막내 유선이가 인터폰으로 내 목소리를 확인하고는 놀라서 뛰어 나왔다. 그런 어린 딸의 모습을 보니 그제서야 정말 내가 한국에 돌아 왔구나 하는 걸 실감할 수 있었다.

"그래, 유선이구나. 우리 딸 그동안 잘 있었어?"

"아! 아빠! 언제 왔어요?"

"지금 막 왔지. 자, 아빠 뽀뽀."

나는 유선이를 들어 올리고는 뽀뽀해 달라고 볼을 들이밀었다. 아이도 내가 돌아온 것이 좋은지 연신 헤헤거리며 내 볼에다 '쪽' 하고 뽀뽀를 해주었다.

"엄마는?"

"엄만 지금 가게에 계세요."

"그래? 그럼 아빠가 가게로 전화를 하지 뭐. 우린 어서 들어가자. 아빠가 우리 유선이 주려고 선물 사왔지."

"와! 신난다. 우리 아빠 최고!"

나는 신나서 손뼉을 치며 좋아하는 아이를 안고 집 안으로 들어갔다.

"여보! 나 지금 막 집에 도착했어. 우리 유선이랑 당신 기다리고 있을 테니까 빨리 집으로 들어오라구."

가게로 아내에게 전화를 걸어 깜짝 놀래켜 주려고 했던 나는 의외로 담담한 아내의 반응에 뭔가 심상치 않은 예감을 느꼈다. 그러고 보니 유선이의 행동도 전같지 않은 구석이 있는 것도 같왔다.

잠시 후 아파트 현관문이 열리면서 아내가 들어섰다.

"아니, 연락도 없이 당신이 웬일이세요."

아내는 들어서자마자 반갑다는 인사 한마디 없이 정색을 하고 물었다.

"아니, 그게 무슨 소리야. 언제 내가 번거로운 것 좋아했나? 그저 회사 일로 바쁘게 왔다 갔다 하다 보니 그렇게 된 거지. 그리고 당신이랑 아이들을 깜짝 놀래주려고 아무 말 안한 거야. 근데 당신은 내가 온 게 기쁘지 않소? 어떻게 사람이 빈 말로라도 잘 왔다는 말 한마디가 없어? 내가 영 남의 집에 잘못 찾아온 것 같잖아."

아내는 아무 말도 안 하고 나를 묵묵히 바라보고만 있었다. 하지만 그날 저녁 나는 아내의 변한 모습을 보게 되었다.

"여보! 나, 이제 당신과 더 이상 살 자신이 없어요."

"아니! 그게 무슨 소리야?"

"나 그냥 지금처럼 유선이랑 둘이서 자유롭게 살고 싶어요. 우리 그만 이혼해요."

난 그저 아무 말도 못하고 멍하니 아내의 얼굴을 바라보았다. 바로 이런 경우를 두고 마른 하늘의 날벼락이라고 하는 것 같았다. 어려웠던 회사의 위기를 간신히 넘기고 이제 가족들을 미국으로 데려갈 꿈에 부풀어 있던 내게 아내의 말은 꿈에도 생각지 못했던 청천벽력이었다.

"여보! 언제 당신이 자유롭지 못했소? 나는 그래도 당신과 결혼한 후 여태껏 당신에게 하느라고 한 것 같은데 도대체 갑자기 이혼 얘기를 꺼내는 정확한 이유가 뭐요?"

"그렇게 말씀 하시면 할 말은 없어요. 그동안 저에게 잘 해주신 것 저도 잘 알고 있고 그건 고맙게 생각해요. 이유는 더 묻지 마시고 여기 재산은 집이랑 가게 처분해서 반씩 나누도록 해요."

"아니, 누가 지금 재산 분배 얘기하자고 그랬소? 도대체 왜 그러는지는 잘 모르겠지만 어쨌든 이혼은 절대 안 돼. 그리고 내가 지금 회사 일로 출장온 거라서 처리할 일도 있고 또 생각할 시간도 필요하니 이 문제는 일주일 후에 다시 상의합시다."

나는 아내가 지금 뭔가 잘못 생각을 하고 있는 거라고 위안을 삼으면서 일주일의 시간 여유를 주면 혹시나 마음을 달리 먹지 않을까 하는 일말의 희망을 가져 보았다.

'다른 애들이야 이제 다 컸다고 해도 우리 유선이를 생각해서라도 절대 헤어지는 것만은 막아야 해. 비록 그 길이 힘들고 어렵더라도 그게 그 애를 맡아 기르기로 한 우리들의 책임이야…'

나는 대구에 있는 공장으로 가기 위해 열차를 타고서도 내내 그 생각에 매달렸다. 만약 이번에도 잘못되어 우리가 헤어지게 된다면 그건 우리 가족 모두에게 씻을 수 없는 상처가 될 것이 분명했다. 나로서도 전 부인이 다른 남자를 만나 가정을 버리고 도망갔던 사실을 견디기 힘들었지만, 위의 두 아이들로서도 친엄마에 이어 새엄마까지도 그들을 버린다면 그 마음의 상처란 이루 말할 수도 없을 것이었다.

 그리고 유선이를 생각해봐도 친부모에게서 버림받고 이제 겨우 우리 식구로서 정을 붙이기 시작했는데, 이제 다시 엄마 아빠가 헤어진다면 그것은 그 어린 아이에게는 너무나도 가혹한 현실이 될 것이었다.

 이런저런 생각을 하니 머리도 아프고 괴로웠다. 아내의 변한 모습을 다시 한 번 떠올려 보았다. 어찌 보면 지난번 부인이 밟았던 전철을 지금의 아내가 그대로 밟고 있는 것도 같았다. 그때도 내가 이란에서 해외 근무를 하고 있는 동안 아내의 마음이 서서히 다른 곳으로 옮겨 갔던 것인데 이번에도 내가 미국에서 가족들과 떨어져 있는 사이에 아내의 마음에 변화가 생긴 것이 분명했다.

 어쩐지 요즘 들어 아내가 내게로 전화를 걸어오는 일이 눈에 띄게 줄어들었는데도 내가 왜 그 사실을 이상하게 생각하고 낌새를 눈치채지 못 했었는지 이해가 가지 않았다.

 '눈에서 멀어지면 마음까지 멀어진다고 이래서 가족들은, 특히 부부는 떨어져 살면 안 되는 건데…. 결국은 또 모든 것이 내 탓이군….'

 나는 상황을 이렇게까지 몰고 간 현실을 원망하다가 결국은 모든 것이 내 탓이라고 생각되어 가슴을 치며 후회했다.

 한 번 결혼에 실패했었기에 이번만은 잘해보려고 그동안 나름대로 얼마나 애를 쓰며 살았었던가…. 그 노력의 끝이 고작 이거였나 생각하니 가슴이 미어져 왔다.

같은 실수를 두 번 반복하지 않기 위해서 전처에게라면 하나만 주었을 것을 열을 주어서라도 마음을 잡아두려 했었는데, 그녀에게는 그것도 항상 부족하게 여겨졌던 것 같다.

나는 여태껏 두 번의 이혼만은 절대 안 된다는 강박관념 속에서 무엇이든 그녀가 하자는 대로 양보하며 살아왔고, 집안의 대소사를 모두 그녀의 결정에 따라 행해 왔다. 심지어 그녀의 환심을 사려고 처가에 쓰지 않아도 되는 신경을 쏟아왔고, 전처의 아이들에게 마음대로 용돈 한 번 넉넉히 주지 못하면서까지 아내의 눈치를 봐가며 가정에 불화가 생기지 않도록 노력해 왔다고 자부할 수 있다.

화목한 가정을 이루기 위해서는 어느 한 사람이 전적으로 양보하고 이해하며 살아야 한다고 생각했기에 무조건 그녀의 의견에 따랐고 항상 사랑한다, 미안하다는 말을 입에 달고 살다시피 했는데도, 그녀는 이렇게 쉽게 이혼이란 말을 입에 담으며 내 가슴에 못을 박고 있었다.

13

 내 고향, 내 조국, 내 가족을 자의 반 타의 반으로 등지고 미국 땅에서 홀로 가슴을 치며 고통 받기를 2년여 동안 계속하던 어느 날이었다. 낯선 사내에게서 걸려온 전화를 받은 나는 실로 오랜만에 감격의 눈물을 흘렸다.
 "김 사장, 그동안 고생 많았소. 이제 어느 정도 사태가 진정되었으니 가족들을 만나러 잠시 한국에 들어오는 정도는 무방하오. 그 대신 아직 이곳에서 활동을 시작하는 건 안 됩니다. 미국에서의 입국 금지령은 풀렸지만 아직 기소중지 중이니 그리 알고 고국에 한 번 다녀오고 싶다면 와도 좋소."
 그때 토지 사기사건에 연루된 이후 정부에서는 사건의 진상을 은폐하기 위해 내가 미국에 도피해 있는 것을 눈 감아 주는 조건으로 입국 금지령을 내렸다. 덕분에 2년여가 넘도록 나는 가족들을 만나러 고국 땅을 밟는 것조차 허락되질 않았었다.

그러니 완전 귀국은 아직 안 된다 하더라도 한국에 가볼 수 있게 된 것 만으로도 내겐 얼마나 반가운 소식인지 몰랐다. 나는 전화를 받자마자 서둘러 비행기에 올랐다.

실로 2년여 만에 밟아보는 고향 땅이었다. 겨우 2년 만인데도 이렇게 감개가 무량한데 몇 십 년씩이나 고향 땅과 고국을 찾지 못하는 사회주의 국가나 북한에 살고 있는 동포들의 심정은 얼마나 답답할까? 나는 이제야 겨우 그들의 심정을 조금이나마 알 것 같았다.

오랜만에 만난 아내와 아이들, 가족들의 얼굴이 그렇게나 반가울 수가 없었다. 아무나 붙잡고 얼싸안고 눈물을 흘리고 싶은 충동을 가까스로 참으면서 우리는 모두 함께 집으로 향했다.

"고모부 오셨다면서요?"

집에 도착해서 도란도란 이야기꽃을 피우고 있으려니 조금 있다가 처남댁이 들어서면서 반가운 목소리로 물었다.

"아이구, 어서 오세요. 정말 오랜만이죠?"

"고생 많으셨죠, 고모부?"

"고생이야 여기 있는 식구들이 더 많이 했죠. 저야 혼자 몸이니 아무렇게나 지내도 되지만….."

"그래 미국은 어때요? 말처럼 그렇게 살기가 좋은 곳인가요?"

"젊은 사람들 살긴 좋지요. 자기 능력껏 도전해볼 것도 많고 또 여러 가지 제도가 잘 돼 있는 선진국이니까요."

"저… 제가 부탁하나 드려도 될까요?"

"뭔데요? 제가 할 수 있는 일이라면 도와드리죠."

"고모부께서는 가능하실 거예요."

"원 별 말씀을…."

"실은 내 동생이 필리핀에서 의학 공부를 하고 왔는데 한국에서는 받아주는 데가 없어서요."

"하긴 여긴 지연이나 학연이 없으면 힘들죠. 돈이나 권력이라도 있으면 모를까…. 알겠습니다. 그럼 한번 미국으로 와 보라고 하십시오."

"정말 고맙습니다. 고모부만 믿고 있겠어요."

10여 일 간의 짧은 휴가나 다름없는 고국 나들이였지만 나는 그동안 많은 것을 깨달았다. 비록 내가 떠나 있었지만 건강하고 당당하게 살고 있는 가족들의 모습을 보니 안심도 되고 미국이면 어떻고 아프리카면 어떤가 어딜 가서든 내가 할 일이 있고 가족들이 행복하면 되지 하는 생각도 들었다.

"고모부 안녕하세요. 미국엔 잘 도착하셨어요?"

"예, 덕분에 잘 왔습니다. 고맙습니다."

"저희 동생이 내일 그곳에 간다는데 잘 부탁드립니다."

"걱정 마십시오. 힘닿는 데까지 노력을 해보도록 하죠."

다음날 처남댁의 동생이 내가 살고 있는 곳으로 찾아 왔다.

"저, 말씀 많이 들었습니다. 저는 이현수라고 합니다. 앞으로 형님이라고 부를 테니 잘 부탁합니다."

그러면서 그는 대뜸 내게 형님 소리를 했다. 엄밀히 따지자면 내게는 처남의 처남이니 사돈 간이 되는 사이였다. 게다가 내 아들 딸 나이 정도밖에 안 되는 청년으로부터 형님 소리를 듣고 보니 좀 기가 막혔지만 좋은 게 좋은 거라고 나는 그러라고 했다.

"내가 그동안 좀 알아봤는데 지금부터 부지런히 이력서 작성해서 자네가 원하는 병원에 보내 보게. 내년에 필요한 사람을 지금부터 선정해 둔다니 빨리 서두르는 게 좋겠어."

"예! 형님. 고맙습니다."

"그리고 이 집에서 나 혼자 살고 있으니 불편하지 않으면 함께 있어도 좋아."

"그렇게 하겠습니다, 형님."

이곳저곳 인터뷰를 다녀와서 사돈 처남은 나에게 상황 설명을 했다.

"여러 곳을 다녀 봤는데 마음에 드는 곳이 서너 군데 있어요. 아무래도 그곳들 중에서 한 군데를 정해야 될 것 같아요, 형님."

"그래, 잘 생각해서 결정하도록 해."

"예, 형님. 그런데 저 영주권 좀 알아봐 주세요."

"영주권? 왜, 영주권이 필요하니?"

"예. 제가 서울에서 사귀던 아가씨가 하나 있는데 동성동본이라 집에서 결혼을 반대하거든요. 아무래도 미국은 그런 것을 따지지 않으니까 이곳에 데려와서 결혼하려구요. 게다가 영주권이 없으면 2년 후에 공부를 중단하고 일단 한국으로 돌아갔다가 다시 오든지 해야 되거든요. 어떻게 좀 형님이 알아봐 주세요."

"그래 사정이 그렇다니 내가 한번 알아보도록 하지. 돈이 얼마나 들지…."

그의 말대로 사돈 처남에게는 영주권이 필요했다. 물론 주마다 법이 약간씩 다르기는 하지만 대개 관광 비자로 미국에 와서 취업하는 것은 불법이고, 서울에서 사귀었다는 아가씨에 대한 마음도 쉽게 바꿀 수 없는 것 같아 보여 그가 한시라도 빨리 영주권을 받을 수 있도록 알아봐 주어야겠다는 생각이 들었다.

여기저기 알만 한 사람들에게 수소문해본 결과 얼마 후 미국 친구에게서 지정한 변호사에게 신청을 하라는 연락이 왔다.

"이봐, 현수. 영주권 구하고 싶으면 신청하라고 연락이 왔는데 어떻게 할까?"

"그래요? 형님 정말 고맙습니다. 그리고 이왕 수고해 주신 것 서울 저희 아버님에게 말씀 좀 잘 해주셔서 돈 좀 많이 탈 수 있게 해주시고 하루라도 빨리 영주권 신청하게 해주세요."

사돈 처남은 마치 어린 아이처럼 나를 졸랐고, 나는 부모가 반대하는 사람과 사랑 하나만 가지고 끝내 결혼하겠다는 젊은 사람의 마음이 가상해서 그를 이해해 주기로 하고 결국 서울에 전화를 걸어 주었다.

"여기 미국인데요, 현수 군 아버님 계십니까?"

"예, 접니다."

"안녕하십니까? 저는 현수 군을 데리고 있는 사람인데요. 현수 군이 여러 문제로 영주권이 필요해서 신청하려고 하는데 돈이 좀 필요합니다."

"아! 그렇습니까? 그러시다면 그렇게 해야죠."

나는 사돈 처남의 편에 서서 그의 아버지를 설득해 주었고, 결국 내 노력 덕분에 그는 아버지로부터 넉넉한 자금을 타내고 결혼 승낙도 받을 수 있었다.

그러던 어느 날 아파트에 살고 있는 한국 여자 분이 우리를 찾아 왔다.

"안녕하세요?"

"어서 오십시오"

"남자 분들끼리만 사시는 재미가 어떠세요?"

"괜찮습니다만 그게 왜 궁금하십니까?"

"나이 드신 분이야 괜찮을지 몰라도 젊은 사람 말이에요."

"허허! 벌써 내가 늙은이 취급을 받나요?"

"죄송해요. 그런 뜻이 아니고 중국에서 내가 아는 아가씨가 왔는데 심심해하는 것 같아서 데리고 왔거든요."

"아! 그래요? 그럼 현수 자네 영어 잘 하니 둘이 친구나 하지?"

나는 그 아주머니의 옆에 서 있는 젊고 예쁘게 생긴 중국인 아가씨를 쳐다보며 사돈 처남에게 말했다.
 그는 그제서야 아가씨에게 "헬로우" 하며 영어로 인사를 건넸고, 그러자 아가씨도 빙그레 웃으면서 영어로 대답하였다. 젊은 사람들이 다 그런 건지, 사회가 그래서 그런 건지 그들은 불과 10여 분 만에 대화가 통하는지 연신 웃음꽃이 피었다. 이윽고 두 사람은 잠시 나갔다 오겠다며 자리를 떴고, 그렇게 나간 사돈 처남은 새벽 2시가 되어서야 돌아왔다.
 "그렇게 재미있었나? 이렇게 늦게까지 있다니…. 앞으로는 늦게 다니지 말게. 이곳에는 안심하고 다니지 못하는 지역도 꽤 있거든…."
 오히려 내 자식의 경우보다 더 걱정이 앞섰다. 괜히 남의 집 귀한 아들이 잘못 되면 어떻게 하나 하는 노파심까지 생겨 더 그랬다. 하지만 그는 나의 이런 마음을 아는지 모르는지 매일 밤늦게까지 그 아가씨와 함께 다녔다. 그토록 죽고 못 살겠다던 서울의 아가씨는 아예 잊어버린 듯이….

 그렇게 몇 개월이 흘렀다.
 "형님! 저 동부 쪽의 병원으로 결정했습니다."
 "그래? 잘됐군."
 그동안 그와 함께 지내며 마음을 졸이던 내게는 그가 아무 일 없이 무사히 떠나게 된 것이 섭섭한 마음에 앞서 홀가분하게 느껴졌다.

"형님! 저 그 중국 아가씨와 결혼하기로 했습니다."

그 말을 듣자 나는 기가 막혀 한동안 말을 할 수가 없었다.

"뭐? 그 중국 아가씨와 결혼을 해? 자네가 그 아가씨와 만난 지가 몇 달이나 되었다고, 자네가 그 아가씨에 대해 뭘 얼마나 알고 있는지는 모르겠지만 너무 성급한 결정 아닌가?"

"어때요, 서로 좋아하는데요. 이미 동부에 함께 가려고 비행기 예약까지 했습니다."

"그래? 그럼 자네 부모님께는?"

"나중에 천천히 말씀 드리죠, 뭐."

아무렇지도 않게 얘기를 하는 그를 보면서 나는 아무리 세상이 변했다지만 이렇게까지 변했나, 아니면 내가 너무 뭘 모르는 건가 싶어 황당하기만 했다. 불과 얼마 전까지만 해도 집에서 반대하는 아가씨를 미국으로 데려와서 함께 살겠다고 돈 주고 영주권까지 신청한 사람이 그새 다른 여자를 만나서 그토록 짧은 시간에 마음을 바꾸다니…. 도무지 가정교육이 잘못된 것인지 사회가 그렇게 돌아가는 건지 이해가 가질 않았다.

아무튼 일이 어떻게 돌아가고 있는 건지 사정을 알아봐야겠다는 생각에 옆집의 아주머니를 찾아가 그 중국 아가씨에 대한 자세한 이야기를 들었다. 자초지종을 듣고 보니 더욱더 기가 막혔다. 그 아가씨는 중국의 좋은 집안 딸인데 어떻게 하다 보니 21살에 아들을 낳게 되었다고 했다. 그 아들은 그녀의 집에서 키워 주고 있으며, 그녀는 곧바로 미국으로 유학을 온 것이라 했다. 그리고 몇 달 전에 만난 현수와 결혼을 하기로 했다고 중국 자기 집에 연락하는 것을 며칠 전에 들었노라고 아주머니는 말했다.

그녀의 말을 듣고 나자 나는 머릿속이 텅 비는 것 같은 느낌을 받았다. '만약 이 경우 내 아들이 이랬다면 과연 나는 어떻게 할까?' 고민 속에서 하루를 보낸 나는 사돈 처남이 돌아오기를 늦도록 기다렸다. 이윽고 새벽 4시가 되어서야 겨우 그는 집에 들어왔다.

"자네, 그 아가씨에게 아홉 살 난 아들이 있다는 걸 알고 있었나?"

"예! 알고 있었습니다."

"그럼 그 아들은 어떻게 할 셈인가?"

"데려다 함께 살기로 했습니다."

"그래? 그럼 결혼을 하겠다고 하면 자네 부모님께서 허락하실 것 같은가?"

"쉽진 않겠지만 설득해 봐야지요."

"현수, 자네가 아무리 경험이 없는 철부지라고 하지만 도대체 자네가 뭐가 부족해서 아들이 딸린 여자와 결혼을 해? 그것도 한국 여자도 아닌 중국 여자하고? 내가 자네 부모라고 해도 결사적으로 반대할 거야."

"……."

그는 내 충고에 아무런 대꾸도 하지 못했다. 결국 그는 내 말대로 그 결혼 이야기는 없던 것으로 하기로 결정했다. 물론 내가 바라던 바이긴 했지만, 그의 사람됨에 또 한 번 실망해서 씁쓸한 기분이 드는 것은 어쩔 수가 없었다. '내가 또 사람을 잘못 보았군' 하는 생각이 자꾸만 들었다. 책임지지 못할 일을 저질러 놓고도 언제든지 자기 편리한 대로 마음을 바꿔버리는 태도가 너무나도 뻔뻔스럽게 느껴졌고, 그럴수록 가정교육의 중요함을 뼈저리게 느끼게 되었다.

또 시간은 흘러 그렇게 함께 지내게 된지 10여 개월 만에 그는 동부의 한 대학 병원에 레지던트 과정으로 가게 되었다.

"형님, 이제 몇 년간은 한국에 못 나가게 될 것 같으니 일 시작하기 전에 잠깐 다녀오겠습니다."

"그렇게 하지."

그렇게 한국에 다니러 갔다 오던 그는 공항에서 입국 심사를 받던 도중 이민국 직원의 심문에 걸렸다.

"당신 의사면서 왜 자꾸 여기에 드나드는 거요? 목적이 뭔지 밝히시오."

그런데 이 친구가 필리핀에서 공부를 해서 영어를 좀 할 줄 안다고 이민국 직원이 자꾸 귀찮게 캐어물으니 홧김에 미국 병원에 취직했다고 대답했다고 했다. 일을 저지르고 나서야 자신이 뭘 잘못했는지를 깨달은 그는 내게 달려와 하소연을 했다.

"형님, 나 이민국에 출두해야 해요."

"왜? 또 무슨 일 있었나?"

"예. 자진 출두 하든지 재판을 받으랍니다."

그는 관광 비자를 소지한 채로 취업을 했기 때문에 이민법을 위반했던 거였다.

"그래. 그럼 일단 한국으로 들어가게. 내가 아는 데까지 알아보고 나서 연락해줄게."

"병원에 출근해야 하는 날이 15일밖에 안 남았습니다."

"그래. 무슨 얘긴지 알았으니 우리 같이 최선의 방법을 찾아보자구."

그를 한국으로 돌려보낸 나는 서투른 영어로 이민국에 있는 친구를 찾아가 만났다.

"한국 사람들은 너무 잘난 척을 잘해서 그게 문제라니까."

그는 내 이야기를 다 듣고 나더니 혀를 끌끌 차면서 은근히 핀잔을 주었다.

"미안하네. 무슨 방법이 없겠는가?"

"좋아. 미스터 김 자네는 다른 한국 사람들과 다른 구석이 있어서 특별히 내가 가르쳐주는 거야."

그러고 나서 그는 나에게 한 가지 방법을 일러 주었다. 나는 곧 서울로 전화를 걸었다.

"현수 자네 내 말 잘 듣게. 이곳으로는 오지 말고 다른 주로 오는데 오늘로부터 3일 이내에 와야 해. 다른 건 내가 다 알아서 해두었으니 그리 알고 빨리 출발하도록 하지."

그렇게 해서 그는 무사히 병원 근무를 시작하게 되었다.

"형님 쓸쓸해서 죽겠어요."

출근한 지 며칠 만에 그에게서 전화가 왔다.

"응, 그럴 거야. 장가 들 나이가 되었으니 그럴 법도 하지. 조금만 기다려봐. 내가 좋은 신붓감 있으면 얼른 중매해줄 테니."

"정말요, 형님? 제발 그렇게 좀 해주세요."

어찌 되었건 간에 전에 그의 결혼이 성사되지 못한 데에 일말의 책임을 느끼고 있던 나는 그 일에 책임이라도 져야 되는 사람처럼 부지런히 그의 신붓감을 찾아 다녔다. 마치 내 며느릿감이라도 얻어야 되는 것처럼 동분서주하면서 만나는 사람마다 좋은 아가씨 있으면 소개하라고 알리고 다녔다. 그런 보람이 있었는지 얼마 있지 않아 아는 사람에게서 연락이 왔다.

"김 사장님, 요즘 신붓감을 고르고 다니신다면서요?"

"그걸 어떻게 아셨습니까?"

"이 사장한테서 들었습니다. 저한테 딸이 하나 있는데 요즘 결혼시키라고 여기저기서 중매가 들어옵니다. 그런데 제가 저번에 그 사돈 처남을 한 번 봤지 않습니까? 마음에 들어서 그러니 중매 좀 하십시오."

"그래요? 그럼 일단 한번 만나봅시다."

그렇게 해서 만나게 된 두 사람은 얼마 후 약혼 날짜까지 잡게 되었다.

"이봐, 현수. 그런데 그 아가씨가 시민권자야, 영주권자야?"

"왜요? 형님."

"그 아가씨가 영주권자면 괜찮은데 시민권자라면 처리해야 할 일이 좀 많아서 복잡하잖아?"

그 당시에 그 사돈 처남은 중간에 공부를 중단할 수가 없어서 영주권을 신청하기 위해 정식으로 이민 절차를 밟고 있었다. 그가 가지고 있던 비자는 2년 후에 다시 한국에 나와서 2년을 근무하고 들어와야 하는 조건부 비자였기 때문에 정식 이민 절차를 밟지 않는 이상 한 곳에서 계속 근무할 수가 없었다.

"하긴 그렇네요. 제가 확인해 볼게요, 형님."

하지만 그 두 사람의 인연은 거기까지 뿐이었는지 약혼을 불과 이틀 남겨 두고 둘은 파혼을 하게 되었다. 그동안 교제를 해보면서 느낀 거지만 아무래도 성격이 맞지 않는 것 같다는 신부될 아가씨의 일방적인 통고로 인한 것이었다. 그 일로 상심해서 울먹이며 나를 찾아온 사돈 처남에게 나는 따끔하게 충고를 했다.

"내가 그동안 말을 안 하고 있었다만 일이 이왕 이렇게 되었으니 한마디 하겠네. 자네가 아직 약혼도 하지 않은 사이에 그 아가씨 집에 가서 며칠씩이나 지내고 오고 했으니 그쪽에서 보면 예의에 벗어나도 한참 벗어난 행동이었어. 이번 일이야 기왕지사 이렇게 됐으니 할 수 없는 일이고 다음번에라도 또 이런 일이 없도록 주의하게."

말로는 이렇게 야단을 쳤지만 어깨가 축 처져서 상심하고 있는 그를 보니 참 난감했다. 여기 교포 사회야 워낙 바닥이 좁아 서로가 빤할 텐데 이제 이곳에 첫 발을 내디딘 사람이 시작에서부터 문제가 생겼으니 그 심정이야 오죽하겠나 싶었다.

아무래도 한국으로 돌아가야 될 모양이라는 그의 힘없는 말에 나도 마음이 아파오는 걸 어쩔 수 없었다.

"자네 아직 휴가가 며칠 남았으니 집에서 푹 쉬면서 마음을 안정시키게. 내가 전에 보아 두었던 아가씨가 또 있으니 기왕 여기 왔고 시간 있는 김에 한 번 만나보고 가도록 하지."

나는 될 수 있는 한 그의 마음을 편하게 해주려 애를 썼다. 지금은 사업이 문제가 아니었다. 젊은 사람이 어깨를 늘어뜨리고 있는 것이 하도 안 돼 보여서 너무 상심하지 않도록 해주려 나는 이곳저곳을 동분서주 했다.

"이봐, 현수. 내일 한 아가씨 하고 만날 약속을 잡아 놨어. 이번에는 저번처럼 서두르지 말고 차근차근 살펴보고 결정하도록 해."

"형님, 정말 고맙습니다."

이번에는 그가 젊은 혈기에 너무 쉽게 생각하고 경거망동해서 일을 그르치는 경우가 생기지 않도록 내가 옆에서 지켜보기로 했다. 그러자면 처음부터 정식으로 예의를 갖추고 만나는 것이 좋을 것 같아서 아가씨의 부모님들과 나 그리고 중매인이 대동한 채 본인들이 한국식의 맞선을 보도록 자리를 만들었다.

"그래, 아가씨가 맘에 들었나?"

그날 밤 늦게까지 데이트를 하고 들어온 그에게 물었다.

"예! 형님. 신경 써주셔서 여러모로 정말 고맙습니다."

"자네 마음에 들었다니 그럼 부모님께 연락해서 직접 와서 보시고 결정하시라고 하겠네. 이번에는 지난번처럼 자네 마음대로 행동하지 말고 모든 절차를 어른들이 하라고 하시는 대로 따르게. 그동안 자네는 병원으로 돌아가서 그 아가씨가 정말 배우자로 괜찮겠는지 이모저모 잘 생각해보기나 하지."

"예, 형님 말씀대로 따르겠습니다. 그럼 오늘 떠날게요. 안녕히 계십시오."

하지만 그날 밤 병원이 있는 동부로 떠난다며 내게 정중히 인사까지 하고 집을 나선 그가 이틀이나 지나서야 돌아갔다는 소식을 며칠 후에 우연히 듣게 되었다.

"요즘 젊은 애들이 다 그렇지. 별 수 있는 줄 알아?"

내게 그 소식을 전해준 친구가 젊은 애들 일에 너무 참견해 봤자 좋은 꼴 못 본다며 핀잔을 주었다. 그래도 내 딴에는 동생 같기도 하고 자식 같기도 해서 그렇게 일러준 건데… 그의 행동에서 나는 왠지 모를 배신감을 느끼며 쓸쓸해 했다.

얼마 후 한국에서 그의 부모님들이 건너 오셨다.

"안녕하세요? 오시느라고 힘드셨죠?"

나는 공항에서 만난 그의 부모님께 먼저 인사를 건넸다.

"아이구, 안 그래도 자식 놈이 신세를 많이 지고 있다던데 저희들까지 번거롭게 해드려서 죄송합니다."

"별말씀을 다 하십니다."

"이번 아가씨는 어떤가요?"

"이상하게도 저번 아가씨와 성이 같습니다. 둘 다 안 씨에요. 나이는 그 아가씨보다 한 살이 많고 같은 고등학교를 나왔답니다."

"그래요? 참, 그리고 먼저 번 아가씨와는 완전히 끝난 겁니까?"

그의 부모가 걱정스러운 듯이 조심스럽게 내게 물어 보았다.

"예. 제가 확인했습니다."

"사실은 지난번 그 아가씨와는 궁합이 안 맞아서 결혼은 안 된다고 반대를 했더니만 그 아가씨랑 결혼을 못하게 되면 깜둥이랑 결혼을 하겠다고 하도 난리를 쳐서 할 수 없이 승낙을 했었거든요. 어떻게 만나는 여자마다 그렇게 문제가 많은지…. 이번에는 괜찮아야 할 텐데…."

"그런 일이 있었군요? 그럼 저한테 연락을 주시지 그러셨어요."

나는 속으로 역시 요즘 젊은 애들은 어쩔 수가 없나 보다 하고 생각했다.

"너무 죄송해서 못했습니다."

"이번에는 제가 현수 군에게 단단히 일러두었습니다. 어른들이 결정하는 대로 따르기로 약속했으니 부모님이 잘 보시고 최종 결정을 하십시오."

"예. 그래야죠."

"그 아가씨 부모님들이 골프를 좋아하니까 함께 골프 치시면서 부모님들과도 사귀어 보시고 아가씨도 자세히 살펴본 다음에 결정하시죠."

나는 마치 내 일이라도 되는 것처럼 그 아가씨와 그 집안에 대해 들은 대로 자세히 일러 드렸다.

며칠이 지났다. 나는 다시 그의 부모님에게 물어보았다.

"어떻습니까? 그동안 지켜보시니 그 아가씨가 며느리 감으로 흡족하시던가요?"

"글쎄 며칠 지켜본다고 완전히 알 수야 없고, 어차피 젊은 애들 둘이서만 살 거니까 저희들만 좋다고 하면 그냥 결정할까 합니다."

"정말 잘 생각하셨습니다."

나는 진심으로 잘 되었다고 생각하며 기뻐했다. 하지만 그때 왠지 모를 이상한 예감이 나를 스치고 지나갔다. 그리고 그 예감은 하루도 안 돼 적중하고 말았다.

"우리 사돈 맺읍시다."

다음날 저녁식사 후 현수의 아버님이 웃으면서 먼저 말씀을 꺼내셨다.

"저는 내일 서울로 돌아갑니다. 그러니 약혼 날짜는 그 쪽에서 정해서 연락해 주시고 결혼식 날짜는 나중에 또 상의하도록 합시다."

"감사합니다. 그렇게 하시죠."

아가씨 부모도 기뻐하며 선선히 대답했다. 정말 양가가 모두

화기애애한 분위기였다. 그런데 그때 아가씨의 아버지가 불쑥 난데없는 이야기를 꺼냈다.

"우리 조카가 하나 있는데 미스터 리와 경우가 비슷했어요. 그런데 시민권이면 몰라도 미국에서 우리 같은 사람들이 영주권을 신청한다는 건 말도 안 되는 소리에요. 신청한다고 해도 나오지도 않는데 영주권 만들어 줍네 하고 다니는 건 다 사기꾼들이 하는 짓이라구요…."

나는 그의 말이 떨어지자마자 아연실색 할 수밖에 없었다. 도대체 이게 무슨 소린지도 모르겠고 내 자신이 지금 꿈속에 있는 건지 현실인지도 분간이 안 될 정도로 멍한 게 누군가가 뒤통수를 강하게 후려친 것 같이 심한 현기증이 일었다.

'도대체 저 사람이 지금 무슨 소리를 하고 있는 거지? 내가 현수의 영주권을 얻어 주기 위해 동분서주하고 있다는 걸 분명히 알고 있을 텐데 그럼 내가 사기꾼이라는 말 아닌가?'

옛 말에 물에 빠진 사람 건져 놓으면 보따리 내놓으라고 한다더니 지금 내가 꼭 그 짝이었다.

게다가 지금까지 날 은인처럼 여기고 있던 현수와 그의 부모님들의 눈빛에도 그 말을 듣고 나더니만 마치 내가 남의 등이나 후려 먹고 사는 사기꾼인 것처럼 의심하는 기색이 역력했다. 나는 너무나 기가 막혔다. 남의 일을 마치 내 일처럼 발 벗고 나서 애를 쓴 대가가 고작 사기꾼 취급이라니 도저히 더는 참고 앉아 있을 수가 없었다. 나는 자리를 박차고 일어섰다.

"아니 지금 말이면 다 한다고 누굴 사기꾼 취급을 하는 거요? 당신 말대로 하면 그럼 내 영주권과 가족들 영주권도 모두 가짜란 말이요?"

나는 조용하면서도 강한 어조로 그들에게 말을 하고는 그 자리를 떠났다. 하지만 등 뒤에서 들리는 작은 웅성거림은 내 가슴에 깊은 상처를 남기면서 따라오고 있었다.

내가 한국으로 출장을 떠난 후에도 미국에 남아 있던 직원들은 아무 무리 없이 활기차게 업무를 추진해가고 있었다. 내가 업무 대행을 맡겼던 강 부장은 앞으로 주문량이 늘어날 것에 대비해서 제품의 원가도 낮추어야 하고 세일즈맨도 충원해야 한다고 내가 돌아오면 보고할 서류들을 정리해 놓고 있었다.

"여기 사장님 어디 계세요?"

"어디서 오셨습니까?"

"이곳 사장님의 사돈 처남 되는 사람인데요."

"아, 그러십니까? 이쪽으로 앉으시죠."

강 부장은 그에게 의자를 권하면서 차 한잔 들겠냐고 물었다.

"차는 필요 없고 저기 있는 골프채가 제가 전에 맡겨 놓은 건데 지금 가지고 가겠습니다."

"그건 안 됩니다. 우선 우리가 댁이 누군지 잘 모르고 하니 사장님이 오시거든 그때 오셔서 가지고 가십시오."

"사장님이요? 그분 이제 한국에서 못 옵니다."

강 부장은 그 말을 듣고 깜짝 놀라서 물었다.

"아니, 왜요?"

"옛날에 사기사건에 연관된 일이 있었는데 빚쟁이들에게 잡혀서 출국할 수 없게 되었어요."

"예… 그럼 이 회사는 어떻게 되는 거죠?"

"그거야 내가 알 게 뭐요?"

말을 마친 그는 골프채를 집어 들더니 문을 꽝 닫고 사무실을 나갔다.

생각지도 못했던 얘기를 듣고 처음에는 좀 당황하던 강 부장은 곧 속으로 쾌재를 불렀다.

'그 말이 사실이라면 이제 이 제품들과 회사 물품들은 임자가 없는 거잖아? 제 발로 굴러 들어온 떡인데 안 먹을 사람이 어디 있어….'

강 부장은 머리를 빠르게 회전시키며 의미 있는 미소를 지었다.

나는 아내의 결별 선언을 듣고 난 이후로는 제정신을 차릴 수가 없었다. 회사 업무를 위해서 대구에 내려오긴 했지만 아무 일도 손에 제대로 잡히질 않아 뭘 하고 있는지도 알 수 없는 경우가 많았다.

나는 대구에서의 일을 서둘러 마치고 곧바로 다시 서울로 올라왔다. 우선 급한 대로 운영 자금 조달 협의를 대충 끝내고 나서 아내에게 전화를 걸었다.

"여보! 나요. 벌써 밤 11시나 됐는데 아직까지 가게 문을 안 닫았소?"

"아직 일이 덜 끝났어요."

"그런데 어째 당신 술 한잔 한 것 같아?"

"술 안 했어요."

"그런데 말 하는 게 왜 그래?"

"말이 어떤데요?"

"아무래도 당신 술 한잔 한 모양인데? 그곳이 음식점이지 술집은 아니잖소. 그리고 지금 시간이면 문 닫고 집에 들어가야 할 시간인데 지금 그러고 있어서야 되겠어?"

"나중에 얘기해요."

아내는 더 이상 대꾸하기도 귀찮다는 듯이 전화를 일방적으로 탁 끊어버렸다. 나는 속에서 부글부글 끓어오르는 것을 가까스로 참으면서 다시 수화기를 들었다.

"전화를 그렇게 끊는 사람이 어디 있어?"

"우리 이제 다 끝난 얘기잖아요. 더 이상 길게 끌지 말아요. 한 번 떠난 마음이 돌아오기가 어디 그렇게 쉽던가요?"

아내의 대꾸에 나는 힘없이 수화기를 내려놓았다. 그리고는 밤새도록 지나간 나의 삶을 돌이켜 생각해 보았다.

'다른 사람은 다 몰라도 당신만은 나한테 이럴 수가 없는데…. 당신만은 나한테 이러면 안 되는데…. 우리가 그동안 어떻게 살아

왔는데. 우리 딸 유선이는 앞으로 어떻게 하려고 당신이 나한테 이런 고통을 주는 거요!'

나는 너무도 고통스럽고 견디기 힘든 악몽에 시달려야 했다.

'여기서 이러고 있어봤자 별 수 없으니 하루 빨리 미국으로 돌아가자. 그리고 거기서 시간을 두고 천천히 생각해보자. 사업에 더 열중하고 최선을 다 해 노력하고 참고 인내하고 살다보면 언젠가는 아내의 마음도 다시 내게로 돌아오겠지…. 자신이 내 곁을 떠나버리면 더 이상 내겐 살아가야 할 아무런 의미도 남지 않는다는 걸 그녀도 잘 알고 있을 테니까….'

밤새워 고민한 끝에 내린 결론을 가슴에 안고 다음날 나는 쓸쓸히 김포공항으로 향했다. 돌아올 어떤 기약도 갖지 못한 채….

14

 일정을 앞당겨서 미국으로 돌아온 내게는 또 다른 문제가 기다리고 있었다. 미국에 도착한 다음날 연락도 하지 않고 내가 사무실에 출근을 하자 직원들은 아주 의아한 얼굴을 하고 나를 맞았다.
 "언제 돌아오셨습니까, 사장님?"
 강 부장이 사장실로 들어서면서 물었다.
 "지금 막 오는 길이야. 회사엔 별 일 없었지?"
 "예, 별로…."
 강 부장은 말꼬리를 흐렸다.
 "이거 돌아오자마자 또 자리를 비우게 돼서 미안한데 서너 군데 더 들릴 데가 있으니 저녁에 곧바로 2, 3일 출장을 좀 다녀와야겠어. 그러니 그동안에 있었던 일들은 급한 일 아니면 내가 다녀오거든 그때 보고하라구."

"예. 그런데 사장님은 절 못 믿으십니까?"

강 부장은 기분이 언짢은 듯 대꾸했다. 그때까지도 그에게서 아무런 눈치를 채지 못한 나는 대수롭지 않게 되물었다.

"그게 무슨 말이야 강 부장? 무슨 기분 나쁜 일이라도 있었어?"

"아무것도 아닙니다. 사장님께서 자꾸 무슨 일이 있었던 것처럼 말씀하셔서…."

도둑이 제 발 저린다고 강 부장은 평소와는 달리 말 한 마디에도 아주 민감하게 반응했지만 머릿속이 온통 아내와의 문제로 복잡하게 엉켜 있던 나는 아무 느낌도 받을 수 없었다. 내가 출장간 사이에 회사에서 일어났던 일 따위를 눈치 챌 마음의 여유가 나에게는 전혀 없었던 거였다.

그렇게 믿어 마지않던 아내의 마음마저 돌아서버린 지금 내게 남은 것은 일밖에 없다는 생각으로, 팔 수 있는 데까지는 팔아보려고 나는 시차에서 오는 피곤도 잊고 제품 판매 상담에 열을 올렸다. 하지만 그 일을 마치고 회사로 돌아왔을 때 나를 기다리고 있는 것은 썰렁하게 텅 빈 사무실과 창고에 쌓인 제품 몇 점뿐이었다.

남아 있는 직원이라고는 당분간 창고 관리를 맡아 해주고 있던 오 씨뿐이었다.

"오 형! 도대체 이게 어떻게 된 일입니까?"

"저도 자세히는 모르겠지만 사장님이 한국 출장간 사이에 사돈 처남 된다는 사람이 다녀갔어요. 그 사람이 사장님이 다시는 미국에 돌아올 수 없을 거라고 하고 간 뒤로 직원들이 술렁거리기 시작한 거 같아요. 게다가 강 부장하고 미스 나가 그렇고 그런 사이가 돼서 이번 기회에 둘이 작당을 하고 사무실을 들어 먹은 것 같아요. 엊그젠 미스 나 부모들이 찾아와서 둘을 찾아내라고 난리를 부리고 갔는데 아마 미국 법으론 문제가 안 된다나 봐요."

'정말 믿는 도끼에 발 등이 찍혀도 유분수지 어떻게 나에게만 번번이 이런 일이 생기나?'

나는 순간 내 자신이 숨을 쉬고 살아 있다는 사실이 너무나도 이상하게 느껴졌다. 오 씨가 내게 이 충격적인 사실을 자세히 설명해주고 있는 동안에도 내 귀에는 아무 말도 들리지가 않았고 머릿속엔 아무 생각도 없이 그저 멍하니 서 있을 뿐이었다. 아마 이런 경우를 두고 사면초가라 했는지도 몰랐다. 어느 순간 다리의 힘이 풀려 그 자리에 털썩 주저앉았다. 그리고는 얼마간의 시간이 흘렀는지 몰랐다.

"김 사장! 정신 차려요! 이럴 때일수록 더 정신을 바짝 차려야지. 이렇게 넋을 놓고 앉아 있으면 어떡합니까?"

하지만 내 몸을 흔들며 그가 하는 말소리가 내 귀에 들어와 그 말을 알아듣기까지는 상당히 긴 시간이 걸린 것 같았다.

도무지 이해가 안 가는 사돈 처남의 상식 밖의 행동도, 갑작스런 아내의 결별 선언과 함께 생각해 보니 어떻게 된 일인지 알만 했다. 나 모르는 사이에 이미 저희들끼리 나를 궁지로 몰아넣기로 뒤에서 작당을 한 모양이었다.

아무리 나에게서 마음이 떠났고 헤어지기로 결심을 했다 쳐도 그간의 정을 생각해서라도 나한테 이럴 수는 없는데…. 정을 주었던 사람들로부터의 철저한 배신에 나는 더 이상 살아갈 힘을 잃고 말았다.

그 후 나는 모든 감각이 서서히 마비되어 갔다. 먹는 것도, 입는 것도, 잠을 자는 것도 다 귀찮기만 했다. 살아야겠다는 아무런 의욕도 들지 않았다. 나는 자신과의 싸움에서 서서히 무너져 내리고 있었다.

'복수 할 거야! 모두 죽여 버릴 거야! 나의 믿음을 배신한 모든 사람들에게 내가 당한 만큼 다 돌려줄 거야…. 아니야 그 사람들 나름대로 그렇게 하지 않으면 안 될 사정이 있었을 거야. 내가 그들에게 더 잘해주었다면 그들이 나를 배신하는 일 따윈 없었을 지도 몰라. 다 잊고 용서하자…. 아니야, 절대 그럴 수는 없어!'

내 머릿속에서는 복수와 용서의 두 가지 생각이 치열하게 서로 싸우면서 머릿속을 어지럽히고 있었다. 그 중에서도 나를 제일 괴롭힌 것은 역시 아내에 대한 배신감이었다.

'난 당신의 과거를 숨겨주기 위해서 친구들도 모두 버렸는데, 난 당신의 과거 때문에 가족들을 속이기까지 했는데, 당신을 위해서 재산도 기꺼이 바쳤고 모든 것을 다 주었는데, 지금 당신은 당신 하나를 위해 나를 버리는군…. 그럼 난 여태까지 무엇 때문에 이런 꼴이 되도록 살아온 걸까? 용서할 수 없어! 절대로 용서할 수 없어!'

내 안에서의 무수한 갈등 때문에 내 자신을 추스르지 못하고 그렇게 무너져 내려 갈 무렵 나는 하나의 깨달음을 얻었다.

'난 지금까지 내게 일어난 모든 일들을 남의 탓으로 돌리고 원망을 했지만 그게 다 무슨 소용인가! 모든 것은 내가 존재함으로 인해 나 자신으로부터 발생된 일인 것을…. 모든 것이 다 내 탓인 것을….'

그동안 나를 집요하게 괴롭히던 마음의 고통도 신기하게도 마음을 열고 모든 일들을 내 탓으로 돌리고 나니 봄 눈 녹듯이 사라져 버리고 나는 다시 심적 평안을 찾게 되었다.

하지만 재산도 가족도 모두 잃고, 그들이 의도한 대로 이 좁은 샌프란시스코 교포 사회에 안 좋은 소문까지 퍼진 이상 내가 설 자리는 없었다. 결국은 나 하나만 사라지면 모든 것이 문제 될 것이 없다는 결론을 내릴 수밖에 없었다.

나는 마지막으로 사랑은 영원히 남에게 베푸는 것이라는 말을 실천하기 위해 병원을 찾았다.

"저, 장기 기증하려고 왔습니다."

"그러세요? 어느 장기를…."

"제 몸에서 필요로 하는 사람에게 줄 수 있는 부분은 다 드리죠."

접수를 담당하던 직원은 그제서야 의아한 눈으로 나를 쳐다보았다.

"허허…. 왜 그런 이상한 눈으로 보십니까?"

"아, 아닙니다."

접수처 직원은 말을 얼버무리더니 이어서 정색을 하고 말했다.

"이 카드를 꼭 지니고 다니셔야 합니다. 만일의 경우에도 이 카드를 지니고 있어야 사망 진단을 한 의사가 저희 병원에 즉시 연락을 해서 필요한 장기를 받을 수 있습니다."

"장기는 건강한 사람의 것이 좋은 것 아닙니까?"

나는 의미 있게 한마디 건넸지만 접수 직원은 건성으로 대답했다.

"그야 물론이죠. 하지만 선생님처럼 사후 장기 기증은 물론이고 실험용 사체 기증을 하시는 분이 거의 없어서 문젭니다."

"아! 그래요? 죽으면 그걸로 그만인데 왜들 그럴까요?"

"그래도 그렇게 생각하는 사람이 많이 없는 게 현실입니다. 그럼 이만 다 되었으니 부디 건강하십시오!"

나는 접수 직원의 의례적인 인사말이 왠지 예사롭게 들리지 않아 뭐라고 대꾸를 해주고 싶었지만 그저 픽 하고 웃는 걸로 대신하고 돌아서서 병원을 나왔다.

이제 정말 마음이 홀가분했다. 여태까지 내가 잘 살아왔든 못 살아왔든, 흥했든 망했든, 욕을 먹었건 안 먹었건 이제 그런 일들은 나와는 아무런 상관이 없는 일처럼 느껴졌다.

누구나 다 타고난 운명대로 세상을 살아가게 되어 있는데 단지 사람들이 그걸 깨닫지 못하고 하루하루를 아등바등 살아가고 있을 뿐이라는 생각이 들었다. 지금까지의 나의 삶도 그저 내게 주어진 운명이었다고 생각하니 그렇게 마음이 편할 수가 없었다.
　게다가 그나마 나는 늦게나마 깨달은 바가 있어 간이 필요한 사람에게는 간을, 콩팥이 필요한 사람에게는 콩팥을 나눠 줄 수도 있고, 나의 눈이 앞을 못 보던 사람에게 새로운 광명을 찾아 줄 수도 있을 터이니 비록 내 육신이 죽더라도 하나의 내가 아닌 여러 사람 속에서 나의 분신이 살아갈 수 있게 된 것 만으로도 내가 세상에 태어난 의미를 찾을 수 있을 것 같았다.
　어느 유행가 가사에 '알몸으로 태어나 옷 한 벌은 건지고 간다'고 했는데 이 정도면 나도 밑지는 장사는 아닌 것도 같았다. 이렇게 나 자신을 추스르던 나는 더 이상 과거를 되돌아보지 않기로 했다. 어차피 이 세상엔 나 혼자뿐인 걸 세상을 떠나는 순간까지 괴로워하다가 갈 필요는 없었다.
　"별 하나 나 하나, 별 둘 나 둘….”
　나는 분홍색 알약 100개를 세어 꺼내 놓고 어릴 적 동산에서 별을 세던 기분으로 천천히 하나씩 입에 털어 넣었다. 이제 다섯 시간 후면 911에 자동으로 전화가 연결되게 해놓았으니 그들이 나를 발견할 때쯤이면 아마도 나는 영원한 꿈을 꾸고 있을 것이 분명했다.
　그리고 내 품에는 아내가 처음이자 마지막으로 보낸 편지가 놓여있을 테고 나를 떠나기 위해 정리하고 오겠다는 아내의 그 편지를 읽고 나면 내 죽음의 이유도 짐작할 수 있을 테지…. 거기까지 생각하고 나자 스르르 잠이 오기 시작하면서 나는 영원한 잠으로 서서히 빨려 들어가기 시작했다.

15

 하얀 눈이 덮인 산 위에 내가 있었다. 저만치 몇 사람이 열심히 걸어가고 있었다. 나는 그들과 함께 가기 위해 뛰어가려 했으나 걸음이 옮겨지지 않았다. 바람 한 점 없고 춥지도, 덥지도 않은 포근한 느낌이 피부에 와 닿는데 도대체 걸음이 옮겨지지 않았다.
 함께 가자고 소리 높여 그들을 불렀지만 그들은 멀리 어디론가 사라져가고 있었다. 있는 힘을 다하여 뛰어가려고 애를 쓰다 소스라쳐 깨었다.
 꿈이었다.
 하얀 천정이 눈에 들어왔다. 한동안 멍한 채로 있었다.
 '여기가 어디지? 왜 내가 이곳에 있는 걸까?'
 아! 느낌이 오는 순간 마음 좋게 생긴 백인 의사가 흰 가운을 걸친 채로 빙그레 웃으며 "굿모닝" 하면서 인사를 건넸다.

　나는 어린이 모양 빙긋이 고개만 끄덕하고는 천천히 주변을 둘러보았다. 호텔 같은 기분이 드는 아늑한 침대 위였다. 내 팔에 꽂힌 주사 바늘과 링거 병이 없었다면 어디 아늑한 호텔에서 단잠을 자고 일어났다고 생각했을 지도 모른다.

　"생명은 소중한 거요."

　백인 의사는 가운에 손을 깊게 찌른 채 내 얼굴을 빤히 쳐다보며 말했다.

　"며칠 만에 깨어난 줄 알아요? 벌써 3일이나 잤어요. 아마 속이 쓰리고 아플 겁니다. 당분간은…."

　그의 말은 친절했지만 나의 경솔함을 나무라는 것 같은 위엄이 서려있었다. 정말 속이 쓰리고 아파왔다. 나는 그때서야 며칠 전의 자신의 행동에 대하여 어렴풋이 느끼면서 얼굴이 붉어지는 것을 감출 수가 없었다.

　"이제 건강은 어느 정도 회복됐으니 내일은 요양소로 옮겨질 거요."

　건장한 흑인 간호사가 링거 병을 교체하며 말했다.

　"그곳에서 정신감정과 당신이 정상 생활로 돌아갈 수 있는지를 체크할 겁니다."

　"예, 알겠습니다."

　나는 죽는 것도 내 마음대로 되는 게 아니구나 생각하며 모든 것을 체념한 채 그들이 시키는 대로 몸을 내맡겼다.

이튿날 나는 그들이 말한 대로 요양소로 옮겨졌다. 정확하게 말하면 그곳은 정신 요양원으로 마약에 중독되었거나 약물 복용을 한 사람들이 정상적인 사회생활을 할 수 있을 때까지 치료해주는 정부 지원 하의 봉사 단체였다. 미국에서는 자기 손으로 약을 먹은 사람들을 정신 상태에 문제가 있는 사람, 즉 미친 사람으로 취급했다.

"당신은 약물 복용이 이번이 처음이군요?"

금발에 파란 눈을 한 젊은 의사가 차트를 들여다보며 물었다.

"예, 그렇습니다."

"당신 나라는 어디요?"

"한국입니다."

"가족이 없습니까? 보호자 말입니다."

난 고개를 떨구며 잠시 생각에 잠겼다. 가족이라…. 아내와 아이들의 얼굴을 떠올리자 또다시 참담한 기분이 들었지만 대답을 해야 했다.

"예, 저 혼자입니다."

"그렇습니까? 그럼 이곳에서 당분간 안정하고 요양을 하시도록 하시오."

그 젊은 의사는 차트를 덮으며 나를 데리고 나가라는 듯 간호사에게 눈짓을 했다.

"이리 오세요."

뚱뚱한 흑인 여 간호사는 생긴 것과는 달리 친절하게 나를 안

내했다.

"이곳에서 쉬도록 하세요. 일정표도 잘 봐두시고요."

"예, 감사합니다."

간호사가 문을 닫고 나가자 다시 혼자가 됐다. 사방이 쥐 죽은 듯 고요했다. 정말 요양소 건물이나 주차장에 차들만 없다면 이곳은 천국에 온 것이 아닌가 착각을 할 만큼 조용했다.

"지내시기 불편한 점이 있으면 말씀하시고 적적하실 텐데 책이라도 읽으시는 게 어때요? 한국어 책을 가져다 드릴까요?"

다음날 내 상태를 체크 하러 들어온 간호사의 말에 나는 깜짝 놀랐다.

"이곳에 한국어로 된 책이 있습니까?"

"예, 있습니다."

이런 곳에도 한국어로 된 책이 다 있다니 우선은 무척이나 놀랍고도 반가운 생각이 들었다. 한편으로 나 말고도 한국 사람이 이곳에 종종 오는가 보다 생각하니 안타까운 마음이 들면서도 조금은 위안이 되는 건 어쩔 수 없었다.

"이곳에 저 말고도 한국 사람이 있습니까?"

"예, 남자 한 명, 여자 두 명이 요양하고 있습니다."

"그러면 제가 그분들을 만나볼 수 있습니까?"

"그럼요, 한 사람은 가능합니다. 나머지 둘은 정신질환자이기 때문에 곤란하지만…."

"아! 그럼 만나게 해주십시오. 부탁합니다."

"예 그렇게 해드리죠. 점심시간에 식당에서 보세요."

간호사의 주선으로 점심시간에 식당에서 만난 그 사람은 55세의 아주머니였다. 너무 반가웠다.

"안녕하세요? 저를 만나고 싶다고 하셨다면서요. 한국분이신가요?"

"예, 그렇습니다. 아주머니."

그렇게 생각지도 않은 곳에서 만난 그 동포 아주머니에게서 나는 세상에는 너무도 많은 사람들이 고통 속에서 살고 있고, 나만이 겪었다고 생각하는 시련이 결코 나만의 아픔이 아니란 걸 알게 되었다. 그녀가 겪은 시련에 비하면 나한테 일어났던 일들은 아무것도 아닌 것처럼 느껴지기까지 했다. 그런데 나는 얼마나 어리석은 짓을 저질렀는가…. 비로소 후회가 되기 시작했다.

그 아주머니의 고향은 경기도 송탄인데 어렸을 때부터 너무나 가난해서 미군 부대 주변을 기웃거리게 됐다고 했다. 그 시절만 해도 미국 사람하고 결혼하면 온 집안 식구가 편하게 살 수 있었기 때문에 맏딸인 아주머니는 동생들과 가족을 위해 미군 병사와 결혼을 하게 됐단다.

한국에서 살 때는 그녀의 생각대로 가족들의 생계에 적지 않은 도움을 줄 수가 있었는데 막상 남편을 따라 미국으로 건너 온 다음이 문제였다.

미국이라는 나라에 대한 핑크빛 꿈을 안고 따라온 남편의 고향은 몬타나주의 어느 산골 마을이었다. 말이 좋아 미국이지 우리나라의 시골과 다를 것 하나 없는 그곳은 마을과 마을의 거리는 수십 마일씩이나 떨어져 있고, 하루 온종일 인적이라곤 찾아볼 수도 없는 그런 외딴 두메산골이었다. 이곳이 미국인지 한국인지 그런 건 생각할 겨를도 없이 그저 사람만 그리워하며 목수인 남편 하나 믿고 살아가야 했다.

하지만 남편과의 사이에 아들을 둘씩이나 낳고 살면서도 그때까지 영어도 제대로 못하고 남편이나 자식이나 할 것 없이 한국여자라고 무시하고 사람 취급도 안하니 감옥도 그런 감옥이 없었다. 그래도 자식들이 크면 엄마를 이해하고 도와주겠지 하는 기대로 살아온지 30여 년. 그렇지만 달라진 건 아무것도 없었다. 남편의 주벽과 폭행, 툭하면 꺼내드는 권총…. 정말 사람이 사는 게 아니었다.

도망가고 싶어도 길도 모르고 영어도, 운전도 못하니 어떻게 해볼 도리도 없이 그저 술, 담배로 세월을 보내며 그저 되는 대로 살았다. 그러다가 마약에까지 손을 대게 된 것이다. 자식들은 이미 제 갈길 찾아 다 떠나 버리고 남편이란 사람은 돈만 생기면 마을로 가서 술과 도박으로 밤새우고 돌아와선 또 그녀에게 폭행을 가했다.

그런데 어느 날 문득 자신도 모르게 용기가 생겼다.

'가자. 무조건 길을 따라 가자. 이래 죽으나 저래 죽으나 어차피 이렇게 살 바에는 여기를 떠나고 보자.'

들에서 거두어들인 아편을 한 주먹 쥐곤 무작정 그 힘으로 걸었다. 얼마를 걸었는지도 모르겠고 몇 시인지도 정확히 알 수 없었지만 해가 지는 것을 어렴풋이 본 기억이 났다. 하지만 그 이후로는 아무런 기억도 나질 않고 그저 눈을 떠보니 병원이었다고 한다.

길에 지쳐 쓰러져 의식을 잃고 있던 그녀를 나무를 싣고 가던 트럭 기사가 연락하여 그녀가 살던 주소도, 증명서도, 아무것도 없어서 한국 대사관에 연락을 하긴 했어도 아무 소식이 없어 치료가 다 끝났는데도 벌써 2년째 이곳에서 생활하고 있다고 했다.

"저 같은 사람도 이렇게 사는데 김 사장님도 용기 잃지 마세요. 아직 젊으신데 무슨 일인들 못하시겠어요."

아주머니가 파란만장한 자신의 이야기를 마칠 무렵 내 눈시울은 이미 뜨거워지고 있었다.

'나만이 고통 속에서 살고 있는 게 아니었구나. 저 분을 도와 드려야겠다.'

"아주머니 고맙습니다. 제게 정말 큰 용기를 주셨습니다. 제가 돌아가면 여러 곳에 부탁해서 사회로 꼭 돌아오실 수 있도록 도와 드리겠습니다."

문득 이것이 나의 운명이란 생각이 떠올랐다.

'이런 곳에도 내가 할 일이 있다니…. 이제 다시 시작하자. 저 아주머니 말씀대로 아직 젊다고 생각하자. 이제부터는 지금까지보다도 더 남에게 베풀면서 살아야겠구나.'

이 세상과 내 인생에 대한 여러 생각들이 머릿속에서 맴돌았다.

16

　　요양소에서 심리치료를 받고, 휴식을 취하는 동안 나는 건강을 점차 회복하였고, 정신적으로도 조금씩 안정되어 갔다. 3개월 쯤 지난 어느 날 담당 의사가 나를 불러 상담을 하더니 퇴원을 권유하였다.

　　"당신은 빠르게 회복하고 있군요. 치료 경과가 좋으니 이제 퇴원해서도 좋습니다. 당신은 한때 실수로 약물을 복용하였습니다만 강한 의지를 지닌 사람이니 성공적으로 재활하리라 생각합니다."

　　담당의사와 간호사는 나를 격려하며 어드바이스 해주었다. 자원봉사로 친절하게 나를 보살펴준 미국인 부부와 불쌍한 한국인 아줌마 등 요양소에서 알게 된 사람들과 아쉬운 작별을 고하며 퇴원을 하였다.

샌프란시스코에서 1시간 거리인 요세미티 산자락에 위치한 후레지노 요양원에서 보낸 시간들은 상처 입은 내 심신에 큰 위안이 되어주었다.

그동안 나는 우물 안 개구리처럼 좁은 시각으로만 세상을 바라보고 살아왔는데 아무런 연고가 없는 동양인인 나를 돌봐주는 사람들의 넉넉한 마음들을 보면서 나는 내게 닥쳐왔던 그 시련의 사건들을 차분히 되짚어볼 수 있었다.

생을 마감하려고 했을 때는 내가 겪은 모든 불행과 실패가 나를 배신한 사람들 때문에 왔다고 생각하고, 세상에 대해 분노하고 원망했었다. 또한 가장 가까운 사람들로부터도 배신을 당한 내 자신의 어리석음에도 자책하며 괴로워했다.

그러나 죽음의 고비를 넘기고 다시 살게 되니 세상을 바라보는 내 생각이 많이 달라졌다. 사업에 성공해서 돈을 많이 벌고, 사회적 명예와 권세도 얻으려 한 내 생각들이 모두 헛된 것이었음을 깨달을 수 있었다. 남들에게 나를 인정받고 싶어서 성공만을 목표로 정신없이 달려왔던 지난 세월이 어쩌면 욕망으로 가득 찬 거품 같은 삶이 아니었는가라는 생각을 하게 된 것이다.

어린 시절에는 소홀히 대해 주시던 어머니께 인정받고 싶어 열심히 노력했고, 가정을 이룬 후에는 가장으로서 책임을 다하고 싶어 많은 돈을 벌려고 최선을 다했지만 정작 '인생에 있어서 정말로 중요한 것들을 놓치고 살아오지 않았는가?'라는 회의감을 가지게 되었다.

샌프란시스코 시내의 내 숙소로 돌아온 나는 밖으로 돌아다니지 않고 조금 더 혼자만의 시간을 가져보기로 하였다. 당시 내 나이는 50대 중반에 들어서 인생의 후반기에 접어들고 있었지만 남은 인생을 그냥 흘러가는 대로 무기력하게 보낼 수는 없었다. 나는 내 인생에서 잘못된 것을 바로 잡고 잃어버린 것들은 되찾아야겠다고 생각했다.

생을 포기하려고 했던 때는 살아야 할 의미가 없다고 생각했었지만 죽음의 문턱에서 돌아와 심리적 안정을 되찾자 그전보다 객관적 시각으로 세상을 바라볼 수 있었고, 무엇이 잘못되어 있었던가를 알 수 있을 것 같았다.

내가 사회활동을 뒤로 미루고 혼자만의 시간을 더 가지게 된 이유 중의 다른 하나는 현실적인 상황도 있었다. 내가 샌프란시스코를 중심으로 한 교민사회에서 활동을 하고 있었던 까닭에 자살을 시도했다는 소문이 주변 사람들에게 이미 다 알려져 있을 것이라고 생각했기 때문이다. 활동적인 성격의 나는 미국에 들어온 지 6년 동안 사업체를 운영했었고, 한인상공회의소 이사를 맡았으며, 커뮤니티 봉사활동을 하는 등 다방면에서 사회활동을 했기 때문에 아는 사람들이 많았다.

교포들은 겉모습만을 보고 성공한 사업가로, 잘 살아가는 사람으로만 알고 있다가 그 소식을 듣고는 모두들 나를 인생에서 실패한 사람으로 여길 것만 같았다. 자격지심인지는 모르겠으나 나는 그 사건으로 내 명예와 위상이 이미 무너진 것으로 생각하고 있기에 무척 부끄러웠고, 사람들을 만나고 다닐 용기가 나지 않았다.

그렇지만 삶과 죽음의 소용돌이를 겪고 난 나는 그 전처럼 심하게 자책하거나 절망에 빠지지는 않았다. 다만 내 주변 상황들을 차분히 정리하고 앞날을 어떻게 살아갈지를 계획하고 싶었다. 그러던 어느 날 샌프란시스코에 살고 있는 윤 선생이라는 여성이 내게 구원의 손길이 되어주기 시작했다. 교민사회 봉사활동을 하는 사람들의 파티에서 처음 알게 된 윤 선생은 나와 대화가 잘 통하는 사람으로 기억하고 있었는데 우연한 기회에 다시 만나 대화를 나누게 된 것이다.

"안녕하세요, 김 선생님. 그동안 어떻게 지내셨어요?"

그녀는 반갑게 인사를 하면서도 조심스럽게 내 안부를 물었다.

"네, 그동안 시설 좋은 요양소에서 잘 쉬고 나왔습니다. 나 같은 사람도 잘 치료해 주는 것을 보니 미국이라는 나라가 좋긴 좋더군요."

나는 가볍게 웃으며 별일 아니라는 것처럼 말했지만 내 말투에는 그전에 가졌던 자신감과 힘이 사라지고 없다는 것을 스스로 느꼈다.

"김 선생님 소식을 듣고 너무 놀라기도 했고 걱정을 많이 했습니다. 늘 밝고 활동적인 분이라 그런 줄로만 알고 있었는데…. 이렇게 다시 건강하게 회복되셔서 정말 다행입니다."

나를 걱정해주는 그녀를 보고 나는 매우 부끄러웠지만 진심으로 나를 걱정해주고 관심을 가져주는 그녀의 따뜻한 마음을 느낄 수가 있었다.

"제가 못난 사람입니다. 하지만 이제 과거를 돌아볼 여유가 생겼으니 차분히 쉬면서 앞으로 해야 할 일들을 생각해 보려고 합니다. 그렇지만 아직은 사람들과 어울리거나 사회활동을 하기는 힘드네요."

나와 이런저런 이야기를 나누던 그녀는 내가 어디 한적한 곳에 가서 더 쉬고 싶다고 말을 하자 새크라멘토 외곽에 위치한 작은 별장을 한 곳 소개해 주었다.

간단한 소지품만 챙겨서 한적한 산골 마을로 몸을 옮긴 며칠 동안은 아무것도 생각하지 않고 텅 빈 백지 상태의 마음으로 시간을 그냥 흘려보냈다. 너무 조용하고 사람들이 없어서 황량하기까지 한 그곳에서 나는 발코니 의자에 앉아 산과 하늘을 한없이 바라보기도 했고, 들판을 천천히 산책하며 맑은 공기를 마음껏 들여 마셨다.

아무것도 하지 않았고, 지난 일들에 대한 잡념에 빠져 자책하지도 않았고, 밤에 잠을 자며 악몽을 꾸지도 않았다. 그렇게 어느 정도의 시간이 흐르자 나는 심리적으로 평정을 완전히 찾기 시작했고, 자신감도 점차 회복하기 시작했다.

나는 그곳에서 내 인생 스토리를 써 내려가기 시작했다. 어릴 적부터 마음이 답답하거나 사는 것이 힘들다고 느껴질 때 가끔씩 일기나 메모를 적어 두었는데 그런 것들을 원고지에 다시 정리해 나갔다.

그 글들의 대부분은 내가 죽음을 생각하던 시기에 써 두었던 글들이었다. 사업에도 실패하고, 결혼에도 실패하여 패배자의 모습으로 충격과 절망에서 헤어나지 못하던 나는 죽기 전에 내가 살아온 인생을 세상에 남겨놓고 싶었다. 특히 내 자식들, 영신이와 영진이 그리고 유선이가 나중에라도 글을 읽고 아버지인 내 마음을 조금이라도 이해해 주기를 바라는 마음으로 쓴 글이었다. 그렇게 해야만 먼저 간 아빠 소식을 들은 자식들의 마음에 충격과 슬픔을 조금이나마 덜어줄 수 있을 것 같았다.

하나님의 은혜로 기적적으로 다시 살게 되고 미국 산골마을까지 들어와 혼자 머무르며 그 글들을 정리해 나가자 때로는 슬픔에 잠겨 눈물을 흘리기도 했다. 그러나 한편으로는 미래에 대한 마음가짐을 더욱 다부지게 하는 계기도 되었다. 그렇게 썼던 글들이 이렇게 책으로까지 나왔고 또 이 책을 읽고 많은 사람들이 나를 이해할 수 있게 되었으니 한없이 감사한 마음을 갖지 않을 수 없었다.

고통의 시기를 겪고 난 내가 시골 별장에 한동안 푹 파묻혀 세상만사 잡념을 잊고 평안하게 지낼 수 있었던 것은 모두 지금은 내 아내가 된 윤 선생 덕분이라고 할 수 있다.

아는 사람이라고는 단 한 명도 없는 미국의 외딴 시골에서 외롭게 지내는 동안 그녀는 이따금 그곳으로 날 찾아와 도와주었다. 봉사정신이 넘치는 그녀는 한국식 반찬이나 먹을거리를 만들어 가져다주었다. 교민 사회에서 봉사활동을 많이 하고 마음씨가 좋은 여성이라는 것은 알고 있었지만, 생면부지라고도 할 수 있는 나 같은 사람에게 신경 써주는 것은 쉬운 일이 아님을 잘 알고 있기에 무척 고마웠다.

미국 교포 사회에는 다양한 종류의 한국 사람들이 살고 있는데, 나와 같이 한국에서 들어 온지 몇 년 안 되고 가족도 없이 혼자 살고 있는 남자들은 교포 사회에서도 경계의 눈초리를 받지 않을 수 없었다. 사업에 실패하거나 개인적인 문제가 있는 남자들이 미국으로 건너와 교포들을 상대로 사기를 치는 등 피해를 끼치는 경우가 적지 않기 때문이다.

살아오면서 산전수전 다 겪은 나는 어떤 어려운 상황에서도 다른 사람들에게 쉽사리 속마음을 내보이거나 약한 모습을 보이지 않았지만 그 당시만큼은 그러지 못했던 것 같다.

비록 자연을 감상하고 과거를 회상하는 글들을 정리하면서 심리적 안정을 되찾고는 있었지만 외로움까지 떨쳐버릴 수는 없었다. 가끔 내가 과거에 저질렀던 잘못들이나 나를 배신한 사람들에 관한 기억이 떠오르면 슬프고 우울한 감정에 빠질 때도 있었다. 그러나 나를 찾아온 그녀와 이런저런 대화를 나누면서 외롭고 힘든 마음을 극복할 수 있었다. 그녀는 자신감을 잃고 나약해진 나를 여성 특유의 섬세함으로 알아채고 용기와 위안을 주려했던 것이다.

 이제는 내 아내가 되어 항상 내 곁에 있는 윤 선생이 얼마 전 내게 물었다.

 "당신에게 나는 어떤 사람이지요?"

 "당신? 당신은 내가 가장 사랑하는 사람이지. 그리고 내 생명의 은인이기도 하지."

 "그렇지요. 호호호. 내가 생명의 은인이지요. 정말 나는 그때 당신을 그냥 놔두면 또 죽을지도 모를 것 같아서 당신을 도와주고 거기까지 찾아가 살펴보고 왔던 거예요."

 아내는 나를 바라보며 웃으며 그렇게 말했다.

 맞는 말이다. 그 당시 인생의 밑바닥으로 밀려나 있던 나를 있는 그대로 이해하고, 이야기를 들어주고 따뜻한 말을 건네주던 단 한사람이 있었기에 나는 이 세상에 살아남아 이렇게 당당하게 살아가고 있다고 생각한다.

 새크라멘토 산골에 들어와 은둔자처럼 지낸 시간이 어느 덧 몇 달이 지났다. 그동안 나는 지난 일들을 차분히 정리하였고 심신의 건강도 완전하게 회복하였다. 그래서였을까, 어느 날 나는 문득 '한국으로 돌아가자' 라는 생각이 들었다. 미국에서 사업을 다시 시작해 성공시킬 자신감이 얼마든지 있었지만 한국에서 내가 사업상 문제로 겪은 불명예와 인간적 배신들을 반드시 해결해야만 될 것 같았다.

"그래. 한국으로 돌아가자. 설사 억울한 누명이 풀리지 않아서 감옥에 가는 한이 있더라도 돌아가서 부딪혀보자."

나는 태평양으로 넘어가는 저녁 해가 만드는 노을빛을 바라보면서 마음속으로 굳은 다짐을 하였다.

그날 밤부터 나는 한국으로 돌아갈 계획과 한국에 가서 꼭 해야만 할 일들을 하나하나 메모를 해나갔다. 며칠 후 나는 윤 선생을 다시 만나게 되자 그녀에게 내 계획을 말해 주었고, 그녀는 내 생각을 이해해 주었다.

"그런데 제가 한 가지 어려운 부탁을 하려고 하는데…."

"네, 말씀해 보세요 김 선생님. 제가 도와드릴 수 있는 일이라면 도와드리지요."

"제게 1만 불만 빌려주십시오. 한국으로 돌아갈 준비를 하려면 돈이 필요한데 지금은 한 푼도 가진 게 없군요."

그 당시 나는 가진 것이 아무것도 없는 상황이었다. 한국에서 건축사업을 할 때는 내 재산이 모두 120억 원이 넘었지만 검은 돈의 유혹에 속아 사채를 쓰면서 터진 그 사건으로 급작스럽게 부도가 나고 내가 미국으로 들어와 버리자 여러 곳에서 재산을 압류해 갔고, 전처와 처가 식구들 명의로 해 놓은 상당한 액수의 재산들은 이혼을 당하면서 하루아침에 그들 손으로 들어가 버렸기 때문이다. 미국에서 벌였던 레저 사업도 결국 전처 친정 식구들의 농간과 이혼의 충격으로 모두 손 놓아버렸기 때문에 미국에서의 재산도 남아있지 않았다.

한국에 들어가면 법적인 명예도 회복하고, 일부 재산도 되찾겠다는 이야기를 하면서 그녀만큼은 내 말이 진심이라는 것을 믿어줄 것이라 생각하며 어려운 부탁을 그녀에게 던졌던 것이다.

"그러시군요. 어려운 결정을 내리셨으니 김 선생님 일이 잘되시길 하나님께 기도하겠습니다. 제가 현금은 가지고 있지 않으니 도와드릴 방법을 한 번 찾아보겠습니다."

진지하면서도 걱정스런 눈빛으로 내 이야기를 모두 듣고 난 윤 선생은 그렇게 말하며 나를 안심시켰다. 나는 설혹 그녀가 돈을 빌려주지 못하더라도 괜찮았다. 내 말을 들어주고 나를 믿어주는 그녀의 그 마음을 알게 된 것만으로도 앞으로 닥칠 어려움들을 헤쳐 나갈 용기와 자신감을 얻었을 수 있었다.

며칠 후 다시 나를 찾아 온 윤 선생은 "김 선생님, 귀국 준비 잘하시고 꼭 계획한 일 이루시기 바랍니다"라고 말하며 1만 달러를 건네주었다.

"고맙습니다 집사님. 이 은혜 잊지 않고 꼭 갚겠습니다."

나는 너무 감사한 마음으로 그녀의 두 손을 꼭 쥐고 그녀에게 다짐을 했다. 그 돈은 그녀가 뷰티숍에서 힘들게 일해서 번 돈이라는 것을 알고 있기에 말할 수 없이 귀중하다는 것을 잘 알고 있었다. 나중에 알고 보니 그녀는 그때 급히 현금을 구할 수가 없어 카드론을 해서 돈을 마련했었다고 한다.

나에 대해서 잘 알지도 못하고, 가진 것도 없고, 한국으로 돌아간다는 사람을 위해 그런 거액을 구해 빌려준 그녀의 고마운 마음을 받게 된 나는 반드시 그 빚을 갚기 위해서라도 내가 앞으로 하는 일에 최선을 다하지 않을 수 없었다.

드디어 나는 1년 가까운 은둔 생활을 끝내고 세상 밖으로 다시 나왔다. 나는 일단 LA로 나왔다. 한국으로 무작정 들어가기보다는 우선 LA에 머무르면서 귀국 준비를 면밀히 하기 위해서였다. 그때가 1997년, 그 해 12월 한국에서는 대통령 선거가 있을 예정이었다. 앞서 언급한 바 있지만 내가 관련되었던 금융사건은 정치권의 검은 돈이 연루된 사건으로 정치적인 성격을 가진 사건이었다. 지방의 중소 건축업자에 불과했던 나는 그 돈이 어떤 돈인지도 모르고 단지 사업자금이 필요해 손쉽게 빌려 썼다가 일이 터지면서 억울하게 연루되었을 뿐이었다.

LA에 사는 한 친구의 집에 숙소를 정한 나는 그 친구가 운영하는 '사회문제 연구소'의 일을 도와주며 귀국 준비를 하는 한편, 미국에서 사업을 하다 미처 다 처리하지 못한 일들을 하나씩 해결했다.

나는 다시 사회활동을 하면서 여러 분야의 한국 사람들을 알게 되었는데, 그들 중에는 본국의 정치 상황에 대해 잘 파악하고 있는 사람들도 있었다. 나 역시 그들과 마찬가지로 정권교체기의 한국 상황을 주의 깊게 관찰하며 적절한 입국 시기를 모색하고 있었기에 그 사람들과 함께 한국의 정치 상황과 관련한 크고 작은 정보들을 주고받으며 서로 교류 관계를 이어갔다.

LA에 머무르며 사업상 밀린 문제들을 깨끗하게 처리하고, 한국의 법적인 문제 해결에 필요한 서류들을 준비하는 동안, 윤 선생에게서 빌린 돈이 큰 도움을 주었다. 하지만 내가 귀국할 시점에는 그 돈도 거의 다 떨어지고 귀국용 비행기 티켓 값만 겨우 남게 되었다.

17

1998년 가을, 드디어 나는 다시 한국으로 돌아왔다. 기소중지 중이었던 나는 그 전에도 몇 번 위험을 무릅쓰고 은밀히 한국에 들어왔다가 미국으로 다시 돌아간 적은 있었지만, 이번에는 당당히 들어왔다. 만약 일이 잘못되어 법적인 문제가 풀리지 않는다면 구속까지 될 수도 있을 터이지만 조금도 두렵지 않았다. 내가 결코 범죄를 저지르지 않았기에 시간을 가지고 차분히 대응하면 반드시 억울한 누명이 풀릴 것이라고 믿었다.

여행용 가방 하나만을 달랑 들고 김포공항에 내린 나는 시내로 나와 지하철 3호선을 타고 일산으로 향했다. 일산에 사는 막내인 여동생을 찾아가기 위해서였다. 그 여동생의 남편은 목사였고, 가족들 중에서는 비교적 생활 형편이 조금 나은 편인데다 내가 처한 입장도 이해해주는 편이었다.

"오랜만이다. 그동안 잘 지냈니? 가족들도 다 잘 지내고 있지?"

"네, 오빠. 우리야 잘 살고 있지만, 그동안 미국에서 어떻게 지냈어요? 미국에서 하는 사업도 잘 되고 있죠?"

어머니나 형제들에게 오랫동안 소식을 전하지 않았던 까닭에 동생 역시 내 생활에 대해서는 알지 못하고 있었다.

"그래, 사업하는데 조금 어려운 점이 있어서 들어왔다. 너도 알다시피 내가 한국에서 건축업 하다가 문제가 발생했잖아. 그래서 이번에 법적인 문제를 모두 해결하려고 들어왔어."

나는 여동생과 이런저런 얘기를 하다가 300만 원을 몇 개월만 빌려달라고 말했다. 그러나 돈 얘기를 꺼내자 동생은 그 자리에서 거절했다.

"오빠, 미안해요. 지금은 시어머니가 병환중이라 거기에 돈이 다 들어가고 가진 게 하나도 없어요."

그날 나는 동생에게 부탁을 했다가 거절을 당한 후 동생 집에서 나와 다시 지하철을 타고 서울역으로 나왔다. 한국에 들어오자마자 찾아갔던 여동생에게 거절을 당한 내 자신이 매우 한심하고 부끄러워 비참한 심정이었다.

"그래… 내가 바보같이 잘못한 거야. 몇 년 만에 만난 동생에게 그런 부탁을 한 내가 바보다…."

그러나 주머니에는 단돈 몇 만 원뿐이 남아있지 않았다. 김포공항에 내릴 때 가진 돈이 500달러였는데 그것을 환전해서 교통비와 밥값으로 쓰고 남은 돈이었다. 어려움을 각오하고 한국에 들어왔지만 첫날부터 당장 먹고 잘 일이 걱정이었다. 그렇다고 그 상황에서 전처에게는 절대로 연락하고 싶지는 않았다. 나는 법적인 문제가 해결 되는대로 그녀와 가족들의 잘못을 모두 밝혀내 내가 배신당한 것에 대해 철저히 복수하려는 생각을 하고 있었다.

울적한 마음으로 지하철을 타고 다시 시내로 들어오며 나는 돈 한 푼 없이 험난한 문제들을 해결해 나갈 생각을 하니 깊은 고민에 빠지지 않을 수 없었다.

당시 한국은 IMF가 터진지 얼마 되지 않은 시점이었다. 내가 LA에 있으면서 귀국 준비를 하고 있던 1997년 11월 IMF의 미셸 캉드쉬 총재와 당시 경제부총리였던 임창렬 씨가 기자회견을 통해 한국정부가 IMF 구제 금융을 신청했음을 발표했다. 그 때문에 미국에서도 많은 유학생들이 학업을 중도에 포기하고 귀국했고, 한국에 가족이나 재산, 사업체가 있는 교포들도 큰 손해를 보거나, 근심 걱정에 빠지는 사람들이 많았다.

나 역시 그런 상황에서 귀국을 하는 것이 과연 잘하는 것인지 고민하지 않을 수 없었다. 국가 부도 상황에 놓여 있는 한국에 돌아가 무슨 일을 해서 다시 재기할 수 있을까 하는 불안한 마음이 들었다. 하지만 그때 나는 내 의지와 경험을 스스로 믿기로 다짐했다. 비록 맨손으로 귀국하는 것이지만 한번 죽었다가 살아난 사람이 무얼 못하겠느냐는 굳은 마음으로 돌아왔던 것이다.

그럼에도 불구하고 막상 서울에 와보니 미국에서 생각했던 이상으로 어렵고 혼란스런 사회상을 목격하였다. 기업인이나 근로자나, 있는 사람이나 없는 사람이나 다 같이 극심한 경제난을 겪으며 혹독한 시련의 시기를 보내고 있었다. 신문과 방송에서는 연일 암울하고 충격적인 뉴스를 쏟아냈다. 집안의 가장들이 대량으로 실직당하고 파산상태에 빠지면서 가정불화와 이혼 등으로 인한 가족 해체가 무수히 이어졌다. 고아원에는 능력 없는 부모들로부터 버림받은 아이들이 넘쳐났고, 식구를 부양하기 위해 매춘에 나섰다는 주부들이 적발되고, 분유를 훔치다 붙잡혀 온 아기엄마들까지 생계형 범죄들이 줄을 이었다.

지하철을 타고 돌아다니는 동안 밤이면 지하역사에 모여드는 수많은 노숙자들을 볼 때면 산전수전 다 겪은 나 역시 마음속으로 두려움과 공포감이 엄습하기도 했다. 나도 한국 사회에서 돈 한 푼 없이 몸뚱이 하나만 가지고 살아가야 한다고 생각하니 저들과 조금도 다름없다는 생각이 들었다.

그 후 여러 가지 계기로 경제적 안정을 찾을 때까지 그런 두려움과 어려움이 닥칠 때마다 나는 속으로 다짐하고 또 다짐했다. 때로는 하나님께 간절히 기도했다.

"내 스스로 포기하고, 절망하고, 넘어지지 않도록 해 주십시오."

한국에서 돌아와 내가 목격했던 IMF 사회상은 얼마 후 내가 기업 강의를 하게 된 계기로 작용하기도 했다. 위기 상황에서 불안해하던 기업과 직장인들에게 내가 살아온 경험을 들려주며 조금이나마 용기와 희망을 불어넣어주고 싶은 마음도 있었기 때문이다.

동생 집에서 나와 그런 어두운 사회적 분위기가 엿보이는 사람들 틈에 앉아 서운한 감정을 억누르며 서울역까지 온 나는 용기를 내 어린 시절부터 친형님처럼 친하게 지냈던 고향 선배에게 전화를 걸었다.

"형님, 저 현성이입니다. 미국에서 귀국했습니다."

"어! 이게 누구야. 아니, 어떻게 지냈기에 그동안 연락도 안했어?"

"오늘 들어왔어요. 여러 가지 사정이 있어 전화도 못 드렸습니다. 형님, 한번 찾아뵐까 하는데 괜찮으세요?"

"그래그래, 오늘 저녁에 마포에 있는 서교호텔 1층으로 와. 거기서 만나자."

역시 선배는 무척 반갑게 나를 대해주었다. 비록 전화상이지만 내 안부를 진심으로 걱정해 주는 것을 느낄 수 있었다.

나는 시내 다방에서 차를 마시며 잠시 시간을 보내다가 약속된 시간에 서교호텔로 가서 선배를 만났다. 미국으로 떠난 지 8년여 만에 처음 뵙는 것이다.

"오랜만이네. 그래 그동안 어떻게 지냈어. 먼 객지에서 고생이 많았지?"

나는 그동안 내게 있었던 일들과 앞으로의 계획들을 선배에게 말했다.

"그래, 자네에게 소식이 없어서 여러 가지로 어려움을 겪고 있을 것이라고 짐작은 했었지. 이렇게 용기를 내서 귀국을 했으니 일이 잘 풀릴 거네. 그리고 이것은 지금 내가 가진 전부인데, 자네에게 필요할 것 같아서 가져왔어."

선배는 내게 돈 1,400만 원을 건네주었다. 내가 옛날처럼 사업이 잘 나갈 때라면 그 정도 돈이야 아무것도 아니지만 사업에 실패하고, 어디 오갈 데 없는 처지에선 천금같이 귀하고 큰돈이었다. 사업 수완이 남다른 나는 그 정도의 돈이면 어떤 사업도 자신감 있게 시작할 수 있는 든든한 밑천이자 원동력이라고 생각했다. 매우 어려운 처지에 있는 나에게 아무런 조건도 달지 않고 선뜻 돈을 준 선배에게 나는 말할 수 없이 고마웠다. 나중에 선배에게 그 은혜에 대한 보답을 하긴 했지만 아직도 그 고마움은 평생 잊지 말고 더 갚아야 한다고 생각한다.

선배의 도움으로 생활에 필요한 돈을 구한 나는 우선 강남구 논현동에 작은 원룸을 하나 얻어 그곳을 숙소로 정하고 계획된 일을 시작했다. 내가 검은 돈을 쓰게 된 과정과 그 돈의 사용처, 그리고 당시 건축사업 진행 현황, 미국으로의 출국 경위 등에 관한 여러 자료들을 확보하기 시작했다. 내가 결코 사기나 범죄와 관련되어 있지 않음을 입증해줄 서면자료와 증언 등을 차곡차곡 모아갔다.

내 사건은 수원지검 검사실 캐비닛에 미결상태로 파묻혀 있었기에 내가 무죄를 입증하려면 검찰청에 자진 출두해 직접 소명하는 수밖에 없었다. 검찰에서는 나를 형사사건 피의자이자 도피중인 사람으로 분류해 놓았기 때문에 이를 해명하고 재심을 기대한다는 것은 대단히 어려운 일이었다. 완벽한 대책 없이 검찰에 자진 출두하면 곧바로 구속 기소될 수도 있었다.

검찰청에 제 발로 찾아간다는 사실이 조금은 두렵기도 했지만 문제를 해결하기 위해서는 그 방법뿐이 없었다. 그동안 각종 입증 자료들과 증언 등, 내 무죄를 입증할 여러 가지 사실들을 준비했지만 쉽게 발길이 떨어지지 않았다. 며칠을 고민하던 나는 내 입장을 잘 이해하고 있는 모 후배의 도움을 받기로 했다. 그 지인은 내가 수원에서 건축 사업을 할 때 알았던 후배로서 정부 기관에 근무하는 성실한 공무원이다.

수원에서 사업을 할 때 자주 만났던 그 후배를 몇 년 후 다시 만난 것은 미국 샌프란시스코에서 생활하고 있을 때였다. 당시 나는 사업을 하면서 미주 한인상공회의소 이사를 겸하고 있었다. 교민들을 위한 여러 일들을 처리하던 중 교포 언론인들에 대한 불미스러운 소문을 자주 듣게 되었다. 아마도 광고 수주 등 경영에 필요한 자금을 모으기 위해 언론사란 매체를 활용해 교포들을 괴롭혔던 것 같다.

나는 그 소문을 듣고 몇몇 자리에서 "아니, 언론인이라는 사람들이 같은 교포를 힘들게 해서 되겠느냐. 교포끼리 서로 도와가며 살아야지 영향력 있는 사람들이 그런 행동을 하는 것은 옳지 않다. 그런 좋지 않은 행위는 바로잡는 것이 좋다"라는 식의 이야기를 몇 번 하였다. 나로서는 그런 언론인들의 행위가 이해가 되지 않아서 바로잡아야겠다는 정의감을 가지고 한 말들이었다.

그런데 얼마 후 한인 라디오 방송국 사장이 나에 대하여 갖은 험담을 하고, 심지어는 '영사관에 말해 나를 잡아넣겠다', '본국으로 추방 하겠다' 는 등의 말을 함부로 한다는 것이었다. 그 방송국 사장은 교민사회에서 힘깨나 쓰고 한국영사관의 영사와 서로 가까운 친구 사이라고 했다.

그런 말을 듣고 가만히 있을 내가 아니었다. 나는 상공회의소 총무에게 영사관에 연락해 책임자를 불러오라고 지시했다. 타국에서 고생하는 교포들의 권익을 위해서 언론기관의 행패를 바로잡자고 한 말이 무엇이 잘못이란 말인가. 도대체 어떤 사람들이 나에 대해 함부로 이야기하고 권한남용을 하는지 분명히 짚고 넘어가야 했다.

우리나라 사람들은 언론기관이나 정보기관과 같은 권력기관을 무서워하고 할 말을 못하기는 한국에서나 미국에서나 마찬가지였다. 그러나 나는 조금도 그들 앞에서 위축되지 않았기에 그들과 맞서려고 했던 것이다.

그런데 영사관에서 날 찾아온 사람은 뜻밖에도 한국에서 건축사업을 할 때 알고 지내던 그 후배였다.

"아이쿠, 선배님이셨군요. 여기서 뵙게 돼서 반갑습니다."

"자네가 여기 책임자로 와 있었나? 이렇게 만나니 반갑네. 그런데 반가운 것은 반가운 것이고, 따질 것은 따져야겠네."

"선배님, 저는 기관에서 파견되어 근무하고 있고, 영사님은 따로 계십니다. 그렇지 않아도 영사님이 자초지종을 들으시고 저를 보내신 것입니다. 오해가 있었다면 제가 사과드리고 방송국 측이 잘못한 것들은 시정하도록 조치하겠습니다."

잘 알고 있는 후배가 중간에서 적절히 대처하고 한인 언론기관들의 잘못들도 개선해 나가도록 하겠다고 하여서 그 일은 그렇게 잘 마무리 되었다. 그때의 만남 이후 그 후배와 나는 교포사회의 여러 일들을 의논하고 처리하면서 서로를 더 잘 알게 되었다. 내가 귀국하던 시점에 그 후배도 귀국을 하였고, 이후 서로 간에 인간적인 믿음을 가지고 교류하고 있다.

드디어 1998년 여름, 나는 수원지검으로 찾아가 내 사건을 담당하고 있는 검사 책상 앞에 앉았다. 검사와 수사관은 이미 캐비닛 속에서 내 사건에 관련된 서류들을 찾아내 잔뜩 쌓아놓고 나를 기다리고 있었다.

"김현성 씨 당신이 그렇게 무죄라고 주장한다면 내 앞에서 당신이 혐의 없음을 입증해 보십쇼. 오래된 사건이라 주요 사안들은 이미 다 처리되었으니, 이 건도 처리해서 법원으로 송치하든 무혐의 처리하든 나도 해결하고 싶소이다."

검사와 수사관은 사건을 이미 다 파악했다는 표정으로 나를 응시하며 내가 무슨 말을 하는지 기다리는 듯했다.

"검사님, 이것이 그동안 제가 준비한 입증 서류들입니다. 이 서류들을 검토하시면 제가 죄 없음을 잘 아시게 될 것입니다."

나는 준비한 서류들을 하나하나 내 보이며 당시의 상황과 사건이 벌어지고 내가 당했던 일들을 분명히 설명해 주었다. 그렇게 몇 시간을 검사에게 답변을 하며 내 스스로 변호를 했다. 그리고 얼마 후 나는 무혐의 처분이 내려져 완전한 자유의 몸이 되었다.

검찰로부터 무혐의 처분을 통보받게 되자 억울하게 덮어쓴 불명예가 사라졌고, 사회활동을 하는데 가장 큰 걸림돌이 되었던 법적인 문제가 깨끗하게 해결이 되었다는 생각에 그동안의 내가 겪었던 좌절과 아픔이 모두 잊혀 졌고 새로운 삶에 대한 자신감으로 가득 찼다. 가족도 재산도 없이 원룸에서 혼자 생활하는 처지였지만 다시 처음부터 시작하더라도 성공적으로 재기할 수 있을 것 같았다.

귀국하자마자 법적인 문제를 풀기 위해 고군분투했던 나는 일이 해결되자 그동안 쌓였던 피로가 몰려와 한동안 지독한 몸살을 앓고 꼼짝 못하고 방 안에서 누워만 있었다. 사업을 부도내고 해외로 도피했다는 손가락질을 감수하며 이곳저곳 찾아다니며 증거 자료들을 모으는 동안 받았던 스트레스로 심신이 지칠 대로 지쳐 있었다.

며칠을 끙끙 앓고 누워있던 나는 한동안 꾸지 않았던 전처에 대한 꿈을 꾸며 악몽에 시달려야 했다. 실패한 첫 번째 결혼처럼 되지 않기 위해 마음을 다해 사랑도 주고, 재산도 주었지만 냉정하게 돌아서버린 그녀는 그때까지도 계속해서 내 마음속 상처로 남아있던 모양이다.

"이제 당신과 나하고의 인연은 끝났어요. 다시는 전화하지 말아요."

전처에 대해서는 다 잊어버리고 평온한 마음으로 대처하자고 마음먹었지만 심신이 쇠약해져 원룸에 혼자 누워 있다 보니 사랑과 믿음을 헌신짝 버리듯 차버린 그녀에 대한 배신감이 다시 밀려 들어 왔다. 미국에서 전화를 걸었을 때 차갑게 내뱉던 그 말이 머릿속에서 계속 뱅뱅 되뇌어졌다.

사실 어쩌면 내가 생을 포기하려고 했던 가장 큰 이유도 가장 가깝다고 생각했던 사람으로부터 두 번씩이나 배신을 당했다는 좌절감 때문이었을 것이다. 서로가 어렵고 힘든 시절에 만나 위안이 되고 정도 들어 행복한 가정을 꾸려 의지하면서 잘 살아왔다고 생각했는데, 그런 모든 것이 하루아침에 물거품이 되자 그 충격이 컸던 것이다.

미국에 들어와 있는 동안 골프 카트 사업과 미주한인회 일 등으로 바쁘게 지내느라 한국에 남아 있는 전처를 잘 돌보지 못했지만 법적인 문제가 풀리면 언제라도 돌아가 남부럽지 않게 가장 역할을 다 할 생각이었고, 그녀도 그렇게 생각하고 있는 줄로만 알았다. 그런데 언제부터인가 나를 대하는 태도가 달라지는 것 같았다.

첫 번째 결혼에 실패해 여자의 마음이 변하는 것을 두려워했던 나는 그녀의 진심을 알아보고자 미국으로 불러들였다. 내가 한국에 쉽사리 나갈 수 없는 형편이었기 때문이었다. 미국으로 잠시 들어오라고 하자 전처는 가게 일이 바쁘다며 들어오지 않으려 했지만 내가 완강히 요구하자 며칠 후 미국으로 왔다.

전처가 도착하는 날 공항으로 나가보니 나는 당연히 유선이와 같이 올 줄 알았는데 그녀만 혼자 들어왔다. 집으로 오는 동안에도 그녀는 오랜만에 나를 봤으면서도 반가운 눈치가 아닌 것 같았다. 사실 나는 이미 한국에 있는 지인으로부터 전처에게 남자가 있는 것 같다는 정보를 듣고 있었다. 그런 말을 절대 믿고 싶지 않았지만 이혼 얘기가 나오는 등 그녀의 태도가 급격히 변하자 직접 얼굴을 마주하고 이야기를 하고 싶었기에 미국으로 들어오라고 한 것이었다.

그런데 문제는 그날 바로 터졌다. 집에 도착해 이것저것 이야기를 주고받는데 그녀의 핸드폰에 호출음이 울리고 호출번호가 뜨는 것이었다. 한국 전화번호였다. 내게는 번호도 가르쳐주지도 않았던 핸드폰인데 누가 호출을 했는지 의심이 들지 않을 수 없었다. 나는 핸드폰을 빼앗아 즉시 그 번호로 전화를 걸자 남자가 받았다.

"여보세요."
"아니, 어딥니까?"
"나는 남편 되는 사람입니다. 당신은 누구요?"

"어…? 남편 없다고 했는데!"

그러고는 당황하면서 전화를 얼른 끊어버렸다.

그 남자의 전화 받는 태도로 보아서는 공공기관에 근무하면서 전처와 불륜관계를 맺고 있는 사람임을 금방 알 수 있었다.

"당신 이 남자 누구야. 사실대로 말해?"

"나는 몰라요. 잘못 호출한 번호일 거예요."

"아니 내게는 핸드폰이 있다는 것도 숨기고 미국까지 와 있는 사람한테 온 호출인데 모르는 사람이라니 말이 되는 소리인가?"

나는 화를 내며 사실을 추궁했지만 그녀는 끝까지 잡아떼었다. 내가 미국에 와있는 동안 그녀는 수원에서 고급식당을 나름대로 성공적으로 운영하는 중이었는데, 그 식당은 경찰이나 검찰 등 기관에 근무하는 고위 공무원들이 단골로 드나들었다.

젊은 나이에 미모였고, 내가 사업하다 자기 명의로 넘겨준 많은 재산을 가지고 있었으니 남자들이 흑심을 품을만한 여자라고는 생각했지만 이렇게 빨리 나를 배신해버릴 줄은 몰랐다.

나는 그녀를 한국으로 돌려보내지 않으려고 마음먹고 여권과 돈 등 소지품을 모두 빼앗아 두고 며칠을 그렇게 그녀와 다투며 갈등을 했지만, 결국은 다시 돌려보낼 수밖에 없었다. 유선이를 데리고 오지 않았기에 날마다 그 아이가 전화해서 엄마를 찾았고, 그녀 역시 불륜관계가 아니라고 계속 잡아뗐기에 어쩔 수 없이 한 번 믿기로 했다.

그러나 한국으로 돌아간 후 그녀는 내게 잘 도착했다는 전화도 하지 않았다. 기다려도 전화가 오지 않자 내가 전화를 했는데, 겨우 통화가 된 그녀는 "이제 당신과 나하고의 인연은 끝났어요. 다시 전화하지 말아요"라고 말하는 것이었다.

그래도 명색이 남편인데 나를 거의 인간 취급도 하지 않는 식의 말투였다.

나는 그 말을 듣고 일단 전화를 끊은 후 즉시 귀국 준비를 해서 한국으로 들어갔다. 그런 상황에서는 사업도 중요하지 않았고, 내가 기소중지라는 사실도 중요하지 않았다. 한국으로 들어가서 잘못된 상황들을 바로잡을 수 있다면 바로잡고 싶었다.

그러나 이미 한 번 돌아선 여자 마음은 이미 물 건너간 상태였다. 가정을 지켜내기 위해 위험을 무릅쓰고 귀국해서 설득해 보려고 했지만 소용이 없었다. 오히려 내게 돌아온 것은 그녀와 빨리 이혼하지 않으면 가만두지 않겠다는 친정 오빠들의 협박뿐이었다. 내가 미국으로 들어가 가정을 돌보지 않고 있으니 차라리 이혼을 하라는 것이었다.

그러나 그녀의 친정 식구들까지 나서서 내게 이혼을 강요하는 진짜 이유는 재산 문제가 걸려 있기 때문이었다. 사업을 하면서 나는 여러 가지 이유로 재산의 상당부분을 그녀와 그녀의 친정식구들 명의로 해 놓았는데 내가 그렇게 불리한 상황에서 이혼을 당하게 되면 그것들을 모두 잃게 될 수밖에 없었다.

한국에서 더 버텨봤자 기소중지중인 내가 불리할 수밖에 없었기에 그들의 협박은 두렵게 다가왔다. 결국 나는 전처와의 관계가 끝났음을 인정하고 모든 것을 포기한 채 쓸쓸히 미국으로 되돌아왔고, 미국에서의 사업장도 처갓집 식구들에 의해 쑥대밭이 된 것을 보게 되면서 죽음 직전으로 쓰러졌던 것이다.

'그래… 복수를 해야만 되겠어.'

한국에서 무혐의 처분을 받아 법적으로는 자유롭게 되었지만 정신적으로 완전히 자유로워지기 위해서는 전처에 대한 문제들도 해결해야 된다고 생각했다. 모든 것이 내 탓이라고 생각했지만 전처에 대한 깊은 상처가 그대로 남아있었다. 나 역시 이제 전처에게는 일말의 온정도 남아있지 않았기에 그녀의 배신으로 내가 얼마나 많은 피눈물을 흘렸는지 그녀에게 알리고 싶었다.

다시 원기를 회복하고 자리를 털고 일어난 나는 수원에서 여전히 가게를 운영 중인 전처의 주변을 은밀히 탐문하는 한편, 그녀와 처갓집 식구들 명의로 넘어가 있는 내 재산 상황에 대해 조사 작업을 했다. 건축 사업을 하다 보면 수시로 땅과 건물 등 부동산을 구입해 두게 되는데, 그렇게 해 구입한 재산들 중에서 되찾을 수 있는 것은 되찾을 생각이었다.

가물가물한 과거 기억을 되살려 재산 상황을 조사해보니 변호사와 상의하여 재판을 하게 되면 되찾을 가능성이 높은 것이 여러 건 있었다. 그런데 어느 날 전처 고향인 경북 봉화를 내려간 나는 그런 일들이 모두 부질없음을 다시 한 번 깨닫고 깨끗이 포기하기로 마음먹었다.

봉화에도 전답과 임야 등 상당한 양의 토지를 매입했던 나는 그에 관한 자료를 조사하는 중에 전처에 대해 몰랐던 새로운 사실을 발견하게 되었다. 전처의 호적등본을 보니 그녀의 어머니 이름이 내가 알고 있는 장모 이름과 달랐다. 이상히 여겨 자세히 알아보니 전처는 호적에 등재된 어머니와 친엄마가 따로 있었다. 그녀는 첩의 딸이었던 것이다. 연애하면서 모든 것을 서로 고백할 때도, 결혼하여 함께 살 때도 나에게는 그런 말을 한 번도 하지 않고 감쪽같이 숨겨왔으니 통탄할 노릇이었다. 전처는 물론 나를 괴롭혔던 처형과 처남이 모두 첩의 자식들이었다.

믿음을 준 사람에게 철저히 속았다는 사실에 허무함을 깊이 느끼며 그런 사람들을 상대로 싸움을 벌이고 재판까지 해서 재산을 되찾고 복수를 한다는 일이 아무 의미가 없다는 생각이 들었다.

'그래, 역시 내가 부족했던 탓이구나. 나를 속인 사람을 믿고, 사랑하고, 결혼했으니 누구 탓을 한단 말인가….'

그 사실을 알게 된 날, 나는 서울로 올라와 그동안 모아 두었던 자료들을 모두 불태워버렸다. 전처와 그 식구들을 상대로 복수를 하겠다는 생각도, 잃어버린 재산들을 되찾는 일도 깨끗이 단념하고 홀홀 털어버렸다. 비록 지금 당장은 돈이 없어 굶는 한이 있더라도 더 이상 그런 사람들과 진흙탕 싸움에 말려들지 않으리라 다짐했다.

'그래. 정말로 모두 잊고 다시 시작하는 거야. 무슨 일을 하면 못 먹고 살겠어…. 내 기어코 맨손으로라도 열심히 뛰어 재기에

성공할 것이다.'

그 이후로 나는 한동안 팔자에 없던 프리랜서 강사 생활을 하면서 생활비를 충당했다. 한국과 미국에서 중소기업을 경영하며 화려한 성공과 쓰디 쓴 실패를 모두 경험했고, 미주 한인상공회의소 이사로 있으면서 겪었던 이야기들이 밑천이 되어 기업 강의를 한 것이다. 6개월 정도 기업 강의를 하면서 생활비를 벌어 살 수 있었지만 이름난 사람도 아니고 스타 강사도 아닌 나였기에 소위 보따리 장사인 시간강사 수입으로는 겨우 생계만을 해결할 수 있을 뿐이었다. 고달픈 기간이었다.

그러던 어느 날 나에게 행운이 찾아왔다. 시간이 한가롭던 어느 날 나는 답답한 마음을 해소하고 바닷바람도 쐴 겸 오랜만에 차를 몰아 제부도로 나가 실컷 바람을 쐬고 화성 남양 쪽으로 들어오는데, 어느 지점을 지나가게 되자 그곳을 와 본 느낌이 들었다. 넓은 논가의 도로 중간쯤에는 집이 한 채 있었는데 내가 아는 사람이 분명히 저 집에 살고 있다는 생각이 드는 것이었다.

나는 차를 세워두고 천천히 걸어서 그 집 앞으로 걸어갔다. 그 때 마침 그 집에서 40대 초반 가량의 남자가 밖으로 나오다가 집 쪽으로 걸어오는 나를 유심히 보더니 내게 다가오며 물었다.

"혹시, 미국에서 오신 김현성 사장님 아니십니까?"

"네, 제가 김현성입니다만…. 아니 어떻게 절 아십니까?"

나는 기억을 급히 더듬으며 그 사람을 알아보려했지만 생각이 나질 않았다. 사실 내가 미국에서 쓰러져 죽음의 문턱까지 갔다가 회복한 후 사업에 관련된 일들이나 오래된 일들은 기억이 안 나는 경우가 많았다.

 그 사람은 나를 일단 집 안으로 초대하여 음료수를 한 잔 권한 후 자세한 이야기를 들려주었다.

 "김 사장님이 오시기를 기다리고 있었습니다. 저희 아버지 존함이 ×××이십니다. 아버님은 몇 년 전 돌아가셨습니다만 돌아가시기 전 제게 당부 말씀을 하셨습니다."

 그의 부친은 그에게 "지금 우리가 가진 논은 수원에서 건축 사업을 하시다 미국으로 잠시 들어가신 김 사장님 땅이다. 김 사장님이 오래 전에 우리 논을 구입하시고 돈을 주셨지만, 명의를 그대로 두고 농사도 그냥 짓게 하신 것이다. 그때 논을 판돈으로 너희 형제들을 모두 가르치고, 또 농사도 20년 가까이 무료로 지어서 우리 집이 이렇게 살 수 있게 된 것이다. 김 사장님이 미국에 가셨지만 언젠가는 여기를 찾아오실 테니 그때 반드시 땅을 돌려드려라"라고 했다는 것이다.

 그 말을 듣고 그때서야 나는 그곳에 땅을 사 두었다는 사실이 기억되었다. 수원에서 건축업을 하면서 사업이 성공적으로 확장되고, 회사 자금이 넉넉할 때면 나는 이곳저곳에 땅을 매입하였다. 그런데 사업상의 이유 등으로 내 명의로 하지 않고 전처나 처갓집 식구 명의로 사거나 아니면 소유권을 바꾸지 않고 땅을 판 사람에게 그대로 두는 경우도 많았다. 남양에 사 두었던 그 논도 그런 땅 중의 하나였던 것이다.

처갓집 식구들 명의로 넘어간 재산은 상당 부분 파악했지만 되찾기를 포기했고, 땅을 판 사람 명의로 된 땅들은 많지만 어디에 얼마나 있는지 기록들도 사라지고 없었고, 기억도 잘 나지 않았다. 화성에 준공검사가 떨어지지 않은 32세대 빌라가 부도가 나기 전 회사 소유로 되어 있는 것이 있지만, 그 역시 법적 절차를 밟아 소유권을 되찾기에는 복잡한 사정이 있어 그냥 놔두고 있는 형편이었다. 도대체 그동안 어떤 과정을 거쳤는지 모르겠지만 그 빌라에는 모두 사람들이 들어가 살면서 제 집으로 주장하고 있다고 했다.

그런데 남양의 이 땅은 우연히 되찾을 수 있게 되었다. 그 남자는 이제 그 땅을 돌려 드리려고 하는데 방법을 어떻게 하면 좋겠느냐고 내게 물어왔다.

"선생이 나를 먼저 알아보시니 고맙습니다. 그런데 요즘 이곳의 평당 시세는 어느 정도 되는지요?"

"평당 20만 원에서 30만 원 정도 합니다."

그 정도면 내가 살 때에 비해 상당히 오른 가격이었다. 나는 그 사람에게 땅을 계속 가지고 있을 생각이 있으면 적당히 가격을 계산해서 가져오라고 말하며 내 연락처를 주고 돌아왔다.

그리고 얼마 후 그 사람은 나를 찾아와 1억 5천만 원을 내 놓았다.

"사장님, 저희 선친이 농사를 짓던 땅이니 제가 그냥 다시 구입하는 것이 좋을 것 같아 조금 부족하지만 돈을 마련해 왔습니다."

"알겠습니다. 저를 먼저 알아보시고 땅을 돌려주셨으니 그것으로도 저는 만족합니다. 감사합니다."

나는 두 말 않고 서류에 도장을 찍고 땅을 넘겨주었다. 그 땅은 그 후로도 몇 배 값이 올랐다고 한다. 그렇게 1억 5천만 원을 받아 은행에 넣어 두자 나는 경제적 궁핍으로부터 벗어났고, 한 숨을 돌리며 사업 구상을 해볼 수 있는 여유가 생겼다.

18

 법적으로도 완전한 자유의 몸이 되었고, 미국으로 떠나있던 동안 해결하지 못했던 여러 가지 주변 정리가 어느 정도 되고, 경제적으로 약간의 여유가 생기자 나는 용인 양지에 집을 한 채 짓고 그곳으로 내려가 살기 시작했다. 복잡하고 우울한 서울 도심의 원룸생활에서 하루 속히 벗어나고 싶었다. 건축업이 내 본업이었기에 양지의 좋은 터를 금방 알아봤고, 손쉽게 집 한 채를 지을 수가 있었다.

 양지에 집을 짓고 살기 시작하면서 여러 가지 일들이 잘 풀려나가고 있다고 생각하는데, 그 이유를 나는 양지의 집터가 좋기 때문이라고도 믿고 있다. 말하자면 나는 풍수지리설을 존중하고 있는 셈이다.

1991년경으로 기억된다. 수원에서 건축 사업을 하면서 동수원 톨게이트 근처 위치가 좋은 곳에 단독주택을 짓고 식구들이 모두 들어가 산 적이 있다. 대지가 440평이고, 건평이 90평짜리인 하얀 벽돌집으로 내가 살 집이기에 특별히 잘 지은 집이다. 그런데 그 집에 살기 시작한 어느 날, 사업상 알고 지내던 풍수지리가 한 분이 그 집을 와서 보더니 "아하. 이 자리가 참 좋은 자리이긴 하지만 대문 위치가 잘못 되었습니다. 김 사장, 반드시 대문 위치를 바꿔 다시 지어야 하겠소"라고 말을 해 주었다. 그러나 당시 사업에 정신없이 바빴던 나는 대문을 바꾸지 못했다. 그런데 몇 개월 지나지 않아서부터 나에게 사건이 터지고, 사업이 급격히 악화되면서 결국 그 집에서 1년도 살지 못하고 쫓겨나고 말았다. 그런 기억이 되살아나 양지의 집터는 특별히 잘 잡아 지었던 것이다.

양지에서 지내던 어느 날, 공직에 근무하는 후배에게서 연락이 왔다. 용인에 있는 모 골프장으로 운동을 하러 가자는 것이었다. 사업을 할 때는 골프를 자주 쳤던 나는 그동안 처지가 그러하기에 골프를 치지 못하였다가 후배가 권유하기에 오랜만에 골프장으로 갔다.

그 골프장은 지금은 사라진 △△그룹이 운영하고 있는 ××골프장으로 후배는 그곳을 자주 이용하는지 골프장 사장과도 잘 아는 사이였다. 라운딩을 마치자 후배는 골프장 사장실로 나를 데리고 가 소개시켰다. 그리고는 자리에 앉아 서로 편하게 이야기를 하는데 가만히 들어보니 내 전문 분야라 할 수 있는 건축 사업에 관련

된 이야기였다.

대기업 산하 회사인 그 골프장이 소유하고 있는 10만 평 정도의 땅을 택지로 개발해 분양하려고 하는데 용인시청에서 도무지 허가를 해주지 않는다는 것이다. 그러면서 골프장 사장은 공직에 있는 후배에게 도와달라고 간절히 부탁을 했다. △△그룹에는 대단히 중요한 사안임에도 불구하고 풀리지 않고 있으니 시청에서 허가를 내주도록 하는 무슨 편법이 없겠느냐는 것이다. 즉, 편법을 써서 압력을 넣어 달라는 부탁이었는데, 후배도 정중한 부탁을 받다보니 거절하지 못하는 눈치였다.

그 이야기를 제3자 입장에서 듣고 있던 나는 그 회사와 사장의 처사가 여러모로 이해가 되지 않았지만 그 자리에서는 아무런 말을 하지 않고 그냥 듣고만 있었다. 골프장을 나온 후배는 용인시청에 전화를 하더니 나와 함께 시청에 한 번 들어가자고 했다.

후배는 골프장 사장의 부탁대로 시청 간부에게 골프장 택지개발 허가건에 대해 말하려 가는 것 같았다. 특별히 할 일이 없이 시간 여유가 많았던 나는 용인시 간부들도 알아 둘 겸 같이 시청으로 들어갔다.

"시장님, 저의 선배님이십니다."

후배는 시장과 부시장, 국장 등 시청 간부들에게 나를 소개시켜주고 관련 부서의 국장 방으로 들어가 차를 대접받았다.

"이 국장, ××골프장 택지개발 허가건 아시죠. 그것 좀 도와주시죠."

"아, 네… 그것이 어렵기는 하지만, 한 번 해보는 데까지 해보죠."

"그래요. 국장님이 힘쓰면 되겠죠. 뭐 안 되면 말고요."

차를 마시며 그 얘기를 듣던 나는 순간 '저 친구가 실수하고 있네…. 일은 저렇게 풀면 안 되는데…'라고 생각하며 골프장 사장이나 후배가 잘못된 방향으로 나가고 있다고 생각했다. 내 판단으로는 그 땅은 로비를 하거나 편법적인 방법을 쓴다고 해서 허가가 날 리가 없었다. 그러나 후배는 골프장 사장에게 '알았으니, 걱정하지 마시라'고 했고, 그 사장 역시 후배의 장담을 믿고 그룹 회장에게 보고했을 것이 분명했다. 무리한 방법으로 일을 밀어붙이는 후배나 그 사장에게 결코 좋은 일이 아닌 것 같아 걱정이 들었다.

집으로 돌아 온 나는 며칠 생각을 하다가 골프장 사장에게 전화를 걸어 만나자고 했다. 후배에게 이런저런 얘기를 복잡하게 하기보다는 전문가인 내가 사장을 직접 찾아가 말해 주는 것이 더 낫겠다고 생각했다.

"형님, 제가 보기에 그 건은 주무 관청에 압력을 넣는다고 해서 풀리는 문제가 아닙니다. 오히려 더 곤란한 상황에 직면할 수 있습니다."

나하고 나이 차가 많은 골프장 사장과 나는 서로 형님, 동생으로 칭하기로 한 사이가 되었다.

"주제넘지만 공직에 있는 후배를 생각해서 제가 관여하는 것이니 제 말을 믿으시고 그렇게 처리하시면 일이 잘 풀릴 겁니다."

"그래? 지금까지 10년 동안이나 허가가 나지 않아서 회장님도 크게 고민하고 있는 문제라네. 그래 어떻게 해야 허가를 받을 수 있는지 동생이 그 방법을 알면 한 번 말해보게."

"형님, 이 회사에서 생각하고 있는 것은 대단위 택지개발 사업이 맞겠지요? 이 정도 사업은 시청에 로비를 한다고 해서 되는 수준이 아닙니다. 정권 실세 차원의 정치적 힘이 있으면 혹시 모르겠습니다만…."

"그렇지만 자네도 알다시피 회장님은 새로운 정부와는 사이가 좋지 않아서 말이야. 그럼 자네가 그쪽으로 선을 댈 수 있는가?"

"그럴 필요가 없습니다. 법 테두리 안에서 얼마든지 해결 가능합니다. '자연녹지법'을 활용하여 작은 구역으로 잘게 쪼개서 허가 받도록 하면 가능합니다. 전체적으로는 허가가 나지 않더라도 개별적으로는 허가가 날 수 있습니다."

내가 허가를 받을 수 있는 실제적 방법을 자세히 설명하자 그때서야 사장은 "바로 그거야 동생, 고맙네. 10년 전부터 회장님께서 개발계획을 말씀하셨는데 아직도 허가를 내지 못하고 있었는데, 드디어 일이 성사되겠네."

그는 매우 기뻐하면서 회장님께 보고 드리고 사업 추진에 대해 나와 다시 상의를 할 테니 도와달라고 했다. 그리고 며칠이 지난 후 사장에게서 나를 다시 보자는 연락이 와서 다시 골프장으로 찾아갔다.

"어서 오게. 동생이 말한 방법을 회장님께 말씀드렸더니 당장 그렇게 하라고 하시네. 그러니 자네가 좀 도와주게."

"네, 도와드리죠. 우선 그 사업에 대한 자세한 자료들과 인허가에 필요한 서류들을 모두 준비하여 주십시오."

"알았어. 곧 준비하고 연락할게."

얼마 후 나는 사장이 준비해 준 서류들을 검토해 본 후 그것을 들고 건설교통부에 근무하는 또 다른 후배 사무실로 찾아가 그 건을 설명하고 관련 서류들을 검토해 줄 것을 부탁했다.

서류를 오랫동안 꼼꼼히 검토해 본 후배는 "선배님, 허가를 못 받을 이유는 없습니다. 선배님이 알고 계신 것이 맞습니다"라고 확인해 주었다.

"그렇지. 그런데 용인시에서는 허가를 내주지 않고 있는데 어떻게 해야 좋을까?"

"저희가 용인시에 공문을 한 장 보내겠습니다. 그러면 해결될 것입니다."

나는 후배에게 고맙다는 인사를 하고 돌아왔고, 그 며칠 후 시청으로부터 허가가 떨어졌다는 연락을 받았다. 그 소식을 골프장 사장에게 알려 주자 그는 무척 기뻐하면서 내게 고마워했지만, 나는 일이 성사가 되어서 골프장 사장이나 친한 후배에게 잘 된 일이라고 생각할 따름이었다.

그런데 며칠 지나지 않아 사장이 또 나를 보자고 골프장으로 불렀다. 이틀 후 사장실로 찾아가니 사장은 나보고 같이 일을 하자고 부탁했다.

"동생, 회장님이 그 개발 사업을 동생이 맡아서 해 주길 원하시네. 꼭 맡아서 일을 한 번 해주었으면 좋겠어."

택지개발 사업은 내가 자신 있게 할 수 있는 일이지만 그 자리에서 선뜻 수락할 수가 없었기에 거절을 하고 돌아왔다. 당시 나는 생활이 안정되고 사업자금도 조금 마련되었기에 다시 미국으로 들어가 사업을 해볼까도 생각하던 중이었다. 또한 그 당시 △△그룹은 여러 가지 문제가 대두되면서 그룹 해체설이 시중에 떠돌던 시기였다.

며칠 후 다시 전화가 왔다.

"동생, 지금 어디에 있어?"

"예, 집에 있습니다."

"그래, 내가 집으로 갈 테니 주소를 좀 알려주게."

그때까지도 그 일을 할 생각은 없었지만 골프장 사장이 굳이 나를 찾아 집에까지 온다기에 집 위치를 알려 주었다. 그런데 몇 시간 후 골프장 사장과 그룹 회장이 함께 나를 찾아 집으로 왔다.

"동생, 회장님이 자네를 만나고 싶어 하시기에 내가 직접 모시고 왔어."

사장의 옆에는 K회장이 서 있다가 나에게 악수를 청했다. 그가 항상 자랑하는 검은색 코란도를 타고 온 것이다.

"안녕하십니까? 김 선생님. 저희 일을 도와주셨다니 정말 고맙습니다. 불쑥 찾아와 실례입니다만, 커피 한잔 주십시오."

"네, 어서 들어오십시오."

나는 그들을 집 안으로 모시고 차를 대접해 주며 개발 사업에 대해 의견을 나눴다. 그룹 회장이 내 집까지 찾아올 줄은 몰랐기에 나로서는 당황도 되었지만, 한편으로 영광이기도 했다.

"김 선생님, 저희 회사에 꼭 모시고 싶습니다. 도와주십시오."

"네, 알겠습니다 회장님. 제가 할 수 있는 데까지 최선을 다해 보겠습니다."

그룹에 대한 소문이 아무리 안 좋더라도 총수가 직접 찾아와 부탁을 하니 나도 마음이 움직이지 않을 수 없었다.

그리고 나는 아무런 직책을 맡지 않기로 하고 그 사업을 진두지휘했다. 그룹에서는 신속히 법인을 설립하고 회장의 측근들을 사장, 이사 등으로 선임하여 나를 도와 주도록 했다.

나는 과거 건축 사업을 했던 열정과 추진력을 되살려 1개월 내에 1차 시범단지를 조성하는 것을 목표로 하여 일에 박차를 가했다. 대단히 무리한 일정이지만 그런 식으로 일을 해 나가야 사업이 성공할 수 있을 것으로 봤기 때문이다.

택지를 개발해 단지 조성 공사를 시작한 지 25일째 되는 날 회장과 그룹 중역들이 현장을 찾아왔다. 그들은 공사 현장을 보더니, "아니, 사업이 벌써 이렇게 진척이 되었어? 대단 하네!" 라고 감탄했다.

"회장님, 평가는 사업이 완료된 후 해주십시오. 이 사업은 제 방식대로 밀고 나가겠습니다."

"알겠습니다. 역시 김 선생님을 모신 것이 정말 잘한 것 같습니다."

그들이 현장을 둘러보고 간 며칠 후 정신없이 공사 지휘를 하고 있는 나에게 골프장 사장으로부터 사무실로 들어와 만나자는 연락이 왔다. 사무실로 찾아가자 사장은 나를 반갑게 맞으며 격려를 했다.

"동생, 우리 회사가 10년 동안 해결하지 못한 일을 동생이 한 달 만에 해치웠네. 동생의 능력을 확실히 알게 된 회장님께서 동생에게 직책을 권하시는데 어떤 직위가 적당할까?"

"형님, 저는 △△그룹에 이름을 올리지 않기로 하셨잖아요. 제가 자리를 바라고 이 일을 하는 것이 아닙니다."

"그래, 동생. 그러나 사업을 하다보면 대외적인 체면도 있고, 또 회장님이 동생을 특별히 배려하고자 해서 하신 특별지시니까 그러네. 어차피 동생이 이 프로젝트를 마무리해야 되잖아."

나는 사장의 제안을 두고 심각하게 고민하다가 여러 직책 중 상임고문 자리만 맡자고 마음을 굳혔다. 그리하여 뜻하지 않게 나는 다시 한국에서 △△그룹 계열사의 상임고문직으로 취직을 하게 되어 매달 급여를 받는 월급쟁이가 되었다.

미국으로 들어가 사업을 다시 해보려던 생각을 접어두고 △△그룹에 취직을 한 나는 미국으로 잠시 들어갔다 올 계획을 세웠다. 한국으로 들어와 여러 가지 주변 정리를 끝마쳤고, 뜻하지 않게 직장도 가져 한국에서 당분간 살아야 했기에 윤 선생을 찾아가 빚을 갚고 싶었다. 윤 선생 역시 내가 어떻게 지내는지 궁금해 할 것이 틀림없었다.

2001년 1월 나는 윤 선생에게 줄 선물을 마련한 후 며칠간의 휴가를 내 샌프란시스코로 향했다. 미국으로 향하는 비행기 안에서 나는 여러 가지 생각에 잠겼다. 윤 선생과는 봉사단체 모임에서 처음 만나 봉사활동을 같이 하면서 알게 된 사이였지만 내 마음속에는 그녀가 이미 특별한 사람으로 들어서 있었다.

미국 땅에서 죽음의 고비에서 겨우 살아나 삶에 대한 확신도 희망도 없이 그냥 그렇게 지내고 있을 때 나를 찾아와 위로해 준 그녀가 없었다면 어쩌면 지금의 나는 세상에 없었을지도 모른다. 그녀는 단순히 봉사정신에서 동포가 어려움에 처하자 나를 도와주었겠지만 사업과 결혼 모두 실패한 나의 절망적 처지에서는 그녀의 손길이 곧 구원의 손길이었다. 나는 한국에서 생활이 안정되고, 정신적인 여유가 생기자 그녀의 도움이 나에게 얼마나 큰 것이었는지를 새삼스레 느꼈다.

그녀의 따뜻한 도움이 헛되지 않았다는 것을 보여주고 싶었고, 언제 돌아올지 모르는 사람에게 1만 달러를 빌려준 그녀의 선한 마음에 진정으로 감사표시를 하고 싶었기에 미국으로 직접 찾아가 빚을 갚기로 한 것이다. 나는 그녀를 생각하며 상념에 젖어 들었다.

병원에서 퇴원해 산골에서 조용히 지내던 어느 날 여느 때와 마찬가지로 그녀가 한국식 반찬을 만들어 가지고 날 찾아왔다.

"김 선생님, 어서 기운을 차리세요. 김 선생님 같이 활동적이고 능력 있으신 분이 말이 없으시고 기운이 없어 보이시니 제가 보기에 가슴 아프네요."

그러면서 그녀는 플로리다에 살고 있다는 언니 얘기를 다시 꺼냈다. 그녀의 친정 식구들은 모두 미국으로 이민을 와서 살고 있는데 플로리다에 언니가 혼자 살고 있다면서 그 언니를 내게 소개해 주고 싶다는 것이다. 사업도, 결혼도 실패한 내게 언니 이야기를 하며 플로리다로 함께 가서 만나보자고 말했지만, 당시는 새로운 인연을 맺는다는 것이 두렵기도 할 뿐만이 아니라 그럴 정신적 여유가 남아있지 않았다.

그러나 한국에 돌아와 삶의 여유를 되찾기 시작하자 그녀 생각이 자주 떠올랐다. 그때까지도 나는 그녀가 유부녀인지 독신인지 몰랐다. 다만 그녀를 자주 생각하고, 관심을 갖게 되자 어쩌면 혼자 살고 있을 것 같다는 추측을 하게 되었다. 미국으로 가서 그녀를 만나러 가는 이유 중에는 그런 사실들을 확인할 마음도 있었기 때문이다.

한국에 들어와서는 딱 한번 선을 본 일이 있었다. 미국 샌프란시스코에서 교민들의 교육 사업에 관심을 가지고 지원을 하던 때 샌프란시스코 S.F.CA와 대구교육청이 자매결연을 맺도록 도움을 준 적이 있었다. 그때 미국에 1년 동안 연수를 오신 영남대 의대 병원장이셨던 정 박사님 일행과 친분을 맺었고, 한국에 돌아와서도 그분들을 찾아뵙고 가깝게 지냈다. 그분들을 통해 대구에서 사업을 하는 지역 유지 한 분을 알게 되었는데 그분이 내게 어떤 여성을 소개시켜 줄 테니 한 번 만나보라는 것이었다. 그래서 썩 내키지는 않았지만 대구까지 내려가 호텔 커피숍에서 한 여성과 선을 보게 되었다. 그런데 그 여성이 나하고 만나 인사를 나누고 나서 하는 첫 마디가 "제게 아들이 하나 있습니다. 제 아들의 장래를 책임져 주실 수 있습니까?"였다.

"아, 네… 그러시군요. 아드님을 아끼시는 훌륭한 어머님이시군요."

서로 처음 만난 자리에서 앉자마자 '자기 아들을 책임질 생각이 있냐?'고 묻는 그 여성의 질문이 황당하다고 생각한 나는 즉답을 피하고 말을 돌렸다. 아무리 나이가 많은 사람들의 재혼이라고는 하지만 처음부터 조건만 보고 결혼을 하려고 생각하려는 것 같은 느낌이 들었다. 마음속으로부터 받아들여지지 않았다. 서로가 좋아서 결혼을 하게 된다면야 상대방의 자식이라도 제 자식이나 마찬가지가 되는데 당연히 책임지게 될 것을 그렇게 묻다니 잘 이해가 되지 않는 사고방식이었다.

샌프란시스코에 도착해 그녀를 찾아가자 그녀는 내가 찾아온 것을 매우 기뻐하며 반갑게 맞아주었다.

"윤 선생님, 신세진 것 갚으려 왔습니다. 정말 고마웠습니다."

"아닙니다 김 선생님. 건강도 회복하시고, 하시는 일도 잘 되신다니 제가 오히려 감사합니다. 일부러 미국까지 오셨다니 일 잘 보시고 돌아가십시오."

"내가 미국에 온 주 목적은 윤 선생님을 만나러 온 것입니다. 제게 시간을 조금 내주세요."

그날 저녁 나는 그녀에게 저녁식사를 대접하였고, 우리는 서로 살아왔던 이야기들을 하게 되었다. 그리하며 우리는 서로에 대해 더 많이 알게 되었다. 역시 그녀는 독신으로 살면서 아들 하나를 키우고 있었다.

그녀가 혼자 살고 있다는 사실을 확실히 알게 된 나는 더 이상 망설이지 않고 용기를 내어 그녀에게 프러포즈를 했다. 나의 과감한 프러포즈에 그녀는 당황스럽고 부끄러운 듯 했지만 미국까지 그녀를 다시 찾아온 내 마음을 어느 정도 짐작하고 있는 듯 내가 하는 말들을 진지하게 들어주었다.

그녀는 여러 가지 생각할 것들이 많다며 시간 여유를 좀 달라고 했다. 그녀의 부모님이 어떻게 생각하실지 모르겠다는 걱정도 했다. 그런 걱정은 당연했다. 내가 어떤 사람인지도 잘 모르는 상황에서 딸 가진 부모님이 걱정하실 것은 당연했다. 더군다나 미국에 이민을 와 살고 있는 사람들 중에는 일부 사기꾼 같은 한국인들로부터 피해를 당하는 일이 이따금 있기도 했다.

"당신과 부모님을 한국으로 모셔서 내가 사는 모습도 보여드리고 내가 어떤 사람인지도 잘 알려드리겠습니다. 부모님도 한국에 들어오셔서 나를 알게 되면 안심하시게 될 것입니다. 오랜만에 여행도 할 겸 한 번 내게 와줘요."

그녀와 나는 미국에서 며칠간 함께 지내며 서로 간에 신뢰가 깊어지고 사랑이 싹트고 있음을 다시 확인하였다. 내가 한국으로 돌아온 지 얼마 후 그녀가 그녀의 부모님을 모시고 경기도 양지에 있는 우리 집으로 찾아왔다. 나는 그녀와 부모님이 한국에 며칠 머무는 동안 내 생활의 전부를 보여주면서 그녀와 재혼하게 된다면 행복하게 살게 해 줄 수 있다는 확신을 심어드렸다.

드디어 나는 2000년 1월 미국에서 내 인생의 마지막 반려자와 결혼식을 올리고, 그녀와 함께 한국으로 들어와 서로 의지하며 살고 있다.

19

△△그룹 산하 건설회사인 ○○개발의 상임고문으로 취직을 한 나는 골프장 소유의 대단지 택지개발 사업을 강력히 추진해 나가 1단계 분양 사업에 대성공을 거두었다. 평당 1,000만 원씩 분양을 했으니 적자에 허덕이던 회사로서는 극심한 가뭄에 단비가 내린 것 같은 힘을 얻게 되었다. 그룹 회장이 내 능력을 믿게 되면서 나는 택지개발 사업과 골프장 관리 등에 대한 전반적인 운영에 영향력을 발휘하며 소신대로 일을 해 나갈 수 있었다.

△△그룹은 당시 재정 상황이 극도로 악화돼 있었기에 망해가는 산하 계열사들을 되살려 그룹 해체까지 가는 일만큼은 어떻게든 막으려고 필사적으로 노력하던 때였다. 내가 그룹의 임원이 되어 일을 하자 회장은 나를 자주 불러 독대를 하며 사업에 관한 이야

기를 나눴다.

"김 고문, 수고 많으시오. 김 고문 덕택에 ○○개발의 수익구조가 매우 좋아지고 있군요. 김 고문의 능력을 발휘해서 ○○개발, ××주식회사 등도 살아날 수 있는 방법을 한 번 연구해 주세요."

K 회장은 그룹과 계열사들의 위기상황을 얘기하며 나에게 더 많은 능력을 발휘해 줄 것을 부탁했다. 나 역시 △△그룹의 경영상태가 모든 면에서 무척 위태로운 상황이라는 것을 확실히 알게 되었다. 회장은 장래 회사 경영을 맡게 될 아들에 대한 걱정도 했다. 회장은 어린 나이에 선친이 돌아가시는 바람에 경영에 대한 준비가 전혀 되지 않은 상태에서 기업을 물려받아 그동안 큰 어려움을 겪었고, 그 여파가 지금까지도 남아 있음을 토로했다. 그룹 내에 많은 임원들이 있지만 회장은 그들을 신뢰할 수 없는 사람들로 생각했다. 주변의 누구도 잘 믿지 않았다.

회장의 말을 듣고 난 나는 "회장님, 회장님의 자제분을 제게 보내주십시오. 이제 우리 사회는 기성세대보다는 젊은 세대의 역할이 무척 중요하게 되었습니다. 기업도 국제적 안목과 젊은 감각을 가진 경영자들이 필요한 시대입니다. 자제분이 이제 한참 일을 배울 나이이니 제가 한 번 제대로 가르쳐 보겠습니다"라고 제안했다.

기업이 성공하려면 아무리 많은 CEO들이 있더라도 기업의 진짜 주인인 오너의 능력이 가장 중요하고, 오너의 2세는 장차 경영일선에 뛰어들 나이로 그의 역할이 매우 중요하다고 생각했기 때문이다. 한편으로는 △△그룹에 인맥이 전혀 없는 내가 내 역할을 제대로 발휘하려면 오너 일가와 돈독한 관계를 맺으며 지속적인 커뮤니케이션을 할 필요도 있었다.

"김 고문이 그렇게 해 주신다니 고맙소. 내 그 아이를 김 고문 회사에 이사로 임명해서 출근시키도록 하겠소."

얼마 후 회장의 자제는 나와 함께 근무를 하게 되었다. 내 아들과 같은 나이였기에 나는 아들을 가르친다는 마음을 가지고 내가 가진 경험과 지식을 모두 활용해 그를 가르쳐나갔다.

"김 이사, 그룹을 이끌고 갈 자네 역할이 막중하니 잘 배우기 바라네. 일을 하면서 이해가 잘 안 가는 일은 이해가 갈 때까지 직접 몸으로 체험하면서 배워야 살아있는 지식이 된다네."

이어서 나는 회장이 내게 요청한 프로젝트 즉, △△그룹이 위기에서 벗어나 회생할 수 있는 방법을 연구하기 시작했다. 내가 상임고문을 맡아 회사가 돌아가는 형편을 파악하고, 회장과도 자주 만나 이야기를 들어보니 회사의 중역들은 오로지 제 살길 찾기에 바쁜 형국이었다. 그룹은 쓰러지기 일보직전으로 위태로운데 수단과 방법을 안 가리고 자기 회사, 자기 몫만 챙기기에 바빴다.

그룹을 살리기 위해서는 전 임직원이 그야말로 뼈를 깎는 고통을 감내하고, 살신성인의 자세로 위기에 대처해야 함에도 불구하고 어느 사장, 어느 중역 하나 책임감 있는 모습을 보여주지 못했다. 그저 어떻게 해서든지 세세한 정보에 어두운 회장을 속이고 설득해서 땜질 처방이나 하고 자기 이익이나 챙기고 있었다. 그런

행태들이 내 눈에는 그대로 다 보였다.

나는 회장이 부여한 권한을 가지고 부실한 기업의 현황을 샅샅이 파악해 나갔고, 조사 내용들을 토대로 기업이 살아날 수 있는 아이디어를 짜내는데 전력을 다했다. 그러는 한편에서 내가 맡은 개발 사업은 성공적으로 착착 진행되었다. 그런데 나중에 알고 보니 이 무렵부터 그룹의 중역들과 회장 측근들이 회장과 회장 부인에게 나를 모함하기 시작했던 모양이다.

회장에게는 상임고문이 없어도 개발 사업이 잘 진행될 수 있다는 보고가 올라가고 있었고, 회장 부인에게는 내가 회장 아들만 끼고 돌면서 수상한 야심을 품고 있다는 식의 거짓 보고가 계속 올라갔던 모양이다.

그러는 사이 나는 은밀히 구성한 비밀감사팀 직원들과 부실기업에 대한 조사를 모두 마치고, 기업 현황 보고서와 그룹 회생 방안에 대한 보고서를 작성해 회장을 만나 직접 전달했다. 2,000페이지가 넘는 그 보고서에는 부실기업들의 모든 문제점과 해결책이 담겨있었다. 회장은 물론 해당 회사의 임원들조차 몰랐던 내용을 속속들이 밝혀 놓은 보고서였다. 내가 그런 보고서를 작성할 수 있었던 이유는 그룹 내에 아무런 연고와 이해관계가 없어 객관적이고 냉정한 입장을 유지할 수 있었기 때문이다.

무너져 가고 있는 △△그룹을 살리기 위해서는 극단적인 처방이 필요했다. 회생 가망성이 없는 회사들에 대한 매각, 나머지 회사들에 대한 즉각적이고 강력한 구조조정, 그룹의 전 현직 임원 모임에 소속된 300여 명이 희생적 정신을 발휘하여 그룹의 보증 하에 자기 재산을 담보로 내놓고 자금을 조달하는 방법 등이었다. 아울러 기업을 살리고자 하는 임직원들이 희생적 태도에 대한 언론 공개와 대국민 호소로 우호적 여론조성 등을 포함한 획기적인 해결방안 등을 강력히 제시하였다.

"회장님, 회장님께서 포기하시고 물러나시면 안 됩니다. 지금부터 다시 시작해도 결코 늦지 않습니다."

"그래요 김 고문, 그렇게 해 봅시다. 그리고 다른 중역들의 반발이 예상되니 앞으로는 보안유지에 각별히 신경 쓰면서 직접 보고해 주십시오. 내가 출장 중일 때도 수시로 상황보고를 해 주시오."

최선을 다해 준비한 회장과의 독대는 그렇게 끝이 났고 그룹을 살리기 위해 회장은 나에게 강력한 권한과 주도권을 줄 듯했다. 희망이 보인다고 생각했다. 나는 '그래, 다시 시작이다. 다시 한번 내 모든 역량을 이 일에 쏟아 부어 새로운 역사를 만들자'라고 각오를 다지며 사무실로 돌아왔다.

그러나 결국 내 계획은 며칠 지나지 않아 수포로 돌아갔다. 내 보고서를 읽어 본 회장의 최측근들이 모두 강력하게 들고 일어서자 회장이 결단을 미뤄버리고 만 것이다. 회장이 집무실로 나를 불러서 들어갔더니 곧이어 계열사 사장이 들어와 같이 앉았다. 그러더니 회장과 내가 약속했던 것과는 다른 엉뚱한 방향으로 논의가 진행되는 것이었다. 며칠 사이에 측근과 중역들이 회장 일가를 압박하여 내 보고서를 없던 일로 해버린 것이었다. 내 계획대로 하면 그들이 가장 먼저 타격을 입을 것으로 생각해 그런 야비한 술수를 쓴 것이다.

돌아가는 상황을 짐작하고 어색한 분위기 속에서 회의 내용을 듣고만 있던 나는 그냥 조용히 그 자리를 떠나와 사무실로 돌아왔다. '저렇게 기업 총수가 용기가 없고, 가신들이라는 사람들이 자기 재산이나 챙기려 한다니….' △△그룹과의 인연은 그것으로 끝이라고 생각했다. 회사로 돌아온 나는 곧바로 퇴직 준비를 하기 시작했다. 들리는 말에 의하면 회장은 일부 측근들의 거짓된 말만 듣고 나를 무척 두려워한다는 것이었다.

나는 그런 말을 듣고는 더 이상 미련을 가질 필요가 없다고 생각하고 회장이 부르기 전에 먼저 찾아가 사의를 표했다.

"김 고문, 미안합니다. 저도 어쩔 수 없는 여러 사정이 있습니다. 그리고 이것은 얼마 되지 않지만 제 성의로 생각하시고 받아 주십시오."

"잘 알겠습니다 회장님. 전별금을 주시니 월급으로 생각하고 당분간은 다른 곳에 취직하지 않고 그냥 쉬겠습니다. 혹시 제가 할 일이 있으면 언제라도 사람을 보내주십시오. 회사에 관한 일은 그 사람에게 모두 인수인계하겠습니다."

그러나 인수인계자는 내게 오지 않았다. 그렇게 △△그룹과 나의 인연은 끝났다. 그 후 △△그룹은 결국 사라지고 말았고, 총수와 측근들은 차가운 곳에서 세월을 보내는 중이다.

인생의 풍파를 겪으며 세 번의 결혼을 한 내게는 모두 네 명의 자식들이 있다. 첫 번째 부인에게서 생긴 딸과 아들, 두 번째 부인과의 결혼에서 얻은 딸 유선이, 그리고 세 번째 결혼으로 생긴 아들이다. 이 아이들 모두가 내게는 소중한 아들과 딸들이다. 세 번째 얻은 아들은 현재 미국에서 대학을 다닌다.

첫 딸과 아들에게는 아버지로서 늘 마음속으로 미안한 마음을 가지고 있다. 그 아이들이 자라는 동안 친부모가 이혼을 하고 내 삶이 우여곡절을 겪는 동안 두 아이들 역시 순탄치 못한 삶을 살아왔다. 그들이 성장하는 동안 아버지로서 따뜻하고 세심하게 배려해 주지 못한 점이 늘 가슴 아플 따름이다. 그럼에도 불구하고 어려움을 극복하고 잘 자라주어서 진심으로 하나님께 감사한 마음이다.

두 아이들은 모두 결혼을 해서 가정을 꾸리고 살고 있다. 아들은 대학을 졸업하고 잠시 기업체에 취직해 직장생활을 하다 지금은 내가 운영하는 빅토리아G.C에 들어와 직원으로 열심히 일을 하고 있다.

한국에 들어와 내 명예가 회복되고 다시 시작한 사업도 성공하여 내 삶이 다시 안정을 되찾자 아이들과의 관계도 회복되었지만, 딸과는 결혼과 함께 몇 가지 일로 오해가 생기면서 아직 소원한 관계이다. 지금도 나에겐 연락을 하지 않고 제 친엄마하고만 왕래를 한다고 들었다.

딸은 내가 미국에 있을 때 결혼을 했다. 그런데 결혼을 20여 일 앞 둔 어느 날 내게 전화를 해왔다.

"아빠, 저 결혼해서 신랑하고 같이 집에 들어와서 살면 안 될까요?"

신랑 될 사람이 형님에게 전세금으로 쓸 돈을 그 전에 빌려주었는데 사정이 있어 받지 못해 일단 집으로 데려와 같이 살아야 할 것 같다는 이야기였다.

"사정이 그럼 할 수 없지. 그럼 내가 할머니께 말씀 드려놓을 테니 그렇게 하도록 해라."

나는 그때 별 생각 없이 그렇게 하도록 허락했는데 지금 생각해보면 그때 그렇게 한 것이 옳지 않았다는 생각이 든다. 그때 딸아이에게 '네 신랑이 원래 약속했던 대로 살 집은 해결하라'고 냉정히 말하는 것이 그들의 자립심과 독립성을 위해서는 좋았을 것 같다.

첫 번째 아내와 헤어진 이후 두 아이들은 할머니, 즉 내 어머니와 함께 계속 같이 살아왔는데 그 당시는 기흥에 있는 빌라에서 함께 살았다. 그 빌라는 내가 딸 아이 앞으로 해 두었던 빌라이다.

내가 한국에 귀국해 △△그룹의 상임고문으로 일을 하며 ○○골프장을 관리할 때의 일이다. 그때 사위는 조경 자재를 공급하는 사업을 하고 있었다. 내가 관리하는 골프장에도 새롭게 조경을 해야 할 일이 생겨 사위에게 조경업자를 소개받아 일을 맡겨 놓은 적이 있었다. 그런데 어느 날 비용 결재서류가 올라 온 것을 보니 사위의 이름이 사업자로 되어 있는 것이 보였다.

나는 사위에게 조경일을 맡긴 적이 없었기에 담당직원을 불러 물어보니 사위가 직접 골프장 조경 공사를 하고 있다는 것이었다. 사업자가 바뀌려면 내게 보고가 되고 내가 결정을 해야 함에도 불구하고 장인이 회사의 책임자라는 구실로 그 일을 맡아서 하고 있는 셈이었다.

직원의 말을 듣고 경위를 파악한 나는 크게 화를 내며 사위를 불러들였다.

"이보게, 자네 사업이 어려우면 미리 내게 말을 하지 이것이 무슨 경우인가. 당장 골프장 조경 공사에서 손 떼게."

나는 일하는 방법도 틀렸고, 공사 구분도 못한 사위를 심하게 질책하며 그가 맡은 일을 당장 중지시켜버렸다. 당시 △△그룹은 큰 위기에서 전 직원이 비상한 각오로 일을 해야 할 시기임에도 불구하고 최고 책임자인 나부터 공과 사가 구분이 없다면 그야말로 크게 잘못된 일이었기 때문이다.

그러나 그 일로 인해 사위 부부는 나를 매정한 아비로 생각하게 되었고, 지금까지도 섭섭한 마음을 가지고 날 찾아오지 않고 있다. 아비로서, 장인으로서 가슴이 아프지만 그저 세월이 지나 오해가 풀리기만을 기다릴 뿐이다.

딸 부부가 나를 멀리하고 있는 것과는 다르게 아들은 내 옆에서 내 사업을 도와주고 있어 늘 든든한 마음이다. 친엄마 없이 자라게 한 내가 아들에게는 큰 죄인이지만 다행히 성장과정의 여러 어려움들을 잘 극복하고 결혼까지 하여 내 곁에 있다는 사실이 그저 고마울 따름이다. 가슴속 상처야 많겠지만 겉으로 내비치지 않는 속 깊은 마음을 가지고 있으니 훌륭한 사업가로 성장하리라고 믿고 있다.

아들은 내가 귀국해서 사업을 하고 재혼을 한 이후에 결혼을 했는데 아들의 결혼 상대자는 내가 골라준 셈이다.

재혼을 해서 아내와 함께 살고 있는데 어느 새해 아침, 아들이 우리 부부에게 세배를 하고 나서 결혼 이야기를 꺼내는 것이었다.

"아버지, 어머니, 저도 올해는 결혼을 해서 가정을 차리겠습니다."

"어, 그래. 듣던 중 반가운 소리다. 그래 사귀는 여자가 있는 모양이구나."

"없습니다. 아버지, 어머니가 소개를 해 주세요."

우리 부부는 그날부터 바로 아들의 결혼 상대를 물색했고, 또한 아들 부부가 결혼을 해 살 집도 알아보았다. 그러던 중 용인에 적당한 아파트가 있어 나는 그 집을 미리 구입하고 살림살이에 필요한 모든 가전, 가구 제품을 구입하여 집 안에 들여놓음으로써 아들 부부의 신혼살림을 완벽히 준비해 두었다.

그러나 여러 번 선을 보았음에도 불구하고 매번 일이 성사되지 않았다. 여자가 생기고 결혼식만 올리면 바로 들어갈 집이 있는데도 빈집으로 계속 놔두고 있어야만 했다. 그래서 내가 아내를 통해 아들의 속마음을 알아보도록 하니 우리가 소개해주는 여자들보다 더 어린 여자를 신부로 맞이하고 싶다는 말을 한다는 것이다. 아들이 여러 번 선을 봐보니 나이가 찬 여성들은 자기에 대한 호감보다 경제적 환경이나 조건만을 중시해서 싫으니 조금 더 순수한 마음을 가진 여자를 만나고 싶기 때문이라고 했다.

"그랬었군. 그렇다면 우리 회사에 새로 들어온 아이가 좋을 것 같은데…."

마침, 회사 사무실에 신입직원을 한 명 뽑았는데 갓 졸업하고 취직해서 나이도 어리고 참한 아가씨가 있었다. 비공식적인 경로를 통해 결국 나는 그 아가씨와 아들이 만나도록 주선을 했고, 얼마 후 둘은 사귀기 시작하더니 그 후 결혼에 이르렀다.

두 번째 결혼으로 얻은 아이 유선이도 지금은 벌써 대학생이 되었다. 이 아이에게는 내가 친아빠가 아님에도 불구하고 나를 유난히 잘 따르고 나 역시 이 아이를 특별하게 생각하고 있다. 아마 나는 첫 딸과 첫 아들이 성장할 때 정신없이 사업을 하느라 제대로 사랑을 주지 못한 아쉬움을 그 아이에게 대신해 주었던 것 같다.

지금 유선이는 제 엄마가 집에 들어오지 않기 때문에 집에서 혼자 생활하는 것으로 알고 있는데, 내게는 가끔 전화도 하고 찾아오기도 한다. 유선이에게 친동생이 있는 사실을 알고 있는 나는 예전부터 그 동생을 찾아주려고 했지만 전처가 강력히 반대해서 못하고 있다.

유선이하고는 같이 살 인연이 안 돼 헤어져 살지만 그 아이가 행복하게 잘 살아가기를 바라며 언젠가는 하나뿐인 혈육인 친동생과도 만나기를 마음속으로 바란다.

20

　△△그룹의 ○○개발 상임고문직을 그만 둔 2004년 나는 한동안 집사람과 함께 이곳저곳 여행을 다니며 여유로운 시간을 보냈다. 중년의 신혼이라 할지라도 신혼은 신혼이었는데, △△그룹을 살려내는 일에 전력을 다하다보니 그동안 우리 둘만 함께 보낸 시간이 많지 않았다. 일을 그만둔 것이 오히려 부부간의 사랑을 위해서는 차라리 더 잘 됐다 싶었다. 나는 아내와 함께 여행도 하고, 운동도 하고, 식사도 자주 하면서 대화도 많이 하게 되었다. 그야말로 아내이자 친구이면서 평생 기댈 수 있는 벗이 된 셈이다.

　또 다른 취직을 하지 않고 쉬는 동안에는 △△그룹에서 준 전별금을 월급으로 생각하고 쓰고 있었지만 설사 그 돈이 다 떨어지더라도 기업체에 다시 취직할 생각은 하지 않기로 했다. △△그룹에서 일을 해보니 상임고문이라 할지라도 회사의 오너가 아니기에 월급쟁이 한 사람에 불과할 뿐이라는 것을 느꼈다. 회사 운영에 대한 최종 결정과 최종 책임을 질 수 있는 사람은 결국 오너였다. 나는 CEO 체질이 아니었고, 오너 체질이었기에 언젠가 다시 기회가 오면 다시 사업을 하는 것이 당연하다고 생각했다.

△△그룹에서 아쉬움을 안고 퇴직을 하였지만 그동안에 골프장에 관한 모든 것을 배우고 경험할 수 있었다. 짧은 기간이나마 정말 열심히 일한 덕분에 골프장 인허가, 개발과 운영, 회원 유치와 관리 등을 모두 알게 된 골프장 전문가가 되었다.

일을 그만두고 한가로이 시간을 보내고 있던 어느 날 모 기업에서 내게 골프장 개발에 관한 컨설팅을 의뢰하여 왔다. 그 기업 역시 수익 사업의 일환으로 골프장 1곳과 골프 연습장 1곳을 운영하고 있었는데 그곳의 운영 자문을 내게 의뢰하였고, 아울러 새롭게 개발할 골프장에 관한 컨설팅을 부탁해왔다. 회사 직원이 되어 일을 하는 것이 아니고 골프장 개발 자문역을 해 주는 일이라 그 일을 맡게 되었다.

새로운 골프장 후보지를 찾아 경기도 구석구석을 돌아다니며 조사를 해본 결과 여주에서 한 장소를 발견했다. 한국에서 골프장을 개발할 때면 항상 문제가 되는 환경 파괴의 염려가 없는 좋은 장소였다. 나는 그 지역의 자연환경과 지역적 여건, 사업 타당성 등을 자세하게 조사하여 컨설팅을 해 주었다.

그러나 막상 컨설팅이 완료되었음에도 불구하고 그 기업체에서는 골프장 개발에 대한 사업을 진행시키지 않았다. 최고 책임자가 바뀌는 등의 여러 가지 내부 사정으로 결론을 못 내리고 계속 보류가 되었다. 일이 그렇게 되자 골프장 개발에 관한 노하우를 속속들이 알고 있던 내 마음속에는 한동안 깊숙이 가라앉아 있던 사업가의 본능이 꿈틀거리며 살아나기 시작했다.

'그래, 저들이 하지 않는다면 내가 한 번 해보자. 내가 이곳에 미국식 퍼블릭 골프장을 멋있게 한 번 만들어보자.'

그동안 한국에서는 재벌이나 기관 등 법인에서만 골프장을 개발하고 운영해 왔기에 개인이 단독으로 골프장을 만든다는 것은 그 사례가 없을 만큼 불가능에 가까운 일이었지만, 내가 성공하게 된다면 획기적인 일이 될 것이다. 나 같이 자본이 많지 않은 개인이 골프장을 개발하려면 비즈니스의 기본원리에 철저히 충실하지 않으면 불가능한 일이다. 즉, 가장 적은 자본으로 최대한의 이익을 창출할 수 있는 구조로 사업을 완수해야 성공할 수 있는 것이다.

토지개발 사업, 건축 사업, 골프장 개발과 운영 등 전방위에 걸쳐 많은 경력과 상세한 정보를 가지고 있는 나는 사업을 성공적으로 수행할 자신이 있었다. 한국에 돌아온지 얼마 되지 않은 기간이지만 열심히 뛴 덕분에 사업을 위한 기초자금도 확보해 놓았다. 다른 사람들은 하기 힘든 최소 비용에 최단 기간의 골프장 공사를 해낼 수 있으리라는 자신감이 있었다. 그런 자신감이 없었다면 결코 사업을 시작하지 못했으리라. 그리고 그 후 사업 추진과정에서 겪게 된 갖은 어려움과 고통이 그 정도일 줄 알았다면 역시 사업을 시작하지 못했을 것이다.

나는 우선 골프장 사업계획을 아내와 상의하여 지지를 받았고, 가까운 지인들에게도 알려 혹시 도움이 필요할 경우 도움을 받을 수 있도록 준비해 두었다. 그리고 사업 시행을 할 (주)성산레저를 설립하고 사장, 임원, 직원 등 사업에 필요한 인력과 법적인 기반들을 착착 마련해 나갔다.

골프장 최적지로 내가 점찍어 둔 곳은 경기도 여주군 가남면 송림리에 있는 돼지 농장 부지와 그 인근의 땅이었다. 그곳은 대기업인 D제분에서 수십 년간 돼지들을 집단으로 키워 온 곳으로, 사료와 분뇨 오물이 방치되고 매몰되어 토지와 지하수 오염도가 심한 지역이었다. 여러 오염물이 지하수로 흘러들어 주변 마을의 자연환경과 주민들 건강에도 악영향을 주고 있는 상태였다.

D제분에서는 그 땅을 처분하려고 내놓았는데 농장 주변에는 주민들이 소유하고 있는 야산과 밭 등이 있어 전체적으로 약 8만 평 정도 되었다. 주변 환경이 나쁘다보니 땅 값이 상대적으로 높지 않았기에 내게는 아주 좋은 기회로 다가왔다. 내가 그곳에 골프장을 개발한다면 지역 환경적인 측면에서도 훨씬 더 나아질 수 있는 조건이었다.

나는 골프장 건설에 필요한 토지를 매입하기 이전에 우선 그 지역 마을 회장과 노인들을 찾아갔다. 지역 주민들의 의견을 우선 들어보기로 한 것이다.

"어르신들 안녕하십니까. 이번에 제가 돼지 농장 땅을 구입하여 오래된 돈사를 다 헐어버리고 골프장을 한 번 만들어 보려고 합니다. 동네 어르신들께서는 어떻게 생각하시는지요?"

노인정의 주민들은 내 말을 듣더니 하나같이 찬성했다.

"저 돼지 막사들이 빨리 없어진다면야 좋지요. 냄새가 지독해요. 얼마 전에는 어떤 사람이 찾아와 납골당을 하겠다고 하는 것을 우리가 안 된다고 했지요. 골프장을 한다면야 차라리 잘됐어요."

"어르신들 그러면 주변 토지를 제가 매입할 수 있도록 도와주십시오."

"우리가 농사짓고 벌어먹는 땅이지만 값만 후하게 쳐주면 팔 테니 그것은 걱정 마시오."

"알겠습니다 어르신들. 저도 농사꾼의 자식이기에 어르신들 말씀을 이해합니다."

당시 농장 주변의 땅들은 평당 4만 원 정도 했는데, 나는 위치에 따라 6만 원에서 8만 원씩 주고 매입한 후 정식으로 인허가 절차를 밟아 나갔다.

나는 골프장 인허가 절차를 밟는 동시에 돼지 농장을 매입하기 위해 D제분과도 협의에 착수했고, 부족한 자금을 융자받기 위한 노력을 기울였다. D제분과 계약은 체결되었지만 문제는 토지 용도변경 인허가가 떨어지기까지 시간이 걸린다는 것이었다. 만약 토지 매입 대금을 다 주고도 인허가가 나오지 않는다면 나는 큰 손해를 보게 되기 때문에 인허가가 떨어지기만을 기다리며 최종 잔금을 마련하기 위해 동분서주하던 중 잔금 지급일을 며칠 넘기고 말았다.

그리고 얼마 후 토지 용도변경 인허가가 떨어졌다. 그러자 D제분에서는 곧바로 내게 계약 무효를 통지하고, 그 땅을 노리고 있던 전문 투기꾼과 매도 계약을 체결해버렸다. 황당한 일이었다. 잔금 지급일에 잔금을 지급 못한 것은 잘못이지만 바로 돈을 지급하겠다는데도 불구하고 투기꾼과 계약을 한 대기업의 처사는 냉혹하고 비정했다.

잘못하면 큰 손해를 보게 되는 위급한 상황인지라 나는 이를 악물고 침착하고 신속하게 대응했다. D제분을 상대로 신속히 소송을 제기하는 동시에 원상회복을 위한 여러 가지 노력을 다해 나갔다. 그런데 투기꾼이 그 땅을 매수하기로 계약을 체결한 후 얼마 지나지 않아 돌연 심장마비로 사망해 버리는 일이 발생했다. 그러자 D기업에서는 주인을 잃게 된 그 땅을 다시 넘겼다. 그 투기꾼에게는 불행한 일이지만 절체절명의 위기에 빠져있던 나로서는 하늘이 도운 셈이었다.

골프장 개발을 위한 모든 절차가 완료되자 나는 중장비를 동원하여 농장 돼지 막사를 모두 철거했다. 노후되고 오염된 폐 콘크리트 막사를 밀어버리고 몇 십 년간 곳곳에 축적된 각종 오염물들을 하나도 남김없이 치웠다. 이제 행정 절차에 의해 경기도로부터 골프장 건설에 필요한 최종 허가가 떨어지면 설계도에 의해 기반

공사와 필드 공사를 하는 일만 남아있었다.

그러나 내 생각과 달리 꿈은 그리 쉽게 이뤄지지 않았다. 낡고, 더러운 돼지 막사와 오염물 등을 깨끗이 치워버린 바로 그 다음날부터 인근 주민들이 집단으로 골프장 건설을 반대하고 나섰다. 골프장을 반대하는 주민들의 민원이 군청에 제기되었다는 연락이 와 이게 도대체 어찌된 일인가 싶었다.

이미 그전에 주변의 3곳 마을의 주민 대표들인 이장님들을 모두 만나 골프장 조성 사업에 대해 다시 한 번 양해를 구하고 합의까지 했던 나로서는 주민들의 처사가 이해되지 않았다. 나는 주변 마을 이장님들에게 "저는 친환경적인 골프장을 만들겠습니다. 제 사업이 성공하면 근처의 초등학교 골프 교실 운영비 일체를 지원하고, 마을 경조사와 발전기금 마련에 적극 지원하겠습니다"라고 약속까지 했었다.

그 마을들 중 특히 한 마을 주민들이 군청에 민원을 제기하고 강력히 반대하고 나왔는데 내용을 더 자세히 알아보니 마을 이장에 대한 주민들의 불신이 원인이었다. 주민들은 이장이 우리 회사에서 받은 마을 협조기금을 공정하게 처리하지 않고 자기 혼자 차지했다고 주장하고, 이장은 억울하다면서 이장직 사표를 냈다고 한다. 그래서 골프장에 반대하는 마을 주민들이 주축이 되어 새로운 이장을 뽑고 골프장 건설 반대운동을 한다는 것이다.

나는 새로운 이장과 주민들을 직접 만나기 위해 회사 직원과 함께 마을로 찾아갔다. 마을 입구에 들어서니 주민들이 길을 가로막고, 무조건 우리를 밀쳐내고 소리치며 돌아가라고 했다. 참으로 황당했다. 우리 사회가 언제부터 이렇게 절차와 법을 무시하는 풍조가 만연했는지 그동안 말로만 듣다가 막상 직접 당해보니 당황스럽고 충격적이었다.

"제가 처음에 여러분께 약속한 대로 일을 추진하는데 지금 와서 왜 반대를 하십니까. 오염원을 치우고 친환경적인 골프장을 건설한다는데 뭐가 문제가 됩니까."

그러나 그들은 내 말을 가로막고 돌아가라고 거칠게 밀쳐내 버렸다. 그들과 대화를 하고 싶어도 막무가내로 거부하니 답답하기 짝이 없었다. 거액을 들여 매입한 사유재산에 적법한 인가를 받아 사업을 한다는데 군청, 도청에 민원을 제기해 사업진행을 방해하니 도대체 어떻게 하란 말인가? 게다가 지역의 환경단체와 언론들까지 벌떼처럼 가세해 나를 부유한 사업자이자 환경파괴자인 것처럼 일방적으로 비난하면서 무조건 반대 여론을 조성해 버리자 행정관청과 공무원들도 난감한 상황에 봉착했다.

지역 언론과 시민단체들이 자세한 내용도 알아보지 않은 채 '골프장 건설은 환경을 파괴하는 나쁜 것이다'라는 식으로 여론을 조성하니 그동안 관망하던 주민들도 반대 측에 동참하며 매일 데모가 벌어졌다. 여기저기 현수막이 나부끼고, 군청, 도청, 종합청사, 환경청, 청와대까지 가서 데모를 해대니 급기야는 중앙 언론들까지 보도하기 시작했다. 나는 또다시 사업가로서 최악의 상황에 직면한 것이다.

나와 회사 간부들, 직원들이 모두 발 벗고 뛰어 시민단체와 언론에 사실을 설명하고 정당성을 주장해도 우리 의견은 반영되지 않고 무조건 악질 사업자로 매도되기 일쑤였다. 서울에서 멀지 않은 경기도 여주 지역은 낮은 산과 평지 등 골프장 건설에 유리한 자연조건을 갖춘 곳으로 우리 공사현장 인근에만도 수십 개의 골프장이 이미 운영되며 지역의 세수 증대에도 크게 기여하고 있는데 왜 우리 골프장은 안 된다는 말인가?

주민들의 반대와 여론의 압력에 굴복한 관계기관과 공무원들은 법적 정당성도 무시하고 골프장 건설에 필요한 인가절차를 날이 가고 해가 가도 지체시키며 내주지 않았다. 내가 여러 차례 담당 공무원과 군수, 부군수 등을 만나 항의하고 사정해봐도 소용없었다. 주민들과 시민단체의 집단 데모에는 별 도리가 없으니 주민들에게 금전적 보상을 더 해주라는 말만 할 뿐이었다.

불법적인 행동을 돈으로 막으라니 도대체 무슨 소리인가? 나같이 돈 없는 개인은 어떻게 사업을 하란 말인가? 미국식 퍼블릭 골프장을 만들어 값싼 요금을 받으며 운영하려는 계획을 가지고 최소 자금으로 사업을 시작한 나에게는 여기저기 뿌려댈 돈이 없었다. 한국에서는 대기업이나 기관같이 막강한 힘이 있는 법인만이 골프장 사업을 할 수 있는 것이 그런 이유들 때문이었던 것 같다.

어느 날 골프장 부지 인근 초등학교 교장선생님으로부터 전화가 왔다. 그분들과는 이미 합의하여 그때까지 별 문제가 없던 터였다.

"김 회장님, 지난 합의는 없었던 일로 합시다. 주민 등쌀에 더 이상 못 견디겠습니다. 매일 같이 사택에 찾아와 '물러가라'고 윽박지르고, 교육청에 몰려가 집회를 해대고, 교육장 집무실까지 쳐들어가 소란을 피운다니 정말 괴롭습니다."

남들은 잘 모르겠지만 매일 그런 일을 당하는 나로서는 이 세상이 불법천지 같았다. 나는 죽을힘을 다해 버티고 있었지만 그 사이 몸은 크게 망가지고 있었다. 골프장 건설을 둘러싸고 주민들과 벌어진 3년간의 길고 긴 싸움이 벌어지는 동안 나는 갖은 정신적 고통과 스트레스를 받아 협심증이 생겨 심장 수술을 세 번이나 받아야 했다. 3년 동안 1년에 한 번씩 받은 셈이다. 지금도 내 심장 속에는 스텐스가 7개나 박혀있는 상태이다. 나는 정말 죽기 살기로 물러서지 않고 버틴 것이다.

갖은 협박과 데모에도 내가 물러서지 않고 끝까지 버티자 어느 날 면장이 날 찾아왔다.

"김 회장님, 면사무소에서 주민 대표들과 함께 모여 대화를 한 번 해 봅시다."

"예, 좋습니다. 제가 만나서 잘 말씀드려 보겠습니다."

나는 주민들과 직접 만난다면 그들을 설득시킬 자신이 있다고 생각하고 주민들이 모인 장소로 찾아가 그들의 이야기를 들어 본 후 내 뜻을 이야기했다. 그러나 얼마지 지나지 않아 대화는 중단되었다. 주민들은 무조건 '사업을 포기하라!'고 말하며 나를 면담 장소에 감금하고 내보내주지 않았다. 결국 경찰에 의하여 겨우 풀려나는 수모를 겪었다.

며칠 후 다시 군청에서 지역 대표들과 환경단체 대표, 군수, 그리고 내가 모여서 다시 대화를 하는 자리를 만들었다. 그러나 거기서도 마찬가지로 나보고 골프장 사업을 포기하라는 것이었다.

"여러분, 우리나라는 법치국가 아닙니까? 법을 준수하며 사업을 하는 저보고 사업을 포기라고 하시면 막대한 자금을 동원해 땅을 매입한 저는 그 자리에서 망하게 됩니다. 저와 가족들, 회사 직원들이 무슨 죄를 졌습니까?"

내가 법과 원칙을 내세우자 지역 대표와 환경단체에서는 대화를 거부하고 '차라리 당신이 망해야 된다. 망하지 않으면 데모를 끝낼 수 없다'는 식으로 밀고 나왔다. 그들에게 막무가내로 당하는 나는 더 이상 할 말을 잃고 말았다. '떼 법'을 실감하는 순간이었다.

그런데 내가 더욱 분통이 터졌던 일은 지도자로서 공정하게 일을 처리해야 하는 군수나 도지사의 보신주의적 처사였다. 그들은 법에는 하자가 없는 일이지만 주민들이 반대하니 양측이 잘 타협해서 가져오라는 주장만 되풀이했다. 결국은 나에게 돈으로 주민들의 반대를 해결하라는 소리나 다름없었다.

절차나 요건상 하자가 없으니 인가해야 된다고 부지사까지 결재한 서류를 경기도지사가 다시 반려해 버린 것이다. 아무리 선거를 의식하는 자치단체장의 행위라고 하지만 지도자가 법을 존중하지 않는다면 도대체 누가 법을 지키려 한단 말인가?

"나는 끝까지 법과 원칙대로 하겠다. 원칙과 반칙이 싸우면 누가 이기는지 끝까지 한 번 해보자."

여기저기서 사업을 포기하라는 말을 하였지만 나는 절대 포기할 수 없었다. 최선을 다해보고도 안되면 모두 버리고 영원히 이 땅을 떠야겠다는 각오로 다시 뛰었다. 결국 나는 최후의 수단으로 행정심판 위원회에 제소를 하게 되었고, 몇 개월 후 당연한 결과인 승소판결을 받았다. 행정 승소판결은 경기도청이 즉시 사업인가를 내주라는 법적인 명령이었고, 그에 의해 얼마 후 최종 인가가 떨어졌다. 골프장 개발을 착수한 지 3년만이었다. 사업이 지체된 그 기간 동안 증가된 막대한 사업비와 정신적, 물질적 모든 손해는 결국 내가 고스란히 감수해야만 했다.

국무총리실 행정심판이라는 법적 조치를 통해 사업인가를 받게 되어 마음이 기쁘기도 했지만 한편으로는 쓸쓸하고 허탈했다. 원칙과 법을 무시하는 우리나라의 사회적 현실을 몸소 겪으며 정말 안타까웠고 울적하기만 했다.

그러나 일단 골프장 공사가 시작되자 일에 대한 내 열정은 다시 뜨겁게 불타올라 공사 시작 6개월만에 꿈에 그리던 골프장을 완공시켰다. 드디어 2006년 2월 내 땀과 눈물이 담긴 아름다운 빅토리아G.C을 오픈했다.

주변의 언덕과 나무 등 천연 지형을 그대로 살려 친환경적으로 만든 골프장은 비록 9홀의 퍼블릭 골프장이지만 회원제 명문 골프장 못지않은 아름다운 골프장으로 탄생하였다. 골프장 건설을

6개월만에 해낸 일은 전례가 없던 일로 그런 만큼 사업비 절감 효과도 컸다. 더욱 의미가 큰 것은 대한민국 골프장 역사상 돈과 불의에 타협하지 않고 법과 원칙대로만 밀고 나가 개장에 성공한 최초의 사례였다.

한국의 골프장은 대개 대기업이나 공공기관에서 개발하기 때문에 주민들의 반대나 환경문제 등이 발생하면 그들이 가진 돈을 뿌려 해결하거나 혹은 권력을 동원해 해결했지만 빅토리아 G.C은 나 혼자 이리 뛰고 저리 뛰며 혼자 힘으로 해결했으니 그 우여곡절이야 오죽했겠는가. 소수만을 위한 귀족 스포츠가 아니라 평범한 서민들도 부담 없이 즐길 수 있는 우수한 퍼블릭 골프장을 만들어야겠다는 일관된 목표가 아니었으면 불가능했으리라 생각한다.

한국에서 골프장을 오픈하면 당국에서 많은 규제를 하는 만큼 여러 가지 사업상 특혜도 주는데, 그 중 하나가 오픈 후 2년 정도 '시범라운드'라고 해서 세제상의 특혜를 주는 제도이다. 골프장 건설에 막대한 투자비가 들어가는 만큼 운영 초기에는 세금을 면제해 줌으로써 경영 안정화를 도와주는 것이다. 그러나 내가 운영하는 빅토리아G.C은 처음부터 이와 같은 특혜를 스스로 반납하고 곧바로 모든 절차와 법규를 이행하는 정상 경영을 실시하였다.

물론 세금 감면을 받고 골프장 수입을 늘리는 것을 환영하지 않을 수 없는 일이었지만, 그것보다는 처음부터 모든 것이 정상인 골프장으로 당당하게 출발하고 싶었기 때문이었다. 골프장 개발을 위한 지난 3년 동안의 기나긴 고통의 터널에서 벗어나 정당하게 손님을 유치하고 세금도 납부해 지역사회에도 기여하는 사업장으로 만들고 싶었다. 또한 빅토리아G.C이 비록 9홀의 퍼블릭 골프장으로 저렴한 이용료로 출발했지만 대한민국에서 가장 사랑받는 골프장 중 한 곳으로 만들어나갈 자신감도 있었기 때문이기도 했다.

그런 과정을 거쳐 오픈한 빅토리아G.C은 골프 전문가들과 애호가들로부터 수도권 최고의 퍼블릭 클럽으로 인정받고, 저렴한 요금 정책을 유지해 요즘 같은 경제 불황에도 많은 골퍼들로부터 꾸준한 사랑을 받아오고 있다.

사실 골프장 개장 후에도, 지금까지 경영을 해 오는 동안에도 여러 가지 힘든 일들이 많았다. 왜곡된 진실과 악의적 모함 등으로 신문과 방송매체에 등장하는 등 여러 사건이 있었지만 골프장을 완공하기까지의 3년 동안 겪은 어려움과 고통에 비하면 아무것도 아니었다.

골프장이 문을 열자 그 전의 돼지 농장과는 비교되지 않는 아름답고 친환경적인 시설이 계속 유지되자 골프장을 반대했던 주민들도 더 이상 반대할 명분이 없어졌던 것이다. 그러나 아직도 한 개 마을의 주민들과는 화해가 되지 않고 있어 안타깝지만, 머지않아 그분들도 마음을 열고 다가와 주시리라 믿는다.

그동안 내가 한국에서 살면서 겪은 경험에 의하면 나는 우리 사회가 진정으로 발전하려면 그 어떤 것보다 언론이 개혁되지 않으면 절대 안 된다고 생각한다. 언론이 스스로 개혁을 이뤄내지 못하면 한국이 가진 특수한 역사적, 지리적 상황에서는 결코 진정한 선진국으로 진입하지 못할 것이다.

그 누구로부터도 견제받지 않는 언론이 스스로 가진 무소불위의 권력을 내려놓고 진실만을 보도해야만 거센 세계화의 물결 속에서 살아남을 수 있으리라 믿는다. 언론이 바로서야지만 정치적 이념 갈등, 부자와 빈자의 대립, 지역적 불신 등을 해결할 수 있고 우리나라의 미래가 걸린 2세 교육문제도 해결될 수 있다고 확신한다.

기왕 우리 사회의 현실에 대한 얘기가 나왔으니 조금 더 말을 해 보려고 한다. 우리나라의 정치나 경제에는 미국 등 선진국과 비교해 보면 구조적인 모순이 너무나 많다고 생각한다.

우리나라 국민들은 행정부 각료나 고급 공무원들이 퇴직 후 정치인으로 탈바꿈 하는 예를 너무 흔하게 접해서 그러지 별다른 이의를 제기할 필요도 느끼지 못하고 무감각하게 아예 기정사실화해서 받아들이고 있는 경우가 많다. 그리고 그것은 국민보다는 정치인들에게만 편리한 행정을 펴게 하는 기반이 되고 있다.

국가가 발전하려면 공직자가 책임을 다할 수 있는 제도적 장치가 필요하고 또 행정을 맡아 하는 공무원과 정치인이 분명하게 구분되어야 한다는 생각이 들었다. 행정은 전문 행정가가, 정치는 정치가가 맡아서 이끌어 가는 국가 형태가 정말로 바람직한 것 같다.

 교육적인 측면에서 살펴보면 우리나라는 너무 박사들을 선호하는 것 같다. 외국에라도 나가서 박사 학위를 따왔다 하면 무턱대고 굉장히 유능한 사람으로 대우하며 장관같이 국가의 중요한 정책을 정하는 자리에 턱턱 앉히곤 하니 문제가 아닐 수 없다.

 박사는 자신이 연구한 분야에 대해서나 박사지, 모든 것을 다 아는 '만물박사'는 아니지 않은가? 장바구니를 들고 콩나물 한 움큼이라도 더 얻어내려 애쓰는 주부들의 주머니 사정이나 농부들의 씨 뿌리고 그 열매를 수확하는 애틋한 심정을 연구실에서 책만 들여다보던 박사들이 어떻게 알겠는가? 이론과 실제의 차이를 누가 설명해 줄 수 있단 말인가?

 한편, 우리 교육자들과 대학생들도 이제는 우물 안 개구리 같은 사고방식에서 벗어나 세계화되고 국제화된 교육이 이뤄지도록 무조건 필사적으로 노력해야만 한다. 그렇지 않을 경우 우리나라는 사회 전 분야를 외국에서 공부하고 온 유학생들이 지배해 버리는 정신적 식민지 국가가 될 우려도 있는 것이다.

 자본주의 사회라는 것이 빈부의 격차가 없을 수는 없다고 하지만 우리 사회는 아직까지 가진 자가 더 가진 만큼 사회에 더 많이 내놓는 사회가 아니지 않은가? 쥐꼬리만 한 월급봉투를 받아드는 근로자들에게서는 단 일 원까지도 악착같이 세금을 받아내면서도 재벌들은 수 십, 수백 억에 이르는 세금을 포탈하기 일쑤니 분명히 뭐가 잘못돼도 크게 잘못된 문제가 분명하다.

미국 사회는 비록 우리처럼 단일 민족이 아닌 여러 민족과 인종이 서로 어우러져 만들어진 다민족 국가이지만 그런 문제가 없는 것은 가진 자가 가진 만큼 사회에 다시 환원한다는 의식과 법률로 보장된 제도 때문이다.

예를 들어 연간 소득이 100만 달러인데 쓰고 남은 돈이 50만 달러라면 그 50만 달러에 대하여 세금이 50% 부과된다. 그러니 세금이 25만 달러인 셈인데, 만약에 기부금을 25만 달러를 했다고 치면 그 액수는 세금에서 전액 공제해 준다. 그렇게 되면 결국 쓰고 남는 돈은 25만 달러가 되는 거고, 거기에 따른 세금 12,500달러는 공제 대상 액수가 25만 달러이므로 전혀 세금을 낼 필요가 없어지는 것이다. 결국 벌어서 사회로 환원하지 않으면 어차피 그만큼 세금을 많이 내야 하니까 사람들이 자진해서 사회에 헌납하게 되는 것이다.

이렇게 이익 분배가 균등하게 이루어지는 사회가 바로 선진국이지 우리나라처럼 가진 자가 없는 자보다 세금을 덜 내고도 떵떵거리며 살 수 있는 나라가 어떻게 선진국 대열에 낄 수 있단 말인가?

중소기업만 해도 그렇다. 우리나라에서는 창업을 하려면 자기 자본이 100% 다 있어야만 시작하는 것이 가능하다. 그러니 특별한 경우를 제외하고는 창업주 자신이 스스로 자금을 조달해야 한다. 결국 사채를 동원하게 되는데 제조업의 경우 그 사채 이자가 이익금의 60~70%에 이르는 경우가 많다. 그러니 향락 사업을 제외한 순수 제조업 등의 중소기업이 설 곳이 점점 없어지는 것이다.

미국의 경우에는 확실한 사업계획만 가지고 있으면 하다못해 우리나라의 구멍가게 수준의 사업을 시작한다고 해도 필요한 자금의 80~90%를 융자, 지원해 준다. 그 덕분에 거의 무일푼으로 미국에 건너갔던 내가 특허권을 얻고 나서 다시 사업을 시작할 수 있었던 것이다.

이 얼마나 부끄러운 일인지 모르겠다. 한국에서 사업할 때엔 사채업자를 끼지 않으면 자금조달할 길이 없었는데, 미국에서는 정부가 나서서 그 일을 다 해주니 사채 같은 지하 금융이 판을 칠 엄두도 못내는 것이다.

얼마나 많은 중소기업인들이 사채를 얻어 쓰고 그 뒷감당을 하지 못해 스스로 목숨을 끊어야 했는지…. 어찌어찌 해서 다시 새 삶을 시작하긴 했으나 나 또한 결국 그들 중의 한 사람으로서 그런 뉴스를 접하게 되면, 결코 그 사람을 그렇게 몰고 가게 된 계기가 그 사람 개인의 무능력 때문이 아니라 그런 지경까지 가도록 방관만 하고 있던 국가와 사회의 제도적 모순 때문이란 걸 뼈저리게 느끼곤 한다.

이제 와서 남에게 책임을 회피할 생각은 추호도 없지만 나만 해도 만약 국가에서 충분히 사업 자금을 융통할 수 있는 길이 있었더라면 그런 검은 돈의 유혹을 받지도 않았을 것이고, 그럼 가족들과 떨어져 미국에서 홀로 도피 생활을 할 필요도, 아내와 다시금 이혼하게 되는 일도 없었을 것이라는 생각도 들었다.

안 그래도 사회 전반적으로 흔들리는 경제 때문에 위기감이 고조되고 있는 지금 이 순간, 우리나라가 눈을 들어 똑바로 보지 못하면 21세기 경제 전쟁 시대에서 경제대국들에 의한 속국이 되는 날이 오지 말란 법도 없다.

어서 우리도 정신을 똑바로 차리고 올바른 정치, 경제 제도를 확립해서 앞으로는 더 이상 나 같이 고통과 역경을 당하는 중소 사업자가 속출하지 않는 날이 오도록 다 같이 힘을 모아야겠다.

에필로그

어느 스님의 글에서 50대의 한 처사가 갑자기 자신의 삶을 되돌아보니 너무 허망한 생각이 들어 타락의 길로 들어섰다가, 어린 여성에게 배반당하는 등 고통을 겪고 결국은 종교에 귀의해서 자신의 자리를 다시 찾게 되었다는 이야기를 읽은 기억이 났다.

나 역시 꼭 그 이야기와 같은 경우라고 할 수는 없지만 인생의 우여곡절을 겪은 끝에 새로운 삶을 시작했다는 점에서 일맥상통해서 그런지 가끔씩 그 글이 생각이 나곤 했다.

언젠가도 한 번 다짐했던 적이 있지만 이제부터라도 새로 태어난 기분으로 다른 사람들에게 베풀면서 살아가고 싶다.

재작년 12월부터 나는 아내와 함께 교회에 다니기 시작했다. 아내가 한국에 와서 이천의 오천교회를 다니고 있었는데, 마침 그곳 교회 목사님도 캘리포니아에서 목회활동을 하시다가 한국으로 들어오신 분이라 반가운 마음도 들어 처음 교회에 나가기 시작한 후 이제는 진심으로 하나님을 믿게 되었다.

집사람은 원래 독실한 크리스쳔이었지만 나는 종교란 비즈니스의 한 종류라 생각하고 별로 신뢰하지 않았다. 미국에서 한인 교회에 다니는 사람들과 봉사활동을 같이했던 것도 사회활동 차원에서 한 것이지 종교 차원에서 한 것은 아니었다.

그러나 언제부터인가 나는 모든 섭리를 관장하는 하늘의 뜻, 하나님의 뜻을 생각하게 되었고, 하나님을 믿게 되었다. 그동안 평생 살아오면서 사업을 한답시고 무수히 많은 일들을 겪었고, 죽을 힘을 다해 골프장 건설까지 마무리 짓고 나니 내 마음속에는 더 이상 세속적인 욕심이 남아있지 않아서인지도 모른다.

몇 년 전까지는 세상을 살아오면서 내가 겪은 모든 불행과 절망이 모두 다 내 탓이라고 자책하며 괴로워했지만, 지금은 그렇게 생각하지 않는다. 모든 일이 하늘의 뜻, 하나님의 뜻이었다고 믿는다. 그리고 남은 인생도 하늘의 뜻에 따라 긍정하는 마음, 행복한 마음으로 살아갈 것이다.

사업가로서 실패와 성공을 거듭하며 살아오다가 내 나이 60세에 작으나마 사업가로서 소박한 꿈을 이루게 되었으니 이제는 하나님이 정하신 길에 따라 가는 일만 남았다. 그 길이 앞으로 어떻게 펼쳐질지는 알 수가 없지만 지금 생각으로는 우리 부부가 봉사하는 삶을 살아가는 것이 아닐까 생각한다.

봉사하는 삶을 살고자 하는 것은 아내의 생각이기도 하다. 그래서 우리 부부의 인생의 마지막 소망도 건축 사업가로서의 내 경험을 잘 살려 작은 교회를 하나 지어 하나님의 사명을 수행할 목회자에게 기부하는 것이다.

하나님의 뜻에 합당한 마지막 소망을 이룰 곳이 한국일지 미국일지 아직은 모른다. 그러나 소외받는 사람들, 가난한 사람들, 구원받아야 할 사람들을 위한 곳이라면 세상 어느 곳이든 좋을 것이다.

빅토리아골프클럽

18홀 느낌 · 편안함 · 가벼움 · 즐거움

경기도 여주군 가남면 송림리 214 빅토리아골프클럽
Tel. 1688-8400 http://www.victoriagc.com

근접성 용이, 서울서 70여 분 거리

서울에서 70여 분 남짓 걸리는 거리. 마음 내키는대로 쉽게 찾아가서 손쉽게 클럽을 휘두를 수 있는 곳이 빅토리아골프클럽(대표회장 김현성)이다. 솔모로CC를 비롯해 신설되는 코스가 많아 또 하나의 골프메카를 형성하고 있는 경기도 여주군 가남면 송림리에

위치하고 있는 빅토리아 골프 클럽은 그야말로 대중 골프장이듯 우리에게 쉽게 다가서는 친근한 골프장의 이미지를 안겨준다. 이 골프장은 대중 9홀 규모이지만 8만 평 평지에 파노라마처럼 펼쳐진 3,500야드의 페어웨이에 18홀 느낌 그대로를 살린 코스로 일반적으로 18홀을 기본으로 돈다.

언제나 편안하게 즐길 수 있는 곳

기존의 퍼블릭 골프장과는 달리 빅토리아 골프 클럽은 골프산업의 일반대중화가 급속히 진전되는 흐름에 맞춰 초보자는 물론 중·고급의 골퍼들 모두 실력발휘를 할 수 있어 골퍼들에게 주목을 받고 있다.

페어웨이가 넓고 홀 길이도 회원제보다도 더 길고 넓어 오비가 잘 나지 않고 초보자들의 공을 잘 받아 주고 있는 듯하다. 그린피도 저렴한데다 인터넷 부킹을 원칙으로 하고 있다. 안심놓고 자신의 기량은 물론 힘을 쏟아 부을 수 있는 코스로 누구의 간섭도 없이 오직 친절한 경기 도우미의 도움을 받을 수 있다.

아일랜드 그린의 악마성과 추억

이곳의 포인트는 목조주택으로 지어진 아담한 클럽하우스 앞에 포진한 9홀이다. 연못 속에 아일랜드 그린이 배치되어 최고의 매력과 휘날레를 장식하게 하는 추억을 새겨주는 이벤트가 되고 있는 홀이다. 우선 과감하게 그린이 아니면 홀 주변 벙커에도, 아니면

그대로 사각형의 큰 연못이 입을 벌리고 있어 공이 빠지게 되어 있어 악마의 홀이라고도 부를만하다. 2주에 한 번씩 잠수한 공을 건져 올리는데 몇 백개에 이른다고 전한다. 대신 온 그린이 되면 축하

팡파르와 함께 수직을 꿰뚫는 분수가 치솟아 축하분위기를 도모한다. 어떤 골퍼들은 음악에 맞춰서 덩실덩실 춤을 추기도 하는 홀로 유명하다. 원래 골프장 명이 이곳을 표제로 해서 '가남 아일랜드골프클럽'으로 명명했다가 매스컴의 집중 포화로 이미지 갱신을 위해 빅토리아골프클럽으로 바꿨다는 속사정도 그럴듯하다. 빅토리아 G.C에서 대표적으로 가장 아름답고 상징적인 코스 아일랜드 그린은 아름다운 만큼 위협적이라고 손창성 대표이사는 말했다.

친환경적인 골프장

인허가 역사상 전례가 없는 행정 소송을 통해 사업 승인을 얻어 추진한 골프장이기에 오직 규정과 법대로 추진했는데, 골프장 건설 기간이 약 4개월 정도로 기존골프장 건설 공사기간 개념을 탈피한 골프장이다.

오염과 폐허로 10여 년 동안 악취와 오염물이 방치되어 끊임없는 지역의 민원 대상이었던 기업형 돼지사육농장을 환경 친화적인 골프장으로 탈바꿈하여 기존의 수림지를 훼손하지 않고 최소한의 공사비로 단기간에 조성한 경제적인 퍼블릭 골프장이다. 실제 홀의 경계면에서는 도열한 잣나무들이 옆 홀과 이격시켜 주고 그 홀만의 특성과 편안한 기분으로 즐길 수 있는 환경을 조성해 준다. 비록 4개

월이라는 짧은 기간 내에 골프장을 완공했으나 발주처와 시공사의 가족적인 분위기, 상호 신뢰를 바탕으로 한 업체간의 협조, 골프장 시공 경험이 많은 기술자의 열정과 자부심 등 여러 요소들로 인해 4개월이라는 단기간에 지역 환경 골칫거리를 해결해주는 동시에 친환경적인 대중골프장을 조성한 것이다. 이밖에도 친환경적인 코스를 만들기 위해 현장 내 수목은 설계변경을 해서라도 거의 보존했

고, 연못 역시 당초 논이 있었던 지역의 토질을 이용하여 골프장 조성에 많은 의미를 두었다. '연못엔 물고기가 살고 산비둘기와 뻐꾸기 등 온갖 새들이 코스에 날아들고 홀엔 아카시아가 한껏 피어 향기를 더하는 별천지라고 고광삼 부장은 자랑한다.

코스환경

코스의 전체적인 분위기는 아늑하고 여성적인 코스이나 코스 내 페어웨이의 Up-Down과 마운드의 볼륨을 다소 많이 주어 도전의

지를 느낄 수 있게 했다. 대중골프장인 점을 고려할 때 공이 떨어지는 I.P 부근은 다소 넓게(50~60m)하고 슬라이스를 대비해 가능한 우측으로 부지를 확보하여 경기진행을 좋게 했다. 지형을 최대한 이용하여 남북방향으로 총 9개 홀 중 6개 홀을 배치했고, 코스 간의 고저는 최대 5m를 넘지 않는 범위로 설계했다.

또 벙커위치도 심리적으로 공의 방향을 유도하는 기능으로 배치하였고, 그린의 크기는 800~900㎡ 정도로 기존 회원제골프장 수준으로 언듀레이션을 주어 다소 어려운 묘미를 주었다.

잔디를 전체 평떼공법으로 시행했고, 그린칼라 및 티잉 그라운드는 한국 잔디로 재시공했다.

골프장 이용방법

개요
골프장 위치 : 경기도 여주군 가남면 송림리 214번지
총면적 : 264,176m²(약 8만 평)
골프코스 : 9홀(par 36/3,028m)
클럽하우스 : 460평
운영자 : (주)성산레저 031-882-5050

예약
정통 퍼블릭 개념으로 출발한 빅토리아 골프클럽은 기존 퍼블릭과 회원제를 가미한 형태로 운영되고 있다. 위탁예약금을 낸 회원 우선으로 예약을 받지만, 일반 이용객도 당일 잔여분에 한해 전화확인 후 라운드를 할 수 있다. 그러나 현재 100만 원의 위탁예약금을 낸 200여 명

의 고정고객에게 기본으로 2주전 주말예약권을 주는 등 양보다는 질적 운영에 초점을 맞추고 있다.

그린피는 9홀 기준 주중 4만 5,000원, 주말엔 6만 5,000원을 받는다. 카트 이용료는 3만 원이며, 캐디피는 4만 원이다. 부킹은 인터넷(www.victoriagc.com)을 원칙으로 하고 전화도 가능토록 했다.

교통편

영동고속도로를 이용하거나(주말엔 귀경차량이 많아 여주 부근 영동고속도로가 혼잡) 이천(영동고속도로)IC에서 흑석삼거리-연대리-빅토리아로 오면 된다. 감곡IC(중부내륙고속도로→영동고속도로)를 이용할 때엔 유진약국 삼거리(장호원)→원부교 사거리-빅토리아로 들어서면 된다.

※ 본문 내용 및 사진제공 : 골프저널, 골프클래식, 파골프, 골프우먼